KB194174

시대를 이끈 꿈과 도전의 영웅

그리워라 박정희

성백경 지음

시대를 이끈 꿈과 도전의 영웅
그리워라 박정희

지 은 이 · 성백경
펴 낸 이 · 성상건
편집디자인 · 자연DPS

펴 낸 날 · 2025년 4월 23일
펴 낸 곳 · 도서출판 나눔사
주　　소 · (우) 10270 경기도 고양시 덕양구 푸른마을로 15
　　　　　301동 1505호
전　　화 · 02)359-3429　팩스 02)355-3429
등록번호 · 2-489호(1988년 2월 16일)
이 메 일 · nanumsa@hanmail.net

ISBN 978-89-7027-851-3　03340

값 15,000원

시대를 이끈 꿈과 도전의 영웅

그리워라 박정희

성백경 지음

청와대가 언론사에 신년용으로 배포한
대통령 내외 사진.

나눔사

1977년도 최다액 수출업체인 현대조선 중공업의 정희영(鄭熙永)사장에게
60억달러 수출탑을 수여하고 있다. 1977년 12월 22일

대한민국 부국 대통령 朴 正 熙 大統領(1917~1979)

필자는 초등교육에 40년간 몸담았고 2017년 퇴직한 후 극심한 한국사회의 좌우 左右(왼 좌, 오른쪽 우–공산주의와 민주주의) 이념논쟁의 소용돌이에서 박정희 대통령에 대한 많은 부정적 비판에 대하여 한편 바른 인식인가 의심했다. 박대통령 관련하여 부정적인 시각과 긍정적인 시각이 극과 극인 책을 보면서 놀라웠다.

나는 우선 유신이 없었다면 중화학공업은 없다는 사실에 무지했고 또 박대통령의 저서 『우리 민족의 나아갈 길』에 그가 이루고자 하는 모든 정책들이 거의 다 실현되었다는 사실도 알았다.

그리고 지역별 초중등학생의 평균치를 조사하지는 못했지만 다수의 학생들에게 대한민국의 '건국자'를 질문했더니 모른다고 하여 '이승만 대통령'이라고 하니 부정선거를 말하는 경우가 꽤 있었으며 부정적인 것 하나를 보통 기억했다. 그리고 보통 학생들은 이승만 대통령이 공산주의국가가 될 뻔한 해방 조국에서 좌우합작(좌 · 우익 세력의 연합)하자는 주장을 물리치고 자유민주주의 대한민국을 세운 사실을 알지 못했다. 그리고 김일성 꾐에 빠져 좌우합작을 시도했던 김구 주석이 시대의 흐름을 읽지 못한 위인인 것도 몰랐다.

또한 학생들은 이승만 대통령의 외교적 투쟁 덕분으로 6 · 25 때 한 · 미방위조약이 맺어졌기에 지금 우리가 자유민주주의를 누리고 있다는 것도 모르는 것이었다.

그리고 “우리나라가 어떻게 잘 살게 되었나?”라고 하니 역시 모른다는 것이었고 경제개발 5개년계획을 얘기하니 “네 경제개발 5개년계획은 배웠어요.” “누가 한 일이냐?”에 대해서도 모른다는 학생이 대부분이었다. 그들에게 무슨 잘못이 있으랴. 학교교육을 받은 결과이고 사회교육도 좌익 우세 환경하에 있으니… 그들은 2013년 현재 250만이 보았다는 〈100년 전쟁〉[1]의 영향도 받았을 것이다.

원주에 있는 도서관들의 아동도서에 박정희 대통령 전기가 2권 정도이고 국회도서관에도 특별히 마땅한 것을 발견하지 못했다. 그리고 원주시립중앙도서관에서만 아동도서를 조사했는데 김대중 대통령에 대한 책은『평화와 인권의 대통령, 김대중』등 2권, 노무현대통령에 대한 책은『노무현대통령의 꿈과 도전』등 3권, 문재인 대통령의 책은『세상을 바꾸는 원칙의 멘토 문재인』등 2권이나 되었고 이승만, 이명박대통령의 책은 없었다.

기타 박정희대통령에 대한 책으로 청소년 · 소녀를 위한『만화 박정희』라는 책이 있는데 그것은 ‘박정희의 경제발전 신화’가 터무니 없는 환상이라는 것이다. 즉 북한 정권을 도왔던 대통령들의 전기도 몇 권씩 존재하는데 박정희대통령 일대기의 전기가 청년들에게 거의 없었다. 성인용 도서로 반 박정희 도서는 많았고 조갑제기

---

1) 〈백년전쟁〉을 제작한 민족문화연구소의 이사장은 극좌의 함세웅 신부이며 소장은 임헌영(본명:임준열)은 남로당의 박헌영을 존경하여 이름까지 바꾸었다. 나아가서 남한에서 사회주의 혁명이 성공할 경우 대비하여 남조선민족해방전선준비위원회(남민전)의 기를 북한기 비슷하게 제작하고 영화에서 이승만을 악질 친일파, 박정희를 ‘SNAKE PARK’(뱀공원, 음흉한 뱀)으로 표현하며 사진까지 조작, 날조하는 공산주의의 본성을 드러냈다. 그들은 친일인명사전도 만들었으니 ‘친일 왜곡 조작’의 짐작이 간다.
2006년 노무현 대통령은 박헌영을 존경하는 임헌영을 민주화 투사로 인정하여 석방하고 보상금을 주었다. ‘좌익들이 말하는 민주화의 실체를 짐작할 수 있다.

자님의 방대한 량의 박정희 관련 책은 사실을 공정하고 정확히 취재하려는 열정이 묻어 있었다.

이승만 대통령의 일대기를 그린 전기는 다른 지역 도서관에서 『엄마가 들려주는 이승만 건국 대통령 이야기』, 『이승만 대한민국 건국 대통령』등 적절한 것을 발견하고 위안이 되었으나 박정희대통령의 업적 관련 내용은 부분적으로는 상세한 책이 많았지만 청년들이 볼 책이 빈약하기에 간단한 일대기를 써 보았다. 그래서 필자는 우리 청소년 · 소녀들을 위해 어려운 말은 괄호 안에 한문 설명 등으로 보충 설명했는데 탐구하며 읽는다면 충분히 이해할 것으로 보며 부모님과 공유했으면 하는 바램으로 글을 썼다.

필자는 최근 근대사에서 무엇보다 이승만이 한성감옥에서 20대에 쓴 『독립정신』 에 자유민주주의 사상이 그대로 녹아있음을 알았다. 또한 박정희장군이 5.16 즈음에 쓴 『우리 민족의 나아갈 길』은 필자의 초등학교 시절 늘 책꽂이에 있었던 기억이 있는데 관심 밖이었다가 필자는 요즘에서야 구입해 보고 박정희 대통령을 다시 평가하는 계기가 되었다.

그 책은 박정희는 사상가인가, 철학자인가, 아니면 경제학자인가를 생각하게 되는 책이었다. 필자가 유신시대 때 학생들에게 '유신은 한국적 민주주의'라고 가르치며 혼자 생각으로 '장기집권 술책인데 뭔 한국적 민주주의?'라고 속으로 비웃었는데 그런 잘못된 생각에 사죄하는 마음으로 글을 쓴다.

5.16 전후 상황에 일본 정부는 한국 경제에 대한 보고서를 냈는데 1961년 한국에 대한 상황의 글을 보면

○ 인구 과잉, ○ 자원 부족, ○ 공업 미발달,
○ 군비 압력, ○ 정치 수준 저열, ○ 민족자본의 약체,
○ 행정 능력의 부족 등의 이유로 한국에 희망이 없다고 했다.

이런 현실에서도 박정희대통령은 기업가들의 조언을 받아들여 어느 나라에서도 시도하지 않았던 독자적인 전략을 시행하였다. 즉 농업만으로는 희망이 없다고 보고 그는 외자外資(외국자본)를 유치하여 공장을 건설하고 수출한다는 발상을 실현하는 것에 국정 목표를 두었다.

박정희대통령의 뜻에 동조하는 세력은 거의 없었다. 그는 야당과 대학생, 지식인들을 비롯 많은 국민들이 거의 반대하는 정책만을 추진했다 해도 과언이 아니다.

5.16은 쿠데타인가? 아니다. 겉모습은 쿠데타이지만 18년간의 통치는 국민이 원치않는 혁명이였다. 박정희는 정치가라기보다 혁명가였다.

○ 6 · 3 한일협정, ○ 8 · 3 사채 동결 조치, ○ 3선 개헌,
○ 포항제철 건설, ○ 경부고속도로 건설, ○ 중화학 공업,
○ 10월 유신 등 이러한 것들을 처음부터 찬성한 사람 있었는가?

박정희대통령은 집권 초에는 거의 모든 국민이 반대한 일을 독재로 이루었고 이런 것은 모두 한국이 선진국으로 진입하는데 바탕이 되었다. 또 미국을 포함한 외국에서도 모두 반대하는 정책을 펼친 대통령이 박정희다. 한마디로 위대한 독재자다.

전 포항제철 유상부 회장은 가장 힘든 것이 일본에서 받은 배상금으로 제철소를 건설하는 것보다 제철소 반대하는 사람들을 설득하는 것이 어려웠다고 회고했다.

박정희 대통령 시절 1960년대 말부터 인도와 튀르키예, 멕시코 등이 앞다퉈 제철소를 세우려다 실패하고 있었고 이 와중에 한국도 제철소를 짓겠다며 차관을 구하고 있었다. 9년 넘게 역대 최장 대통령 비서실장을 한 김정렴의 회고록에는 이런 대목이 있다. 세계 은행 총재였던 유진 블랙씨는 IMF 연차총회 연설에서 “개발도상국에는 세가지 신화 (헛된 꿈)가 있다.

첫째는 고속도로 건설

둘째는 종합제철 건설이고

셋째는 국가 원수의 기념비 건립이다.” 라고 말했다.

그래서 세계은행에서는 차관을 줄 수 없다는 것이었는데 한국의 고속도로 등 완성 후 한국에 와서 실제로 보고 자체 연구하고나서 스스로 차관을 제공했다.

시월유신 전후 한국에서 차관은 필수불가결한 것이었다. 시월유신 같은 혁명은 물론 앞으로는 있어선 안되겠지만 당시 상황을 보면 김대중 대통령후보의 대중경제론이 우세한 상황에서 박정희는 수출진흥을 계속해야하는지 아니면 대통령 임기의 만기가 되어 내려와야 하는지 선택의 기로에 서있었다. 이럴 때 세 가지의 큰 문제가 있었다.

○ 전국적으로 무장간첩이 끊이지 않는 상황에 대통령의 암살기도 등 안보 위협과

○ 대통령 선거에서 김대중의 나라 망치는 농업중심의 대중경제론의 우세 속에 노조지위 향상 및 남북평화론(후에 햇볕정책) 주장과

○ 무기 제조와 수출을 위한 중화학공업의 시급함 등이 미룰 수 없는 것이었다.

그래서 유신維新(벼리 유, 새 신-새롭게 고침)혁명이 필요했고 유신이 없었다면 현재의 중화학공업은 없고 대한민국은 후진국 수준일 것이다. 박정희 대통령은 국민 설득과 비난의 포화를 온 몸으로 막으며 강압적이고도 독재적인 계엄령과 긴급조치의 연속으로 돌파했다. 물론 표면상 자유민주주의는 후퇴했다.

미 정치학회 회장 로버트 달 교수는 자유민주주의가 정상 작동하려면 1인당 소득이 년 4,000~7,000달러 정도의 중산층이 형성되어야 한다는 연구결과를 발표했는데 이승만 시대 1인당 소득 년 60불, 박정희 시대 82불인데 민주주의 실현과는 거리가 멀다. 즉 북한을 비롯한 소득 낮은 국가에서는 민주주의가 싹트기 어렵다는 것이다. 박정희의 꿈은 배고픔의 서러움에서 출발했을 것이다. 박 대통령의 갈급한 밥이 불같은 도전을 일으켰을까? 그 과정에서 유신 독재의 필요성이 대두되었을 것이다.

링컨 대통령의 독재를 보자. 연방 재통합을 위해 북부 시민 수천 명을 재판없이 구금하고 자신을 비방한 신문 발행인들을 체포 · 구금하며 모든 전신傳信(전할 전, 믿을 신-소식을 전하여 보냄)을 검열한 것 등의 독재를 행했어도 역사학자들은 오래 전부터 '선량한 독재자', 심지어 '위대한 독재자'라고 불렀다.(남경태, 2003. 링컨의 진실』. 사회평론p140-141) 나아가 링컨 대통령은 인디언 폭동을 진압후 38명을 처

형시켰고(송복 외 9인, 2017. 『박정희 바로보기』. 222) 국회를 무력화하며 신문사들을 문닫게 했지만 미국은 달러 화폐에도 그의 얼굴을 올리며 칭송하는데 우리는 '박정희 독재'만을 외치고 배척하며 왜곡歪曲(기울 왜, 굽을 곡-사실과 다르게 해석)된 내용의 넘치는 책을 접하고 있다. 링컨은 연방제 확립을 위해, 박정희는 국민을 잘살게 하기 위해 독재를 했다. 어느 것이 더 훌륭한 독재인가는 독자의 생각에 맡긴다.

링컨대통령에 대한 책은 사실을 비판하는데 비해 박정희대통령에 관련하여 비판하는 책은 사실을 왜곡하고 감정적인 비판을 했다. 사실 왜곡의 예를 들면 '박정희는 친일파', '일본청구자금으로 정치자금 유용', '장도영에 대한 배신', '부정부패', '정경유착' 政經癒着(정치인과 경제인의 밀착)', '8.3조치에 대한 부정 견해', '경제발전은 박정희 아닌 열심히 일하신 부모님들 때문', '문예부흥 부정', '경제개발 신화라는 환상', '보릿고개 극복은 윤보선의 이중곡가제 二重穀價制(쌀 등 곡식을 농민으로부터 비싼 값에 사들여 보다 낮은 가격으로 소비자에게 파는 제도)때문', '성장과 분배의 동반성장 (同伴成長-함께 성장) 실패', '간첩 김질락을 희생양'이라고 하는 것 등이다.

감정적 비판은 '문제투성이 6.3협정', '개발독재자', '반동적 反動的 근대주의자', '반공산주의의 심화', '역사에 나쁜 그림자', '애국심이 없다', 등이다.

노산 이은상은 "박정희 대통령의 공적은 세종대왕과 이순신 장군의 치적보다 훌륭하다"라고 평했는데 저자가 박정희에 대한 부정적 고정 관념이 바뀐 것처럼 청소년 · 소녀를 포함한 독자들의 왜곡된 역사 의식도 사실에 의거 바뀌었으면 한다.

한국인의 부정적 생각을 '할 수 있다', '잘 살아 보세' 등 미래지향적 박정희 정신으로 바꾼 사람은 누구인가? 식민지에서 간신히 벗어나 가발을 만들다 중화학 공업 강국이 되어 첨단 무기를 수출하는 나라로 성장한 나라가 있는가?

박정희 대통령의 많은 치적이 긍정적이지만 박대통령 본인도 인정했듯이 실수를 한 것도 많다. 예를 들면 그는 1979년 김영삼의 미국 방문 시 한국정부에 대한 비방이 도를 넘었다고 하며 의원직을 사퇴시킨 감정적인 독재 등도 있다.

그래서 국민을 강제로 계엄령으로 끌고 온 그의 치적은 공과功過(공 공, 지날 과-공로와 잘못)의 평가를 쉽게 내릴 수는 없다. 평가가 단순하지 않으며 물론 공 속에 과도 있지만 공9 과1의 평가가 어떨까? 그렇다면 박정희를 무조건 비방하며 반대했던 야당과 대다수의 학자들이 경기警氣(경계할 경, 기운기-심하게 놀라 생기는 경련)를 일으킬까? 유신의 원인이라 보는 세 관점에 눈을 돌리면서 한국의 상황이 북한과는 반대로 분에 넘치는 것들, 즉 한국인들이 의식주의 충족에 쌀밥과 고기를 피하는 현실이다. 나아가 마이 홈, 마이카 시대에 해외 여행지에서 한국인이 북적이는 것의 근원을 보노라면 과1이 너무 많다고 생각지 않을까?

우리 대한민국이 이승만 대통령의 자유민주주의 건국과 박정희 대통령의 산업화의 토대로 우리나라가 선진국의 기준인 인구가 5,000만명을 넘고 1인당 국민소득이 3만달러 이상인 국가인 '30-50클럽'에 세계 7번째로 가입했다. 자랑스런 선진국의 배를 탄 이런 현실에 대한민국은 2025년 2월 현재 지난 해의 부정선거와 불법탄핵 과정에 중국의 개입이 드러나기에 '소중화'[2]란 사대정신을 꺾은 박정희 대통령의 정신과 업적(본책 제3장의 기타 참조)에 반대[3]로 나아가고 있어 매우 부끄럽기도 하다.

이제 유신이 지난지 50년이 되어가니 반反(돌이키다, 뒤집다 반)박정희의 좌익 분들도 화해의 길을 가고 있을 것이라고 추측하고 소망한다. 아직까지도 공산주의의 굶어 죽는 북한을 칭송하며 김정은을 계몽군주라 치켜세우는 전 인천시장 같은 유명 인사들도 있다. 이런 종북從北(쫓다 종, 북녘 북-북한을 추종함)의 분들이 이제는 바뀌고 화해하면서 앞으로 화합하고 함께 살아갈 날을 기대한다.

---

2) 조선은 중국의 중화사상을 조선에서 '소중화'을 이룬다며 조선의 정신세계를 황폐화시켰다. 많은 성리학자들이 그러하지만 특히 세계의 흐름을 읽지못한 성리학자 송시열은 멸망한 명나라를 숭상하고 새로운 강국 청나라를 반대하는 숭명반청崇明反晴을 외쳤다. 그런 사상에 뒤를 이어 조선은 병자호란, 정묘호란을 겪으며 피폐해졌다.(김용삼,2020.『세계사와 포개읽는 한국 100년 동안의 역사1』.지우출판,140~146)

3) 중국과의 관계에서 좌익정치가들은 '경제적피해와 보복'이란 논리에 굴복하여 사드설치도 반대하며 반미운동까지 하고 있다.
세계 각국(미, 영, 독, 호주, 캐나다 등)은 중국 공산당의 정체에 대해 각성하고 중국이 선진국들의 '자유민주주의와 경제를 흔듬'에 대해서 잘 대처하고 있으나 한국은 반도체 기술 등을 탈취당하며 대응이 미진하다. 중국은 한반도 감시를 위해 초대형 레이더를 설치했음에도 한국의 사드 설치에 엄청난 보복을 가했다.
북한 관련해서도 평화를 외치지만 단순한 전쟁없는 평화가 아니라 독립과 자존自存이 지켜지는 평화가 중요하다.(이지용,2025.『새로운 전쟁의 도래 중국의 초한전』 에포크미디어코리아.348~362) 문재인대통령은 북한이 본인을 '삶은 소대가리'라고 해도 대꾸도 못한다. 문대통령은 중국과의 관계에서도 '중국은 큰 봉우리~'라고 하면서 중국에 아부하고 방문하여도 멸시받고 혼밥을 먹고 오는 실정이다.
자유민주주의 나라인 6.25의 혈맹 미국과 공산주의 나라 중국 중에서 우리는 어느 나라를 선택할까? 슬기로운 선택과 강한 대처만이 중국을 겸손하게 한다. 공산당에게는 힘만이 해결책이다.(박정희대통령이 '미친개에게는 몽둥이가 약이다'라고 한 것은 같은 맥락이다)
중국은 지능적으로 중국무역에 불리한 삼성에게는 보복하지 못하고 롯데에게 엄청난 보복을 가해도 한국은 당하기만 한다. 일본을 향해서는 불매운동을 잘 펼치는데 중국에게는 비굴하기 짝이 없다.

끝으로 이 책이 나오기까지 많은 분들의 도움이 있었다. 책의 내용을 좀 더 충실하게 하도록 조언해 주신 이춘근 박사님을 비롯하여, 나눔사 대표님은 출판 고비마다 도움 주시고 원고 편집을 꼼꼼하게 마감해 주셨다. 그리고 옆에서 교정해 주며 격려해 준 부인과 날카로운 비평과 교정에 많은 의견을 낸 아들, 조카 박재걸, 제자 태원표에게 감사한다.

2025년 3월 5일

성 백 경

추천사

박정희 대통령의 독재는 나라를 살렸다.
북한도 유신과 같은 독재하여 주민을 안 굶어 죽었으면…

한 학교에서 입학시험을 앞두고 두 개 반이 각기 다른 책으로 공부했다. A라는 책으로 공부한 학급의 학생들은 전원 탈락했다. 그러나 B라는 책으로 공부한 학생들은 모두 합격했다. 그렇다면 우리는 수험서적으로 어떤 책을 선택하는 것이 합리적일까? 당연히 B라는 책을 선택해야한다.

2024년 11월 16일자 조선일보는 〈'전환시대의 논리' 이영희〉 기사를 통해 다음과 같이 전하고 있다. "문혁 기간 중국에서는 공식 사망자 170만 명, 추정 사망자 2000만 명이 발생했고 1억1300만 명이 정치적 타격을 입었다.(프랑스 국립 학술센터의 11명 학자는 『공산주의 흑서』에서 마오쩌뚱 때 학살자를 6,500만 명으로 산정)

문혁은 전국적인 문화 파괴 운동의 내란內亂으로 평가된다. 그러나 리영희는 '전환시대의 논리'에서 문혁에 대해 '인류 사상 초유의 일대 실험'(86쪽)이라고 소개한 뒤 '인간을 개조하고 평등한 인간 생활을 보장하는 사회 구조를 창조하려는 것'(96쪽)이라는 마오의 말을 인용하며 높이 평가했다.(중략) 노무현 · 문재인 전 대통령도 이 책을 탐독하고 큰 감명을 받았다고 했다"

2013년, 미국이 저널리스트 조 스터드웰은 그의 저서〈아시아의 힘〉에서 박정희를 아래와 같이 평가하고 있다. "박정희는 부상하는 국가의 역사를 전문으로 연구한 아마추어 역사가이기도 했다. 그래서 독일의 개발 과정과 산업화를 다룬 책들을 많이 읽었다. 쑨원, 터키의 케말파샤, 이집트의 압델 나세르, 현대적 대규모 산업을 육성하려는 그들의 노력도 상세히 알았다. 권력을 잡은 9개월 후에 농촌 출신 박정희는 〈우리 민족의 나아갈 길〉 이라는 책을 출간했다. 이듬해에는 '라인강의 기적', '혁명의 다양한 형태'같은 장을 통해 경제적 · 개발적 관점에서 여러 역사적 혁명을 다룬〈국가와 혁명과 나〉가 출간됐다. 박정희는 두 책에서 서울을 관통하는 강의 이름을 들어서 국민들에게 '한강의 기적'을 약속했다.

노무현과 문재인을 비롯한 우리나라의 정치지도자들은 자국민 2,000만 명을 굶어 죽인 모택동을 찬양하는 A라는 책으로 공부했다. 그리고 전교조를 비롯한 많은 선생님들이 최빈국(最貧國) 대한민국을 10대 선진국으로 만들어준 박정희의 책을 지금도 도외시하고 있다.

이 책은 박정희 본인이 아닌 타인이 쓴 박정희의 자서전이다. 저자는 "박정희가 5.16 즈음에 쓴『우리 민족의 나아갈 길』이 필자의 초등학교 시절 늘 책꽂이에 있었던 기억이 있는데 관심 밖이었다가 최근에서야 구입 해 보고 박정희 대통령을 다시 평가하는 계기가 되었다."고 밝혔다.

일단 박정희 일대기라 볼 수 있는 본 책은 읽기가 쉽다. 즉 재미가 있고, 감동적이며 풍부한 역사적 자료들이 들어있다. 10여권의 책을 출판한 경험이 있는 필자에게 부끄러움을 선물한 책이다.

이 책에서 가장 인상적인 문장은 "5 · 16쿠데타가 '누군가 이 나라를 구할 사람이 나와야 한다'는 당시 장면내각의 부패 무능의 환경에서 대다수 군인과 국민이 원하는 민의였다면 그 이후 박정희의 통치는 민의대로 한 통치는 없었다. 농업 주도를 수출 주도형으로 변경 하는 것도 학자들의 의견에 역행하는 일로 민의에 반대되는 쿠데타의 연속이었다."는 부분이다.

필자는 이 책을 통해서 미국의 링컨 대통령이 독재자였다는 사실을 처음으로 알게 됐다. "링컨 대통령은 북부 시민 수천 명을 재판 없이 구금하고 자신을 비방한 신문 발행인들을 체포 · 구금하며 모든 전신을 검열한 것 등의 독재를 행했어도 역사학자들은 오래전부터 '선량한 독재자', 심지어 '위대한 독재자'라고 불렀다.(남경태, 2003. 『링컨의 진실』 사회 평론p140-141) 나아가 링컨 대통령은 국회를 무력화하고 신문사들을 문 닫게 했지만 미국은 달러 화폐에도 그의 얼굴을 올리며 칭송하는데 우리는 '박 정희 독재'만을 외치고 배척하며 왜곡 歪曲된 내용의 넘치는 책을 접하고 있다."

박대통령 독재는 나라를 살리고 문대통령 독재는 나라를 완전히 망쳤다. 북한도 유신독재하여 주민을 굶어 죽지 않기를 소망한다. 독자 여러분들은 지금부터 위대한 독재자의 자서전이라 볼 수 있는 책을 저자 성백경 교장선생님을 통해서 읽게 되는 행운을 얻게 될 것이다.

이상로 박사

(전 MBC카메라 출동 기자)

추천사

박정희 일대기를 읽는 독자들이 바른 역사인식을 회복하여
자유 민주국가의 국민이 되기를 소망함.

오늘날 혼란스런 이 시대에 한국인들은 두 분을 그리워한다. 즉, 공산주의에 맞서 홀로 좌우합작을 반대하며 대한민국을 건국한 이승만대통령과 그러한 건국을 바탕으로 한강의 기적을 이룩한 박정희대통령이다.

요즘 좌익의 도전은 날로 거세지고, 그에 대항하는 우리의 목소리는 가냘프고 힘이 없다. 오늘날 대한민국 앞에 국가적 위기가 닥친 것은 대한민국 세력이 대한민국에 대해 무관심하고 공부하지 않았기 때문이다. 10월 유신 전이야말로 지금처럼 종북세력이 득세하고 부정개표가 판치는 혼란의 시기였다. 즉 '안보 위협', '중화학공업의 절실함', '대통령후계자 문제'라는 세 가지 이유만 알았더라도 유신을 비판하지는 않았을 것이다. 역사는 현재를 비추는 거울이라고 흔히 말한다. 유신 전후 무장간첩이 끊이지 않고 수출을 도외시하는 좌익의 대통령 후보가 당선 되려는 위기였든 시기가 지금의 거울이다. 유신 전은 지금처럼 절박한 수준이었다.

추천자가 본 책에서 본 특이한 것은 싱가폴의 독재자 이광요에 대해 국민과 언론의 칭송하는 팔로우십과 반 박정희 책이 그렇게 많은 줄 몰랐다.

지금 대한민국의 첫째 문제는 거의 모든 언론이 좌익이라는 것이다. 심지어 공영방송 KBS마저 2025.1.11.17시 뉴스에서 월등히 많은 사람이 모인 윤 탄핵반대집회 영상을 탄핵찬성집회에 배경으로 편집했는데 항의가 빗발치니 다음 날 저녁뉴스에 사과 방송을 했다. 이것은 실수인가? 아니다. 중국공산당은 끊임없이 한국의 주권을 침탈하고 있는데 2016년에 한국 KBS에서 방영키로 한 한국의 우방 미국의 '션윈 공연' 대관계약을 취소하도록 압력을 가했는데 KBS는 승복하여 취소했다. 그리고 한국의 민노총은 윤 탄핵을 '이태원' 과 '세월호 참사'처럼 키워라 등의 지령문 89건을 받고 2024.11.9.일의 윤정권 퇴진집회를 감행했다. 여기서 경찰관 105명이 부상당했다. 민주당은 집회에 합세하고 나중에는 '간첩법'까지 반대하고 있으니 온 나라가 종북이다. 학교에서는 '학생인권조례'로 학생지도가 어렵고 전교조의 세월호 계기교육과 무상교육 등이 교육을 궤멸시키고 있다.

한국은 문정부 때 홍콩을 제외하면 유일하게 코로나 핑계로 5명 이상 집회를 금지하고 탄압한 국가다. 요즘은 공수처와 헌법재판소의 불법이 혼란을 부추기며 한국도 홍콩처럼 자유를 잃을까 염려스러워진다.

이러한 현실에 추천자는『그리워라 박정희』를 한두 쪽씩 읽어나가며 흥미와 감동을 더했다. 이 책이야말로 이 시대를 헤쳐나가는 마음의 전신갑주다. 박정희는 여론을 따르지 않고 국내 학자들과 외국 학자조차 반대하는 외로운 길을 선택하며 유신까지 감행하여 '독재'라는 칭호가 붙게 되었다.

독자들이 좌든 우든 박정희 시대를 연구하지 않는다면 현대역사의 한 발자국도 전진할 수 없을 것이다. 현대사를 이해하기 위하여 박정희를 좋아하든, 싫어하든 우리 나라의 뿌리는 이승만, 박정희의 품에서 떠날 수 없기 때문이다.

본 책은 교과서까지 왜곡된 오늘날 박정희시대 역사를 바로잡는 현대사에 던져진 한 줄기 빛이라고 보아 '국난극복의 난중일기'가 될 수 있다고 믿는다.

많은 왜곡 날조된 학자들의 책과 〈100년 전쟁〉 영화 등에 묻혀 허우적대는 우리 학생들을 포함한 독자들이여! 혼란스런 시국에 박정희 정신으로 무장하고 박정희 도전 정신과 편견없는 사실의 올바른 역사인식을 받아들여 공산화의 문턱에서 우리 모두 자유민주국가의 국민이 되기를 소망한다. 좌 · 우익의 부패함이 국민에게 외면을 당하기도 하는데 박정희의 청렴은 우파철학의 출발점이다.

신현철

(전 부산 부성고등학교 교장)

추천사

> 대한민국은 기적의 나라이며 위대한 국가이다.
> 위대한 국가의 원천은 박정희의 꿈과 도전이며
> 애국적인 독재였다.

대한민국은 기적의 나라이다. 1947년 미군정 시기에 하지 장군이 조사한 정치의식 여론 조사결과를 보면 사회주의나 공산주의를 지지한 경우가 약 80%에 달하였다고 한다. 또한, '조선신문기자회'에서 조사한 결과도 70%가 '대한민국'이 아닌 '조선인민공화국'을 선호하였다. 이런 상황에 좌우합작을 물리친 이승만은 자유민주주의의 대한민국을 건국했으니 기적이다. 이러한 선택이 현재 남북한의 큰 격차를 이루는 기초가 된 것이다.

대한민국은 세계에서 유래를 찾아볼 수 없는 위대한 국가이다. 1953년 한국의 1인당 국민소득은 67달러로 1959년까지도 약 81달러 수준이었다. 당시 태국은 848달러였고, 필리핀은 1,293달러의 수준이었으니 우리나라는 최빈국 중의 하나였던 것이다. 2024년 대한민국은 1인당 국민 소득이 36,624달러로 경제대국이 되어 외국에 도움을 주는 ODA(공적개발원조) 규모만도 약 6조 8,421억 원이다. 도움을 받던 나라에서 도움을 주는 나라가 된 것이다. 이러한 위대한 나라가 될 수 있도록 기초를 놓은 인물이 바로 박정희 대통령이다.

한강의 기적이라고 불리는 박정희 대통령의 경제개발계획이나 새마을 운동은 지금도 전 세계가 주목하는 프로젝트이다. 박정희 대통령을 말하지 않고는 대한민국의 발전을 논할 수 없는 이유이다.

이러한 인물에 대해 다양한 사료를 근거로 어려서부터의 일대기를 잘 정리한 책이 나왔다. 추천자는 본 책에서 박정희대통령의 꿈과 도전으로 이루어진 산업화의 성과는 “내 무덤에 침을 뱉어라”라는 말의 진실성과 애국적인 독재정치가 그것의 근원이라는 것을 확인했다. 부디 선생님과 학생들을 포함한 독자들이 본책을 읽고 반 박정희 저서의 왜곡된 지식에서 벗어나 새로운 역사인식을 높일 수 있기를 소망한다.

유대균

(전 홍천군 화촌초등학교 교장)

차 례

| 책을 내면서 | 6
| 추천사 | • 이상로 16
| 추천사 | • 신현철 19
| 추천사 | • 유대균 22

1장 박정희의 어린 시절과 젊은 시절

1. 상모리에서 탄생과 어린 시절 29
2. 사범학교 40
3. 문경 보통학교 교사 시절 53
4. 만주 군관학교 57
5. 일본 육사 65
6. 졸업 후 장교 생활 66
7. 해방 후 조선 경비 사관학교(육사 전신) 시절 69
8. 6 · 25 이후 74
9. 남로당南勞黨(남조선 노동당)과 제주 4.3사건 79

2장 목표·꿈·도전·열정·독재의 삶

1. 우리 민족의 나아갈 길 87
2. 한국을 재탄생시킨 5.16 혁명 92
가. 세계의 환경 92
나. 한국의 역사적 환경 95
다. 4.19 전 · 후 국내 환경 118
라. 5.16 군의 환경과 협력자들 122
마. 박정희의 분노 126

바. 5 · 16 거사 巨事(큰 일) 127
사. 5.16 혁명공약과 박정희의 꿈 133
아. 미국, 서독 방문과 경제 도약을 위한 몸부림 136
3. 한일 협정 반대(6.3시위)에 대한 계엄령 144
4. 꿈을 멈출 수 없는 3선개헌 152
가. 3선개헌 152
나. 8 · 3조치와 독재정치 153
5. 10월 유신 156
가. 북의 위협과 미군철수 등 안보일지 158
나. 중화학 공업 165
다. 김대중 대통령후보와 김종필 후계자 167
라. 유신독재시대 173

제3장 박정희 집권기간 갈급함의 시대

1. 집권초 경제개발 계획의 태동 181
2. 경제개발계획과 과학기술 5개년계획 187
가. 과학기술 시동 187
나. 월남 파병의 선물 과학기술연구원(KIST) 188
다. KIST의 도약 191
3. 산업혁명과 경제개발 5개년계획 195
가. 제1차 경제개발 5개년계획(1962~1966) 196
나. 제2차 경제개발 5개년계획(1967~1971) 198
다. 제3차 경제개발 5개년계획(1972~1976) 201
라. 제4차 경제개발 5개년계획(1977~1981) 207

4. 한국의 자동차와 조선업을 키운 포항제철 건설 208
5. 경부고속도로 218
6. 최대의 모험 원자력발전소 225
7. 국가 안보 228
8. 새마을 운동 241
9. 산림녹화 247
10. 보릿고개가 없어지다(녹색혁명) 249
11. 문예 중흥 251
12. 성장과 분배의 동반성장 255
13. 기타 258

4장 박정희의 속 얼굴

1. 박정희 정신과 박정희 리더십의 본질 265
가. '할 수 있다', '하면 된다' 272
나. 전체주의 全體主義 276
다. 근대문화에서 가능했던 돌진적 근대화 277
라. '폭력정치'라는 것의 실상 279
2. 눈물의 사나이 283
가. 서독의 광부, 간호사와 함께 흘린 눈물 283
나. 실업학교 개교와 졸업식, 공사 졸업식 284
다. 국립묘지 앞에서 286
라. 휘하 장수를 잃고서 286

3. 박정희의 예술 감각 288
4. 그분이 땅 있어요, 돈 있어요? 291
5. 화요회, 목요회 의견 296
6. 그 차가 니 차냐? 298
7. 핵무기 공개 후 하야하겠소(국민과 나라 위한 고뇌) 305
8. 대통령이기에 육영수 살인범 문세광을 용서하는 겉얼굴 307
9. 박 대통령 서거 309
가. 박대통령을 시해한 10.26 반란과 12.12 사태 309
나. 5.17과 5.18 광주 민주화 운동의 실상 310
10. 서거 후 화해를 희망하는 마음 314
가. 화해한 사람들 314
나. 화해할 사람들 317
다. 오해와 용서 그리고 다양한 시각 338
라. 박정희의 마음 344

제5장 맺는 말

1. 요 약 351
2. 치유를 통해 함께하는 시너지 효과 356
3. 국내외 지도자와 학자들의 평가 362

| 에필로그 | 371
| 참고문헌 | 378
| 연도별 업적 | 380

내 一生 祖國과
民族을 爲하여

1974. 5. 20.
大統領 朴正熙

1장
박정희의 어린 시절과 젊은 시절

1. 상모리에서 탄생과 어린 시절

어느 날 학교에서 집에 가던 길에 정희는 너무 배가 고파서 콩밭의 콩 한 다발을 뽑아 옆에 피워놓은 모닥불 속에 던졌습니다.

잠시 후 콩 익는 냄새가 구수하게 피어 올랐습니다. 곧 군침이 돌았습니다. 삭정이 튀는 소리가 톡톡 들리는지라 정희는 슬며시 다가온 콩밭 주인의 발소리를 못들었습니다. 갑자기 뒤통수에 불이 번쩍 튀는가 싶더니 몽둥이를 든 주인이 다가왔습니다.

몽둥이로 맞은 머리가 아프다 못해 쓰라렸습니다. 끈적한 것이 흘러내릴 때 그것이 피라는 것을 알았습니다.(중략)

"왜 이렇게 늦었니?"

"죄송합니다. 어머니"(변성희, 2005.『대통령 박정희』어린이 인물전기. 41~42)

박정희의 부친 박성빈은 박혁거세를 시조로 하는 고령박씨로서 고향은 경상북도 상주에서 태어났다. 박성빈은 소년 박정희의 삶에서 비중이 크지 않았다.

박정희의 아버지(박성빈) 나이가 46세, 어머니(백남의)는 45세일 때 박정희는 1917년 11월 4일(음력 9월 30일) 5남 2녀의 막내둥이로 태어났다.

집안을 책임졌던 가장 아버지 박성빈이 경상북도 선산군 구미면 상모리로 들어간 것이 박정희가 태어나기 전해 1916년이었다.

박성빈은 박정희와 누님 재희 등 직계친족들의 기억에는 박성빈은 '동학혁명에 가담 했다가 체포되어 죽을 뻔했다'고 하며 둘째 딸 재희는 '벼슬하겠다고 서울에 자주 올라가시다가 가산을 탕진했다'고 했다. 박성빈의 아버지(박영규)는 장남인 박성빈이 동학군에 쏘다니며 서울 오가는 모습에 전혀 미덥지 않아 제법 많던 재산을 동생 박일빈에게 몰아주었다.(조우석, 2009.『박정희 한국의 탄생』,174)

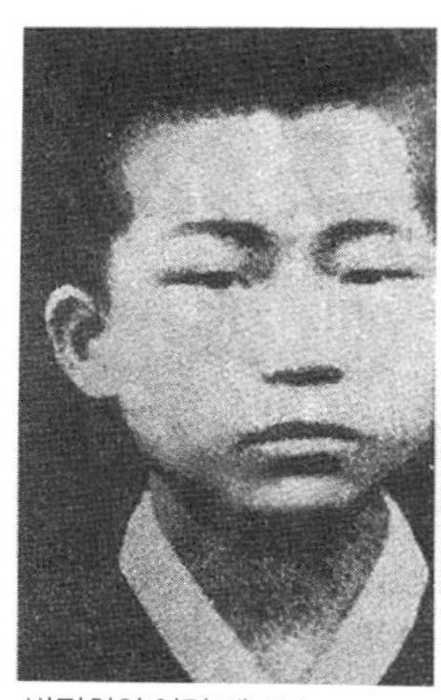
박정희의 어릴 때 모습

박정희가 어린 시절 지낸 초가집. 생가 복원 전의 모습이다.

박성빈은 가사에 관심이 적고 술로 세월을 보냈고 가세가 기울어지고, 하는 수 없이 외가의 선산인 상모리의 위토(문중의 제사 비용을 위해 마련된 토지)를 소작하기로 하고 외가의 양해를 얻어 상모동으로 이주할 수 밖에 없게 되었다.(김형아, 2005. 『박정희의 양날의 선택』. 45)

박 집안의 중심은 어머니였다. 어머니 백남의에 대해서는 상모리 사람들의 한결같은 평은 '자존심이 대단한 여자이며 자상하고 가냘픈 여자였다'고 했다. 또 '가난 속에서 동그란 돋보기를 쓰고서 언문諺文(언문언, 글월문–지난날, 한문(漢文)에 대(對)하여 한글로 된 글을 낮추어 이르던 말.) 소설을 즐겨 읽었다'고 했다. 백남의는 담배를 피웠는데 어려서 할아버지를 위해서 긴 장죽 담뱃대에 불을 붙이려 길게 몇 모금을 빨아드리는 일을 자주 했기 때문이란다.(조갑제, 1998, 내무덤에 침을 뱉어라 제1권: 323~329)

백남의는 마흔다섯에 막내 아들을 임신했고, 식구 하나가 더 느는 것에 부담을 느껴 뱃속의 아기를 지우려 무진 애를 썼다. 박정희의 작은누나 박재희는 기자에게 이렇게 회고했다.

> "어머니는 아기를 지우기 위해 간장 한 사발을 훌훌 마셔버렸는가 하면, 밀기울을 끓여 마셨다가 까무러치기도 했고 섬돌에서 뛰어내려 보기도 하고, 장작더미 위에서 곤두박질쳐 보기도 했더랍니다. 어머니는 일부러 디딜방아의 머리를 배에다 대고 뒤로 자빠졌어요. 낙태를 시키려고 스스로 방아에 깔려버린 것이지요. 그때 나는 네 살이었는데 그 광경을 보면서 울고불고했답니다."(강준식, 2017. 『대한민국의 대통령들』: 153)

박재희에 따르면 박정희가 태어난 후에도 어머니는 젖꼭지가 말라붙어서 모유 대용으로 밥물에 곶감을 넣어 끓인 암죽을 핏덩이에게 먹였다고 한다. 이웃들도 어려운 형편을 마을 원로 신재현 씨도 증언하고 있다.

당시 박정희 집안은 비가와도 나막신 신을 형편이 못돼 짚신만 신고 다녔는데 그걸로 모자라 맨발로 많이 다녔고 도시락도 못 쌌어요.(정운현, 2004. 『군인 박정희』14)

박정희가 태어난 생가 옆으로 풀짐을 나르는 큰 형 박동희의 모습. 허리를 굽히고 있어 상대적으로 집이 크게 보인다. 사진 우측에 살짝 보이는 방문이 박정희가 쓰던 공부방이다.

이런 환경인데 5남 2녀 중 셋째 성희도 구미 보통학교에 입학하여 공부했다. 그 당시 이 마을에서 보통학교에 다닌 학생은 박정희를 비롯해 3명이었다. 상모동에서 구미읍까지 약 8km(시골서는 20리 길)를 배고픔을 참으며 뛰고 걷고 했다. 박정희가 유난히 키가 작고 발육 부진에 시달린 것도 이 때문이다. 그런데도 아들을 구미 보통학교에 입학시킨 것은 어머니의 교육열을 보여준다. 없는 살림에 쉽지 않은 결정이었다.

박정희는 태아 시절에 이미 어머니로부터의 집요한 공격을 받고서도 이 세상에 태어났고 대구사범에 진학할 때도 어머니는 아들이 낙방하길 빌었으나 정희 소년은 합격함으로써 상모리를 떠나게 되었다. 박정희가 보통학교를 졸업하고 고향에 주저앉았다면 그의 운명과 대한민국의 운명도 달라졌을 것이다.

| 보통학교 시절 |

박정희의 보통학교 어린 시절 이야기는 그가 공보비서관에게 손수 써준 나의 '소년시절'이라는 글과 그의 동기생들의 증언이 있다.

보통학교 입학식은 1926년 4월 1일이고 오전에 4시간 수업을 했으니 학교 수업 시작이 8시라고 기억한다. 20리 길을 새벽에 일어나서 8시까지 지각하지 않고 시간에 대기는 여간 고생이 아니었다. 시간이 좀 늦다고 생각되면 구보로 20리를 거의 뛰어야 했다. 동리에 시계를 가진 사람이 아무도 없으니 시간을 알 도리가 없고, 다만 가다가 매일 도중에서 만나는 집배원과 기차를 만나는 것으로 늦다 빠르다를 짐작한다. 사곡동 뒤 솔밭길은 나무가 우거지고 가끔 늑대가 나오므로 혼자 다니지 못했다. 한번은 눈 위에서 노는 늑대를 세 명이 본 후 그곳을 지날 때는 무서워서 앞만 보고 빨리 지나가곤 했다.

그런데 해방 후에 고향에 돌아와 보니 이 솔밭이 나무 한 그루 없이 싹 벌목을 하여 빨건 벌거숭이 산이 되어 있었다.

그리고 학교 다니는 나보다도 더 고생하신 분이 어머니다.

박정희 대통령의 보통학교 졸업사진, 사진 가운데 앉은이가 감득명 담임선생이고 박정희는 뒤에서 두번째줄 오른쪽 끝에서 있다. 박정희와 절친했던 이준상이 오른쪽 끝에서 네 번째이다.

어머니는 아침 일찍 밥을 짓고 도시락을 싸고 다음에 나를 깨우신다. 겨울에 추울 때는 세숫대야에 더운물을 방안에까지 들고 오신다.

친구들이 오면 어머니는 같이 가게 하려고 그 애들을 방안에 불러들여 구들목에 앉히고 채비를 차리고 나면 셋이 같이 새벽길을 떠난다. 밭두렁을 뛰어가다가 뒤를 돌아다 보면 청년 둑(집 앞에 산 이름) 소나무 사이에 우리를 보내놓고 애처로워서 지켜보고 서 계시는 어머니의 흰옷이 희미하게 보인다. 학교 끝나고 올 때 어머니는 청년 둑에 나와 계시고 집에 돌아가면 구들목 이불 밑에 나의 밥그릇을 따뜻하게 넣어 두셨다가 밥을 다 먹을 때까지 어머니는 상머리에 앉아서 지켜보신다.

우리 형제들이 다들 체구가 건장하고 신장도 큰 편인데 나만이 가장 체구가 작은 것은, 이 보통학교 시절에 원거리 통학으로 신체 발육에 큰 지장을 가져오지 않았나 생각된다.

겉보기에 평화스러워도 나의 고향은 늘 가난했다. 한 달에 월사금이 그 당시 돈으로 60전이었고 매월 이것을 내는 것이 농촌에서는 큰 부담이었다. 문방구점에 가면 일본인 상점 주인이 달걀 1개

1전씩 값을 쳐서 연필이나 공책과 교환하여 준다.

박정희의 학적부에는 '입학 전 경력'으로서 '한문을 수학하였음'이라고 적혀 있다. 누님 박재희에 따르면 박정희는 학교에 다니면서도 일요일에는 서당에 가서 한문을 배우고 교회에도 갔으니 시간을 상당히 충실하게 보내고 있었다는 얘기이다.

[출처]서울시 마포구 상암동 〈박정희 대통령기념관〉

그는 보통학교 재학 6년 내내 마을의 상모 교회에 다녔는데 상모 교회에서 무엇을 배웠을까? 1901년 선교사 언더우드의 제자가 세웠던 이 교회는 당시 선산군에서 두 번째로 세워졌는데, 일상적인 성경 읽기와 찬송, 크리스마스 연극들의 활동에 참여한 것 자체가 소년 박정희에게는 많은 경험을 하게 했다. 낡은 유교식 윤리관에서 자유로운 교회 분위기는 한 가닥 희망이었다.

박정희와 의형제를 맺었던 김삼수 친구의 얘기를 들어 보자(당시는 간단한 먹물 문신으로 의형제 맺음이 유행이었음)

일제 초기 세워진 여주소망감리교회, 그 이전에 세워졌던 상모교회의 모습을 추정할 수 있다.

“교회는 여름 방학 때마다 하계학교를 열었습니다. 우리는 여기서 동요, 동화, 율동 등을 배우고, 설교 듣고 성경 암송도 했어요. 그때 칠곡군에서 하계경연대회를 열었습니다. 일본 경찰도 와서 참관했습니다.

박정희는 노래와 동화 구연을 아주 재치있게 잘했어요. 상모 교회에서는 나와 정희, 그리고 정규만 이렇게 셋이서 출전해 1등을 했지요.(조갑제, 1998. 『내 무덤에 침을 뱉어라 3』 357. 조선일보사) 저와 정희는 둘 다 체구가 작아 유난히 어른들로부터 걱정을 많이 샀는데, 박정희는 나보다 더 작았어요. 둘이 팔씨름을 하면 비슷했어요. 그런데 정희는 지더라도 끝내 굴복한 적이 없습니다. 이길 때까지 계속 하자는 것입니다. 학교에서도 온갖 장난을 다쳤지요. 그럴 때마다 정희는 매우 빠르고 넘어져도 금방 일어나 다시 시작하는 겁니다.

정희는 누구와 씨름을 하다 지게 되어 섭섭하고 분할 때면 새끼

손가락만을 편 주먹을 쑥 내보이며 상대에게 흔들었다. '너희들이 아무리 세다고 해도 내 새끼손가락보다 못하다'라는 뜻이었습니다. 야망이 있는 아이였어요. 앞산에 오르면 제게 이순신, 나폴레옹, 링컨… 그는 늘 이런 영웅들의 이야기를 해 주었습니다. 그러나 교과서에서 나오는 일본 영웅들을 숭배하지는 않았어요. 그래서 나는 "너는 앞으로 훌륭한 장군이 되어 성공할 거야"라고 말해 주었습니다."(조갑제, 1998. 내무덤에 침을 뱉어라 제1권: 379)

그리고 주변 동기생들의 회상을 들어보면

'대추 방망이란 별명이 붙은(한수홍, 2008.『박정희 평전』, 41) 박정희는 조용하고 과묵한 아이로 기억되고 오기가 있는 소년이었다고 한다. "늘 냉엄한 표정이어서 가까이하기 어려웠던 친구였다. 말이 없고 웃음을 모르고 사색하는 듯한 태도가 인상 깊었다"(초등 동기생 박승용의 증언)

박정희는 '급장 시절의 추억'이라는 제목으로 박정희는 다음과 같이 썼다.

> 힘이 세고 말을 잘 듣지 않는 급우가 한 놈 있었다. 그러나 이 자가 수학을 전혀 못 하고 늘 선생님께 꾸지람을 듣는 것을 보고 그가 내 말을 잘 듣도록 하는 방법을 생각하다가 휴식 시간에 산술문제를 가르쳐 주고 숙제 못 해온 것을 휴식 시간에 몇 번 가르쳐 주었더니 그다음부터는 내 말이라면 무조건 굴복했다.(조갑제, 앞의 책: 370), (신용구, 2000.『박정희 정신분석 신화는 없다』,136~137)

박정희가 구미 보통학교에서 배웠던 보통학교의 일제 교과서는 국사, 수신서, 창가 등이었다. 그 중 일제의 '국사', 즉 일본 역사 교과서는 전국시대[1)]에서 메이지유신(1868년~1912)까지의 시대를 이끈 인물들을 중심으로 역사를 기술하고 있다. 플루타르크영웅전을 읽는 기분을 느끼게 한다. 거기에는 많은 무사와 학자 이야기가 나오고 임진왜란 이야기도 실려있다.

그 내용은 도요토미 히데요시가 명을 치기 위하여 길을 빌려달라고 조선에 요청했더니 조선이 명을 두려워하여 이를 거절함으로써 화를 자초했다는 식이다.(조갑제, 1998. 내무덤에 침을 뱉어라 제1권: 380)

이어서 전국시대의 막을 내리게 하는 도쿠가와 이에야스 대對 이시다 미쓰나리의 '세키가하라 결전'의 장면이 장엄하게 묘사되고 있다.

이 일본 역사의 영웅들 사이에 이퇴계와 이율곡, 영조와 정조, 한국병합 등의 이야기가 끼어 있다. 이 교과서는 이율곡을 설명하면서 그가 선조 때 김효원과 심의겸 사이의 조선 당파싸움을 막아보려고 했으나 실패했다. 흔히들 정권을 잡기 위하여 상대에게 죄를 씌우고 정치를 어지럽히는 폐해가 생겼다고 기술하고 있다.

박정희는 일본 역사를 배우면서 일본의 영웅들을 존중하게 되었지만, 그 자신의 말에 따르면 5, 6학년 때 이순신과 나폴레옹 전기를 읽은 후부터 이 두 사람을 특별히 존경하게 되었다고 한다.

---

1) 센고쿠 시대(전국시대)는 5세기 후반 무로마치 막부(막부란 전시 사령부의 기반으로 무신정권을 의미함)부터 16세기 후반까지 약 100년간 이어진 일본 역사상 가장 혼란스러웠던 시기이다. 잘게 쪼개진 수많은 각 세력들간의 크고 작은 전쟁이 끊이지 않은 시대였다.
천황의 권위가 떨어져 있던 상태에서 분열된 일본 열도의 통일을 시작한 사람이 오다노부나가였고 그의 사후 일본을 일시적으로 통일시켜 임진왜란을 일으킨 도요토미 히데요시이고 이 후 통일을 완성한 자가 에도 막부를 연 도쿠가와 이에야스였다

이순신에 재미 붙인 그는 플루타르크영웅전을 독파했으며 나폴레옹 전기는 여러 작가의 것을 정독하면서 군인의 길을 동경했다.

그리고 일제하에서 조선의 청년이면 이순신을 숭배하는 것이 당연했다. 그의 애국 애족 사상과 불굴의 투혼을 알게 되면 숭배하지 않을 수 없었다. 박정희는 무엇보다 온갖 모험과 좌절을 겪으면서도 오로지 민족을 위해 죽음의 길도 마다 않는 이순신의 백의종군白衣從軍(흰 백, 옷 의, 좇을 종, 군사 군-벼슬 없이 군대를 따라감) 정신에 특히 감명을 받아왔다.

초등학교 때부터 틀을 잡은 그의 관심과 독서 경향이 그의 인격에 크나큰 영향을 끼쳤다. 박정희의 인격과 교양을 만든 지식의 원천은 어린 시절부터 이어진 독서 습관이었다.

보통학교 교육은 완전히 일본어로 이루어졌고, 일본 문화에 초점을 두었다. 당시 대구에 주둔하던 일본군 80보병 연대는 가끔 구미에서 야외에서 훈련하곤 했는데 박정희는 이들을 처음 구경한 이후부터 군인이 되고 싶다는 꿈을 가졌다고 회고한 바 있다.

박정희가 사범학교에 입학하게 된 과정은 6학년 담임 김덕명 선생이 구미 보통학교 11회 졸업생 가운데 대구사범 입학시험에 보내볼 만한 아이는 7명이지만 그중 박정희가 가장 유망하다고 하는 말을 듣고 박정희 가정에서 진학의 난관이 닥쳤다.

어머니 백남의는 끼니 때우기가 걱정인 집안 형편으로는 박정희의 학비를 댈 수 없음을 알고 있었지만, 시험마저 못 치게 하면 막내의 가슴에 평생 한을 남기게 될 것 같아서 승낙했다. 그래놓고는 떨어지기를 빌었다고 한다.(신용구, 2000. 『박정희 정신분석, 신화는 없다』.123)

박정희가 보통학교 6학년 이후부터 학교를 다닌 것도 남매들의 도움이 컸다. 박정희 6학년 때, 막내 누님인 박재희는 19세의 나이로 상주 한정봉에게 시집을 갔다. 당시 마흔 살이던 한정봉은 부자라서 그 뒤로 수년간 가난한 박정희를 뒷바라지해주게 된다. 또 다른 공로자도 있다. 막내인 박정희의 학비는 그동안 이 집안의 경제적 호주인 박동희가 뒷바라지해 왔다.

박정희의 오랜 친구 김용대 전의원 회고를 들어보면 박정희의 말속에서 가난이 묻어난다.

> "난 어릴 때 말이야, 도시락을 못 싸갔어. 점심시간에는 운동장 구석에 쭈그리고 앉아 있다가 점심시간이 끝날 때쯤 물 한 모금 마시고 교실로 되돌아가곤 했지……. 학교 끝나고 집에 가도 먹을 게 있나. 솥뚜껑도 열어 보고 찬장도 뒤져보다가 아무것도 없으니까 손가락으로 간장 한 번 찍어 먹고 또 물 마시고……"

2. 사범학교

일제 때 학교 갈 수 있는 곳은 사범학교 등 일본이 만든 학교뿐이었다. 그러나 박정희를 늘 비난하려 하는 분들은 일제 사범학교에 다녔다고 비난한다. 그러면 실력이 있어도 학교에 다니지 말아야 한단 말인가?

어렵게 시험에 응시하여 결국 합격자가 신문에 발표되었다. 구미 보통학교 개교 이래 첫 경사였다. 그래서 셋째 형 박상희는 입학금 20여 원의 목돈을 마련하느라 아끼던 회중시계까지 전당포에 잡혀 입학등록 마감 직전에야 겨우 해댔다. 이 사실을 여름 방학을 맞아 귀향하면서 알게 된 박정희는 가슴속 깊은 곳에서 형에 대한 솟구치는 감격의 눈물을 삼켜야만 했다. 그가 일생을 두고 형 박상희에게 유별난 존경과 우애를 느끼게 된 사연도 이 일이 있고서였다.

대구사범학교 시절의 박정희(왼쪽)와 부친 박성빈(오른쪽)

박정희는 1932년 4월 15세에 조선의 세 군데(경성, 평양, 대구)사범학교 중 하나인 대구사범학교에 입학했다. 1920년 개교한 구미 보통학교는 박정희가 1932년 대구사범에 입학할 때까지 단 한 명의 합격자도 내지 못했다.

지원에 성공한 학생들은 저렴한 학비와 숙소를 받았다. 그래서 영리하지만, 경제적으로 어려운 조선 학생들 사이에서 대구사범학교는 입시 경쟁이 치열했다. 무엇보다 등록금이 면제 되었기 때문이다. 박정희는 대구사범 4회 입학생 중 100명 중 1명이었고 그중 한국인은 90명, 일본인은 10명이었다. 100명 중 상위 60명은 관비생으로 기숙사비가 면제되고 일용품과 매월 6원의 용돈이 지급되

었다.[2](안경환, 2013. 『황용주 그와 박정희의 시대』. 53-55)

박정희는 가정 형편으로 학비 문제 등으로 자주 집에 가곤 하여 결석도 잦았는데 아래 내용을 보면 그의 형편을 짐작케 한다.

기숙사에서는 가부시끼(나눠 내기)라는 풍습이 있었다. 저녁에 출출할 때 10전씩 출자하여 돈을 모아 과자를 사 오게 하는 것이다. 박정희는 여기에 낄 수 없었다. 강응구의 기억에 따르면 '가부시끼' 이야기가 나오면 슬그머니 나갔다가 일이 끝난 뒤에 들어오곤 했다는 것이다. 보기가 안쓰러워 후배들은 박정희가 있을 때는 '가부시끼' 이야기를 꺼내지 않게 되었다.(조갑제, 1998. 『내 무덤에 침을 뱉어라 2』. 41)

박정희의 우선 임무는 내선일체內鮮一體(안 내, 고울 선, 한 일, 몸 체-일본과 한국이 한 몸 일체다) 혹은 황국신민화皇國臣民化(임금 황, 나라 국, 신하 신, 백성 민, 될 화-일본 천황에 충실한 백성)의 동화 정책에 의해서 완전히 일본화된 교사가 되는 일이었다. 학교 당국은 이런 과정을 따라오지 못하는 학생은 언제든 퇴학시켰다.

대구사범의 교육과정이 38개 과목이나 되어 학생들은 사반死半(죽을 사, 반 반)교육이라 불렀다. 즉 '반쯤 죽이는 교육'이란 뜻이다.

수신, 교육원리, 교육사, 각과 교수법, 심리, 논리, 관리법, 교육연구, 법제, 국어(일본어 강독), 조선어, 한문, 영어, 지리, 역사, 수학, 박물, 물리, 화학, 농업, 상과, 공업, 도화, 수공, 음악, 체조 등 이

2) 당시 쌀 한 되 가격이 15전 정도였고 관비생에 끼지 못한 박정희를 비롯한 40명은 사비생이었다. 거기에다가 교과서조차 변변히 갖추지 못한 박정희는 학업성적에 두각을 나타낼 수 없었다.

많은 과목을 소화하기 위해 대구사범 학생들은 아침 6시에 일어나 훈련받고 공부했다. 9시 30분까지 기숙사에서 공부하고 10시에 불을 끄고 여름 방학 때는 2주일씩 군사훈련을 받았다.

'반쯤 죽이는 사반 교육'을 위한 시설은 60~70여 년 뒤인 요사이 우리 교실 형편보다도 훨씬 나았다. 일제는 이 모든 교육을 실용 정신에 따라 가르쳤다. 실기, 실습, 실험 위주, 즉 '가르치려면 알아야 할 뿐 아니라 할 수 있어야 한다'는 것이었다. 수공 실에서 대패질도 하고 농장에서는 농사를 지었으며 연병장에서는 총검술, 음악실에선 바이올린도 켰다. '반쯤 죽이는 교육'이 물론 정치적으로는 조선사람들의 혼을 빼앗아 충실한 황민皇民(황제 황, 백성 민–천황의 백성)으로 개조하기 위한 첨병을 양성하겠다는 목적을 가지고 있었다.

사범학교 교육내용에 과목도 많았지만, 체육과 예능 및 군대식 교육에 많은 시간을 배당하는 전인全人(온전할 전, 사람인–지정의를 모두 갖춘 사람) 교육과 기숙사 제도를 시행하였다. 사실상 준準(본받다 준–비슷함)사관학교였다.

구미 보통학교 때 이미 군인이 되겠다는 생각을 가졌던 박정희로서는 이 학교에서 자신의 소질을 검증할 수 있게 됐다. 죽는 그 순간까지 유지됐던 박정희의 엄정한 무인武人(무사 무, 사람인–무관) 적 자세를 이해하려면 그가 장교 교육만 근 10년(사범학교 5년, 만주 군관학교와 일본육사에서 4년, 조선경비사관학교에서 3개월, 미국유학6개월) 받았다는 점을 염두에 둘 필요가 있다.

"박정희의 생애에 가장 큰 영향을 끼친 책은 나폴레옹 전기였다. 그가 군인을 동경하게 된 계기는 밀주 단속을 하던 일본 순사에 대한 반감에서 비롯된 것이라고 해석하는 이도 있다.(전 생가 보존회장 김재학) 그리고 셋째 형 상희는 민족운동가로 분류되어 순사에 자주 불려갔는데 정희 소년은 순사의 권력을 가깝게 느끼면서 자랐다.

구미주재소의 순사부장은 조선사람들이 문패를 삐딱하게 달거나 청소를 제대로 하지 않아도 혼을 내주곤 했다. 한 유지가 '잘 봐달라'는 뜻에서 수탉을 선물했다. 일본인 처가 일본식으로 닭을 잡는데 먼저 닭의 털을 뽑기 시작했다. 비명을 지르던 닭이 털이 뽑혀 하얀 살이 드러난 채로 후다닥 달아났다. 키타하라의 처는 "아네노 보이소. 계라니노 아버지노, 저고리노 벗어서 하고 도망갔소, 못 봤소?"

이곳저곳 골목을 누비면서 조선사람들을 보고는 이렇게 하소연했다고 전한다.(조갑제, 1998. 내무덤에 침을 뱉어라 제1권: 388)

박정희는 사범학교의 성적은 5학년 때 70명 중 69등(김태광, 2022. 『박정희 리더쉽』. 25)으로 최하위였고 행동평가도 나빴고 기숙사비를 못내서 고향으로 내려가 장기결석을 해야 하는 고통에 시달리고 있었지만, 군사훈련과 체육에는 열성적으로 참여하고 있었다.

1936년 5월 대구사범 육상대회에서 박정희는 800m 달리기에서 2등을 하였다. 그달 20일 박정희를 포함한 5년생들은 일본으로 수학여행을 떠났다. 그 날 부산항에서 연락선을 타고 시모노세키항에 닿았다. 열이틀간 여러 도시를 다니며 학생들이 놀란 것은 숲이었다.

동급생 이정찬의 일기를 보면

'5월 21일 히로시마에서 오사카로, 수목이 울창하여 한층 원만한 빛이 보인다. 이러하므로 사람들의 마음도 너그러운 것이다.

감격할 따름이다. 거칠어진 고향과 비교하여 이 얼마나 여유가 있는가.'

9월 1일엔 대구사범의 교련 주임인 아리카와 중좌가 '스페인 반란의 진상'이란 제목으로 강연을 했다. 그는 민족차별을 하지 않아서 조선인 학생들 사이에서는 인기가 있었다. 아리카와는 박정희를 "보쿠세이키, 보쿠세이키(박정희의 일본명)" 하면서 귀여워했다. 총검술을 가르칠 때는 박정희를 시범조교로 불러내었다. 박정희 3학년 때는 소대장에 임명되기도 했고, 그 뒤에는 나팔수를 지원하였다. 그리고 한국 교사 중에 김영기 선생은 임진왜란과 10만 양병론을 설명하다가 "나라가 이러니 어찌 망하지 않을 수 있었겠느냐"면서 한동안 흐느꼈다. 학생들도 따라 울었다. 그는 애국 · 애족의 '눈물의 강의'로 학생들과 함께 울었던 감성파 교사였다.

대구 사범 5학년때 기념사진, 앞쪽으로 왼쪽에서 두 번째가 박정희,

박정희(오른쪽)는 이영원(가운데, 교사를 거쳐 의사), 김국진(초등학교 교장 역임)함께 4기생의 나팔수였다. 이 3명은 일반훈련은 받지 않고 나팔 부는 연습을 했다.
등교와 소등 등을 알리는 신호 나팔을 불었다. 이들이 메고있는 38식 소총은 5연발이었다.
이 사진은 4기생 앨범 위원장을 지낸 이정찬 집에 보존되어 왔다.

박정희에게 영향을 준교사는 특히 현준혁! 그는 영어교사이면서 영어지도는 조금만 하고 틈나는 시간을 민족교육을 병행해 임진왜란과 이순신 장군 이야기로 채우기가 보통이었다. 그것은 물론 일본인 학생이 없는 2조에서 주로 하는 이야기였다. 현준혁은 '아는 것이 힘, 배워야 산다.'라는 교재를 구해서 한국인 학생들에게 나누어 주면서 방학을 이용해 고향에 가서 한글 보급 운동을 하라고 했다.

3년 선배인 학생 중 사회주의자 현준혁 교사가 조직한 독서회 사건에 연루되고 항일운동에 관계했다가 퇴학을 당한 학생이 모두 31명이었다.

한문을 가르쳤던 염정권, 영어교사 한준혁 등의 몇몇 한국인 교사들에게서 박정희는 일본인이라는 의식과는 다른 민족적인 자각을 배운 것으로 알려져 있다. 그러나 박정희는 사범학교 교육에 의거 점차 일본 군국주의軍國主義(군사 군, 나라 국, 임금 주, 옳을 의-군사 힘에 의한 국가발전을 중시하는 주의) 성향을 흡수했을 것이다.

1931년에 발생한 대구사범 독서회 사건으로 많은 학생들이 퇴학당했을 때 대구사범 히라야마 마사시 교장은 한번도 조선인 학생들을 비난하지 않았다. 교장은 구속된 현준혁을 자주 면회했다. 히라야마는 다만 학생들이 공부해야 할 시기에 사회운동에 참여하여 희생당하는 것은 인재의 낭비라는 것을 자신의 경험담을 인용하여 역설할 뿐이었다. 1기생 송남헌은(전 통일원 고문) "히라야마 교장의 그런 충고는 우리에게 분별력을 가져다주었다"라고 했다. '공부하여 실력을 쌓아야 진짜 독립운동을 할 수 있다'라는 자각이 생기더란 것이다.

히라야마 교장이 수신 시간에 가르친 말 중에 4기생들이면 외운 말이 있었는데 대학大學(유교 경전, 대학, 논어, 맹자, 중용의 하나에 나오는 것)에 나오는 '소인한거 위불선小人閒居 爲不善'-"소인은 한가하면 못된 짓을 하기 쉽다."이다. 그러므로 항상 부지런히 면학에 힘써 유혹에 빠지지 않도록 하라고 당부했다.

한가함을 경계한 이런 가르침 또한 박정희에 의해 내면화된 것이 아닌가 생각될 때가 있다. 박정희는 시간도 허비하지 않는 습관을 유지했다. 친구 황용주(전 문화방송 사장)에 따르면 "그는 노래하고 춤추며 놀 때도 공부하듯이 진지하게 했다"라고 언급했다. 박정희는 메모, 일기, 편지쓰기를 생활화한 사람이고 박정희는 겉으로 보면 생각이 많고 속마음을 거의 드러내지 않는 학생이었는데 박정희는 이내 사범학교 과정에 흥미도 신념도 잃었던 것으로 보인다. 이는 고학년이 되어서 그의 성적이 나빠지고 결석이 잦았던 것을 보면 명백하다.

3학년에 가서는 교련에 두각을 나타내고 군인이 될 수 있는 자질을 제삼자로부터 인정받았다. 그는 고토 교관으로부터 칭찬을 들었을 뿐만 아니라 아리가와 중령의 눈에도 들어 칭찬과 함께 깊은 인연을 쌓아갈 수 있게 된다. 하지만 박정희는 동급생 사이에서도 별로 눈에 띄지 않는 존재였다. 학과 성적이 뛰어나기는 고사하고 3학년 때부터는 하위그룹이고 말수도 적고 과묵하며 잘생긴 외모도 아니어서 존재가 희미할 수밖에 없었다. 상 · 하급생들의 대부분이 '나팔을 잘 불던 학생'이란 한 가지 기억 외에는 달리 떠올리는 일이 드물었다

한편 그는 혼자 골똘히 생각하며 나서지 않다가도 가끔 돌출적인 행동을 취해 주위를 놀라게 했다. 3학년 3학기 12월의 추운 겨

울날 이른 아침이었다. 누군가 냉수마찰을 하고 있었기 때문이다. 다름 아닌 3학년 나팔수 박정희였다. 학생들 사이에선 당장에 화제가 되었다.

> "야, 보꾸세이끼(박정희)라는 나팔 부는 작은 놈, 그놈 참 독종이더라. 사리마다(팬티) 만 입은 채 새벽의 찬물에 목(미역) 감더라."(박정희는 사범학교 다닐 시 일본 이름을 가질 수밖에 없었는데 이를 가지고 좌익들은 친일파라고 공격한다)

5학년 진급을 앞둔 4학년 3학기 1936년 1월 말쯤 제설작업을 하던 중 석광수가 주재정을 향해 삿대질을 해대고 있었다. 주재정은 누구와 싸울 위인은 아니었는데 바락바락 대들자 으스대는 기질인 석광수가 맥주병으로 면상을 후려쳐 피가 흘러내렸다. 동급생들은 당황해 구경만 하고 있는데 그 광경을 보는 순간 박정희는 저도 모르게 불쑥 앞으로 달려나가 석광수를 때려 눕혔다는 것이다.

대구사범 시절 고향에서 어머니와 함께 찍은 사진. 1920년대 개교한 구미보통학교는 박정희가 1932년 대구사범에 입학할 때까지 단 한 명의 합격자도 내지 못했다.

동급생들은 이날을 계기로 박정희의 담력을 재평가했던 것은 사실이다. 이후 더더욱 그를 만만하게 볼 사람이 없어졌다.

석광수는 이날 폭행 사건으로 학교로부터 한 달간의 정학을 당하게 되었다. 먼 뒷날 대통령이 된 뒤 박정희는 석광수가 병고에 신음하고 있다는 소식을 듣고 병원비를 돕는 등 청년 시절의 우정을 되살려 동기들을 흐뭇하게 했다.

위 사실과 박정희 대통령이 자주국방을 고슴도치에 비유한 것과 연관성을 생각해볼 수도 있다. "우리나라는 남을 침략할 힘은 없어도 되지만 강대국이 먹으려고 할 때는 고슴도치처럼 웅크리고 공격 자세를 취할 만한 힘은 있어야 한다"는 것이 자주국방의 논리였다. 그래서 박정희는 운동을 열심히 한 것인지 유추해보는 것도 흥미롭다.

박정희가 대구사범 재학 때 즐겨 했던 운동은 검도, 사격, 축구, 달리기였다.

한번은 동기생 이성조가 방과 후 강당에서 기합 소리가 나서 보니 늦은 시간인데도 박정희가 혼자서 땀을 흘리며 검도 연습을 하고 있었다고 했다. 또한, 사격 솜씨는 전교에서 언제나 일등이었다.

그리고 수학여행도 갔는데 3학년 때 금강산 여행 중에 들르는 상점과 공원관리 사무소마다 기념 도장을 받아와서는 스탬프 집을 만들었다. 한글로 지은(당시 한글 사용금지) 시 속에서 17세 소년의 마음이 돋보인다.

금강산 일만 이천 봉,

너는 세계에 명산!

아! 네 몸은 아름답고 삼엄하므로

천하에 이름을 떨치는데

다 같은 삼천리강산에 사는 우리는

이같이 헐벗었으며 과연 너에 대하여 머리를 들 수 없다

금강산아, 우리도 분투하여

너와 함께 천하에 찬란하게!

〈온정리에서 정희 씀〉

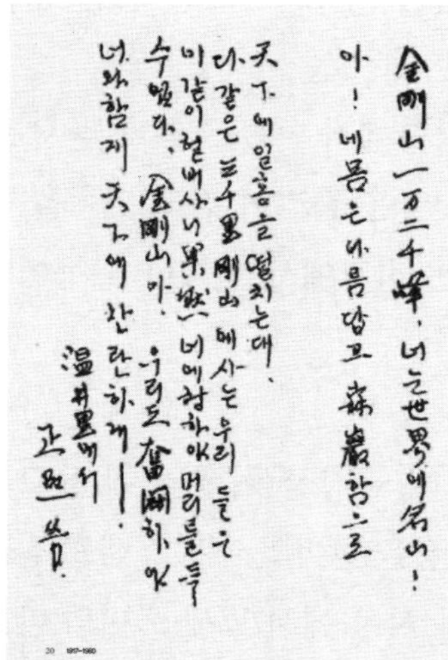

金剛山 一万二千峰, 너는 世界에 名山!
아! 네 몸은 아름답고 森嚴함으로
天下에 일홈을 떨치는대,
다 갈은 三千里 剛山에 사는 우리 들은
이같이 헐버사니 果然 너에 對하야 머리를 들
수 없다. 金剛山아, 우리도 奮鬪하야
너와 함께 天下에 찬란하게—!
溫井里에서 正熙 씀.

위의 글은 그가 금강산을 여행하면서 쓴 것으로, 그의 친필로는 가장 오래된 것이다. 이미 나라를 구해보겠다는 구국의 웅지가 엿보인다.

다른 동기생들은 '아! 평생에 보고 싶던 우리 금강산이여! 보고 나니 가슴이 뛴다'라는 등 자연에 감동하는 것으로 그치는데 박정희는 조국의 운명을 한탄하고 각오까지 한다. 17세 학생의 마음속에서 '너에 대해 머리를 들 수 없다'라는 중대한 문제의식이 자라나고 있어 박정희를 '근대화 혁명가'의 싹을 보는 듯하다.박정희가 자신의 운명을 바꾼 만주대륙을 처음 구경한 1935년 대구사범 4학년 수학여행 때였다. 이때 그가 어떤 충격을 받았는지는 알 수 없으나 동급생(이성열–전 김해여중 교장)들의 기행 소감을 보고 짐작은 할 수 있다.

"만주를 우리 영토로 착각할 정도였다. 여권도 필요 없고 검문검색도 없었다. 가도 가도 끝이 없는 대평원, 그것은 황량한 신천지였다. 신경의 관동군 사령부도 견학하며 대포, 탱크 같은 신예 무기도 보여주었는데 까마득한 절망감을 느꼈다. 일본의 세력이 이 광활한 대지 곳곳에 미치고 있음을 실감했다."

박정희와 단짝이었던 김병희(전 인하대 학장)는 "끝도 없이 계속되는 수수밭과 붉게 타오르는 태양, 그리고 신경의 엄청난 신시가지 건설이 인상적이었다"라고 했다. 수학여행 경로에는 여순의 러일전쟁 전적지인 203고지 견학도 포함되어 있었다.

대구사범 5학년 때인 〈교우회지 1936년〉 제4호에 실린 박정희의 시 '대자연'에서 그의 내면세계가 잘 드러난다.

〈대자연〉

1 정원에 피어난 아름다운 장미꽃보다도
 황야의 한구석에 수줍게 피어 있는
 이름 없는 한 송이 들꽃이
 보다 기품있고 아름답다.
2 아름답게 장식한 귀부인보다도
 명예의 노예가 된 영웅보다도
 태양을 등에 지고 대지를 일구는 농부가
 보다 고귀하고 아름답다.
3 하루를 지내더라도 저 태양처럼
 하룻밤을 살더라도 저 파도처럼
 느긋하게, 한가하게
 가는 날을 보내고 오는 날을 맞고 싶다.〈이상〉

(박정희, 2017. 『박정희 전집 01박정희 시집』. 22)

대구사범 학생들의 졸업식 모습, 연단 정면에 일장기가 걸려 있다

박정희는 자신의 시에다가 1, 2, 3의 번호를 붙여놓아 그가 작사한 몇 가지 노래의 가사를 연상시킨다. 마지막에 '이상'이라고 써 놓은 것이 인상적이다. 여기에서도 끊고 맺는 것이 분명한 것을 좋아하는 그의 정신자세를 엿볼 수 있다. 들꽃과 농부로 상징되는 약자와 소박성, 거기에 대칭되는 귀부인과 영웅 사이에서 그는 농부가 아름답다고 했다.

대구사범의 황민화皇民化(천황 존중의 의식화 교육)교육은 실패했지만 전인全人교육은 성공했다. 신입생 중 평균 30%가 항일 활동이나 사회주의 책을 읽었다는 이유로 퇴학을 당하고 있었다는 것은 압제가 심한 만큼 반발도 거세진 것을 뜻한다. 역설적이게도 이들이 길러낸 단련된 교사들에 의해 양성된 인력이 1960~1970년대의 한국사회를 밀어 올렸다.

3. 문경 보통학교 교사 시절

교사 박정희가 문경소학교에 부임할 당시 1937년만 해도 조선어 교육이 가능했다. 그래서 박정희는 김영기 등 대구사범 조선인 교사들로부터 배운 민족혼의 중요성을 학생들에게 심어주려고 했다. 당시 그의 제자였던 이순희씨에 의하면 그는 조선어 시간이면 아이 중 한 명을 보초 세운 뒤 우리 민족의 국기인 태극기가 어떻게 생겼는지 교육하는 '태극기 교육'을 하곤 했다고 한다.

조선어 교육이 금지된 후에도 박정희는 중급반 진학생들에게 과외를 해주는 과정에서 또 태극기 교육을 하게 되고, 이를 알게 된 일본인 교사들의 분노가 있었고 아래의 문제 사건이 발생한다.

어느 날 저(이순희)는 교육청 시학관 일행의 차 심부름 조에 뽑혀 교무실에 있었습니다. 당시 선생님은 아이들에게 트럼펫을 가르친다며 뒷산으로 올라가 있었습니다. 가토 교감이 학생을 시켜 "시학관 일행이 왔으니 내려오도록 하라"고 일렀지만, 선생님은 "트럼펫 교육도 엄연한 교육인데 나중에 내려간다"라며 금방 내려가지 않았습니다. 화가 치민 가토 교감은 "지가 감히 오라면 와야지!" 하며 선생님을 멱살잡이로 끌고 내려왔습니다. "이 거지 같은 놈(나니? 구소!)"이라는 말과 함께 선생님을 업어치기로 메다꽂았습니다.

또 다른 일화도 있다. 박정희 제자들의 모임인 청운회 회원 권순영씨와 이응주씨는 조선어 교육을 하던 박정희가 어느 날 화가 나서 천황 사진틀을 부숴 버렸다고 증언한다. 80년 가까이 지난 일이기에 증언의 구체 내용, 그 틀이 천황의 사진인지 일본 시조신의 위패였는지 하는 것은 다소 엇갈린다. 이런 일들이 누적돼 박정희는 불령선인 不逞鮮人(아닐 불, 쾌할 령, 고울 선, 사람 인–불온하고 불량한 조선사람)으로 낙인찍힌다.

박정희의 퇴직이 이런 일들과 관련이 있는지 정확히 알 수 없으나 후에 교사직을 내려놓고 만주행을 결심한다. 1937년 4월 1일 문경 보통학교에서 박정희는 여학생에게 인기가 있었다. 제자인 강신분은 "선생님은 워낙 착실하여 일본인 교사들과도 원만한 사이였다"라고 회상했다.

상공부 장관을 지낸 이낙선의 『이낙선 비망록』에서 정순옥은 이렇게 그 시절을 회상했다.

1939년 봄의 어느 토요일 오후. 당시 6학년이던 정순옥(뒷줄 왼쪽에서 두 번째)과 4명의 여학생들이 하숙집으로 박정희를 찾아가, "선생님 놀러 가요." 하면서 졸랐다. 학생들에게 자상했던 박정희는 "그래 가자" 면서 집을 나섰다. 학교 앞 잣발산 아래 벚꽃이 활짝 핀 곳에 이르자, 사진사가 할인 해줄테니 찍으라고 권했다. 그 동안 따라온 학생들이 점점 늘어났다. 박정희가 너희들도 이리 와 같이 찍자며 기념사진을 촬영했다.

> 소학교 4학년 때 동무들 몇 명이 선생님 하숙집에 가보자고 하여 찾아갔습니다. 책상 위에 배가 불룩 나오고 단추가 주룩주룩 달린 외국인이 누구냐고 물었습니다. 선생님은 영웅 나폴레옹이라면서 그의 전기를 자세히 이야기해 주셨습니다.(강준식, 2017.『대한민국의 대통령들』, 155)

박 교사는 4학년을 3년간 담임하였고 아이들을 위해서도 최선을 다했다.[3] (한수홍, 2008.『박정희 평전』, 54~57)

---

3) 박 교사는 월급을 45원 받아 하숙비 8원, 가난한 집 아이들의 월사금으로 2~3원(1인당 1원씩, 2~3명)을 지출했다. 자신이 10원을 쓰고 나머지는 전부 상모리 집 부모님께 보내서 그 효성에 주위를 감동시켰다. 부임 1년 만에 아버지가 작고하였는데 아버지로부터 돈은 필요없으니 너의 처와 잘 지내기를 바란다는 편지가 온 적이 있다. 아이들에게는 "우리들끼리 있을 때는 절대 일본말을 쓰지말고 조선말을 쓰자"라고 했다고 제자 정순옥은 말했다. 주영배는 "박선생님은 가정실습 때 문경에서 12km나 떨어진 산골까지 자전거를 타고 왔다"고 회고했다.(전인권, 2006.『박정희 평전』. 67) 또 "말은 간단 명료했으며 청소에 신경을 쓰고 유리창, 거미줄, 화장실 청소를 철저히 시켰다. 월요일 아침에 일기검사를 하고, 합창단도 조직했고 소풍 때 점심을 싸오지 못한 학생에게 도시락을 나눠 먹게 해주신 일, 발목 삔 아이 업고 산길을 내려오던 모습이 생각난다."고 상세히 전했다.

저희가 졸업 후 선생님이 학교를 그만두신다는 말을 듣고 너무 섭섭하여 선생님을 뵈러 학교로 갔습니다.

선생님은 어디로 가신다는 말씀은 하지 않으시고 "너희들에게 마지막으로 부탁할 말은 공부 잘하여 씩씩하고 굳센 조선 여성이 되어달라"고 하셨습니다. 얼마 후 선생님께서 저희에게 편지를 보내 주셨는데 봉투에 만주 군관학교라고 적혀 있었습니다.(안병훈, 2004.『혁명아 박정희대통령의 생애』. 33)

만주로 떠나기 전 박정희(뒷줄 동그라미 안). 1940년 2월 7일

일본 육사시절의 기념사진. 앞줄 맨 오른쪽이 박정희. 만주군관학교 2기 졸업생 가운데 성적이 우수한 조선인 생도 11명이 일본 육사로 유학 가게 되었는데 박정희 와 이한림, 이섭준, 김재풍이 뽑혔다.

4. 만주 군관학교

1920년대 당시 후반 만주 일대는 일본인, 만주인, 조선인, 유럽인 등 다민족이 어우러져 있는 무정부 상태가 된다. 이러한 때에 1931년 9월 만주사변을 일으킨 일본 관동군이 1932년 3월 만주국을 선포했다. 일본인 40만 정도가 이주하여 만주국을 세웠던 것이다.

만주국에는 봉천군관학교가 있었는데 조선인은 15명 정도가 졸업했고. 뒤를 이어 신경군관학교를 설립했는데 조선인은 44명이었다.(정운현, 2004. 『실록군인 박정희』. 90)

일본 육사시절의 기념사진. 앞줄 맨 오른쪽이 박정희. 만주군관학교 2기 졸업생 가운데 성적이 우수한 조선인 생도 11명이 일본 육사로 유학 가게 되었는데 박정희 와 이한림, 이섭준, 김재풍이 뽑혔다.

조선인은 이러한 시대에 태어나는 순간부터 일본 국민이고 2류 시민으로 살아갈 운명인데 신분 상승의 길은 만주 군관학교였다.(조우석, 2009. 『숨결이 혁명될 때』. 306)

만주에서 2년 공부한 후 뛰어난 학생은 일본 육사를 갈 수 있었다. 일본 육사는 역사가 깊었기에 1898년부터 1945년까지 조선인이 100여 명이 넘었다. 군관학교와 일본육사는 조선인에게 신분 상승할 수 있는 자리였지만 하늘의 별따기였다. 예를 들면 일본 육사 56기생이 2400명인데 그 중 조선인은 4명이었다.(김용삼, 2020. 『대한민국 근대화 대통령 박정희 혁명 1』. 30~53)

만주국은 계획경제를 시도했으며, 식량 증산을 설계했고, 국민에게 근대국가에 걸맞은 근면, 자조의 정신을 불어넣었다.[4)]

당시 일간지, 잡지에는 만주 특집 기사가 넘쳤는데 만주사변을 계기로 황폐한 땅에서 풍요의 땅으로 광대한 처녀지로 대중의 꿈을 자극하고 있었다. 이태준은 '농군' 소설에서 만주를 '안개 속에 떠오르던 땅, 신세계'라고 표현하고 있는데 그게 당시 조선 사람들에게 다가온 만주의 모습이었다.

이럴 때 박정희 교사는 문경보통학교에서 군인의 꿈을 꾸고 있었다.

동료 교사 유증선의 증언을 빌면

> 1938년 5월쯤 숙직실에서 같이 기거하면서 솔직한 이야기를 털어놓을 때였다. 유증선은 회고했다. "박선생이 말하기를 그는 아무래도

---

4) 실제로 박정희가 정권을 잡은 후 시행했던 경제개발 5개년 계획은 물론 1, 2공화국의 것을 기초했지만 만주국의 계획경제인 산업개발 5개년 계획을 변형 모방한 것이었고, 새마을운동의 정신인 근면, 자조, 협동은 만주국의 '근면체제'에서 영감을 얻었으리라. 만주국으로 향했던 조국 잃은 청년 지식인들은 해방 후 조국으로 돌아와 나라 만들기에 큰 역할을 했다. 그리고 일제시대에 신분상승 방법으로 고등문관 고시에 합격하는 방법이 있었는데 만주 동북학원 강영훈(전 총리), 만주대 동학원 최규화(전 대통령)처럼 만주나 일본에 가서 학교를 다니는 것이었다.

군인이 되어야겠다고 했고 일본육사에 가려니 나이가 많다는 것입니다."

우리가 연구한 것은 '어떻게 하면 만주 군관학교 사람들이 환영할 수밖에 없는 행동을 취할 것인가?'였다. 내가 문득 생각이 나서 박 선생에게 손가락을 피 내서 혈서를 쓰면 어떠냐고 했다.

그는 즉각 찬동했다. 얼마나 가고 싶었으면 그럴까? 즉시 행동에 옮기는 것이었다.

나는 속으로 설마 했는데 그는 손가락을 찔러 피를 내 핏방울로 시험지에 진충보국盡忠報國(충성을 다하여서 나라의 은혜를 갚음) 멸사봉공滅私奉公(사욕을 버리고 공익을 위하여 힘씀)이라고 썼다. 이것을 접어서 만주로 보냈다.[5](김용삼, 2020.『대한민국 근대화 대통령 박정희 혁명 1』 27)

당시 일본군에 입대하기 위한 혈서도 등장했는데 혈서 제출은 일종의 트렌드(trend 추세, 경향)이자 스펙(직장을 구하는 데 필요한 학력, 학점 등)이었다. 입대를 위해 혈서를 쓴 한국 청년이 1939년에 45명이었고, 박정희가 입대한 1940년에는 168명이었다.[6]

마침내 박정희는 1939년 만주의 신경군관학교 제2기생 시험을 치렀다. 시험과목은 수학, 일본어, 작문, 신체검사였다. 다음 해 1월 일본계 240명, 만주계 240명(만주계에 조선인 11명이 포함됨) 가운데 15등으로 발표되었다.(이완범, 2006.『박정희와 한국의 기적』 156).

합격 소식에 미련 없이 교사직을 접었다. 정들어 울며 매달리는

---

5) 그렇게 바라던 군인이 되기 위해 혈서 쓴 것을 보고 좌익의 학자들은 친일파라고 공격한다.

6) 혈서를 쓴 것은 사실인 듯하나 당시 신문기사에 확인되 것은 없다(정운현,2004.『실록군인 박정희 』.81)

학생들에게 그는 "조선사람은 조선사람으로 할 일이 있다"라고 말했다. 고향에 들렀다가 울먹이는 어머니와 헤어지고 기차에 올랐다.

4월 신경군관학교에 입교하여 박정희는 비로소 활기를 찾을 수 있었다. 과묵한 성격은 변함 없었다지만 자폐적인 분위기에서 조금 벗어날 수 있었다. 성적도 빼어났기 때문에 생도들 사이에서 대표성을 가진 것도 자연스러운 일이다. 성적이 우수하여 입학 때 15등이었으나 졸업할 때는 수석이었다. 성적 우수자 70명이 일본 육사로 교육을 겸한 유학을 떠났을 때 대구사범 시절의 성적 부진을 만회함은 물론 삶의 목표를 찾으면서 활기를 얻고 있었다.

월간 '말'지는 2005년 5월부터 석 달간 "박정희가 1939년 당시 만주 간도 조선인 특설부대에 입대해 항일 군을 토벌했다"라는 기사를 실어 엄청난 논란을 불러일으켰다. 이 논란을 같은 좌익 계열 논객인 한윤형은 한마디로 정의했다. "당시 만주에는 독립군이 없었다."고 양심 발언을 하였다.

박정희는 만주행을 한마디로 말했다. "긴칼을 차고 싶어서"라고. 박정희는 생전에 일본군 경력을 부끄러워 한 적도 없고 숨긴 적도 없다.

대통령이 된 후 공보관 누군가 박정희의 만주 군관학교 입교를 마치 일본으로부터 배울 수 있는 것은 다 배워 독립운동에 쓰려 했다는 소설을 쓴 적이 있다. 청와대로 불려간 그는 칭찬 대신 꾸지람만 호되게 들었다. 있지도 않은 사실을 지어냈기 때문이다.

| 군관학교의 생활 |

중일전쟁이 한창이던 1940년 4월 만주제국 육군 군관학교 제2기생으로 입학한 박정희 등 조선인 생도 11명은 1기 13명의 생도와 상견례 相見禮(원래의 뜻은 예비 신랑 · 신부의 양가 부모들이 공식적으로 만나는 자리)를 했다. 며칠 뒤 1기생들은 2기 후배들을 지도할 필요가 있다고 의견을 모았다. 누구를 혼내줄까를 결정하는데 김재풍과 박정희가 뽑혔다. 김재풍은 미남이라서, 박정희는 단단하게 생겨 뭔가 건방지게 보인다는 여론이다. 방원철이 나서서 손을 좀 봐주겠다고 자원했다. 며칠 뒤 방원철은 두 사람을 내무반 숙소 뒤 건설자재가 흩어져 있는 으슥한 곳으로 불러냈다.

> "너희 두 놈이 왜 여기 불려왔는지 모르겠지. 우리 선배들 사이에서 너희들은 태도가 건방지고 예절이 형편없다는 불평이 나온다. 오늘은 선배의 맛을 보여주겠다. 입 다물어!"

기골이 장대한 방원철은 주먹으로 따귀를 갈기기 시작했다. 김재풍은 옆으로 쓰러졌다. 박정희는 달랐다. 주먹을 받고 몸이 옆으로 밀렸다가도 원래 자세로 와서 딱 버티고 서서 다음 타격을 기다리는 것이었다. 몸이 용수철 같았다. 방원철은 속으로 '야, 여기 독한 놈 하나 있구나'하는 생각이 들어 더 세게 때렸고 펀치를 받아내는 박정희가 꼭 차돌 같고 뱀 대가리처럼 느껴졌다고 한다. 방원철은 두 후배에게 말했다.

> "우리는 지금 일본계, 만주계와 눈에 보이지 않는 민족 투쟁을 전개하고 있다. 학교생활에 있어서 어떤 경우에도 그들에게 지면 안 된

다. 알겠나?"

"예!"

두 사람은 이것이 단순한 구타가 아니라고 깨닫는 듯했다. 방원철은 미래의 대통령을 갈긴 이 첫 경험을 오래도록 기억했다. 이들의 구타에는 이유가 있었는데 중국인들과 일본인들에게 뒤지지 않도록 악바리 근성을 심어준다는 것이었다. 방원철은 후배들을 무섭게 다룬 만큼 아껴주기도 했다. 그러다 보니 정이 들었다. 박정희는 용케도 이 수모를 견디어냈다. 나이가 4~6세나 아래인 1기생들로부터 그렇게 얻어맞고도 박정희는 그들에게 평생 선배 대접을 해주었다. 나중에 해방 후 한국에서 만나 박정희는 방원철에게 "방형! 참 손이 맵대요"하며 옛이야기를 했다.(조갑제, 1998.『내 무덤에 침을 뱉어라 2』. 110~111)

만주군관학교 생도들이 학교 본부 앞에서 야외조회를 갖는 모습

군관학교 하루 시작은 오전 5시에 기상나팔 소리가 울린다. 아침 점호와 내무반에서 침구와 관물정돈官物整頓(벼슬 관, 물건 물, 가지런

할 정, 조아릴 돈– 관청의 물품 정돈)을 행하고 정돈이 안 된 경우 나중에 엎어버린다. 또한, 아침 식사에 일본 유학생들은 쌀밥을, 그리고 만주와 조선인 생도에게 수수밥을 먹였다. 하루는 일본인 쌀밥을 끌어내 먹어 치우니 난투극도 벌려졌다.

수업형태는 일본 육사 과정을 거의 그대로 베낀 것이었다. 교육과정은 일본어, 중국어, 수학, 물리, 화학, 역사, 지리, 사격, 측도, 경마, 유도, 진중근무陣中勤務(진칠 진, 가운데 중– 보초, 정찰 등의 근무), 전사학, 작전, 보병전술 등이며 그들은 측도교육을 특히 중시했다. 1주일 간 야외로 나가서 훈련도 했다. 이 때 배운 측도, 독도법을 박정희는 대통령이 된 뒤에 활용했다. 경부고속도로 공사 같은 대사업을 구상할 때 또는 작업을 지시할 때 박정희는 등고선까지 들어간 지도를 아주 단순 명쾌하게 즉석에서 그리곤 했다.

박정희는 또 말을 아주 잘 탔다. 그의 취미는 나팔 불기에서 말타기로 바뀌게 된다. 기타 생도 시절의 오랜 추억거리로는 야영 훈련, 중화학공업시설 시찰이었다.

박정희는 광활한 만주의 대지를 온몸으로 느낄 수 있었고 공업력에 바탕을 둔 일제의 국력과 야망을 확인할 수 있었다. 결국, 박정희의 삶에서 만주 체험은 결정적이었다. 5.16쿠데타 이후 경제개발 계획과 중화학공업 프로젝트는 만주 체험 없이는 설명이 안 될 정도다.(이영훈, 2019. 『박정희 새로보기』.144)

만주군 인맥은 끈끈한 인간관계에 바탕을 둔 강력한 결속력으로 유명했다. 이런 단결력과 함께 그들은 사회와 국가를 건설하고 개혁하겠다는 정치성향이 강했다.

국가건설과 사회개혁에 대한 열정은 같았지만, 그 방법에 있어서 만주 군관학교 인맥은 좌우로 갈렸다. 박정희와 몇 사람들은 먼

저 좌익으로 기울었다가 환상이었음을 깨닫고 우익으로 전향한 경우이다. 이 전향이 늦어 처형된 사람들은 6명이나 된다.

박정희의 만주행은 이러한 만주군 인맥과의 연결 계기를 만들었을 뿐 아니라 집권한 뒤에는 일본의 만주 인맥과 연결하는 고리가 되었다. 일본의 관동군이 만들어 낸 만주 괴뢰국의 실권을 쥐었던 기시 노부스케(일본 총리 역임) 등은 일본 내 만주 인맥의 중심으로서 한국국교 정상화에서부터 박정희 정권과 포항제철 기술 이전 관련 등 긴밀한 관계를 맺게 되는 것이다.

박정희는 만주국 육군 사관학교를 우수한 성적으로 졸업하고 졸업식에서는 졸업사를 낭독했으며, 만주국 황제 푸이로부터 금시계를 받을 정도의 뛰어난 군인으로 변신해 있었다.(김용삼, 2020. 『대한민국 근대화 대통령 박정희 혁명 1』. 46)

박정희가 만주군관학교 졸업식에서 우등상을 받는 사진. 이사진은 1942년 3월 24일자 〈만주일보〉에 실렸다.

5. 일본 육사

당시 일본 육사는 동경제대 못지않은 수준의 엘리트 대학이자 군사학교였다. 박정희는 작전계획의 수립, 전술 등 군사학을 익혔고, 한문 교육도 많이 받았다. 학교는 중국 고전을 읽게 하고 서예와 무사도를 익히게 했다. 일본 육군은 메이지유신 직후 프랑스 육군의 제도를 많이 본떴지만 장교 양성에는 동양 교양을 강조한 것이다. 여기서 정신교육의 내용을 보면

"군인은 충절을 본분으로 삼는다. 군인은 예의를 숭상한다. 군인은 무용을 숭배한다. 군인은 신의를 지킨다. 군인은 검소함을 지킨다." 등을 달달 외며 아침 6시에 일어나 2km 구보로 신사참배 가는 것으로 시작되었다. 기타 한문 공부, 중국 고전, 서도도 많이 시켰다.

일본 육사 3학년 생도 박정희. 선산 출신 후배인 김익교(당시 일본 주오中央대학생, 왼쪽), 김숙교 (당시 고교생)과 함께 찍은 사진이다.

일본 육사 졸업식은 1944년 4월에 있었는데 히로히토 천황을 비롯하여 스기야마 원수 등 군 수뇌부들이 참석했다. 박정희가 속한 유학생대 생도들도 함께 졸업했다. 만주로 돌아온 박정희는 만주 관동군 635부대에서 두 달 동안 견습사관을 마치고 소위로 임관했다. 동기생들은 이 유학생 대에서 박정희가 3등으로 졸업했다고 증언하고 있다. 만주로 돌아온 박정희는 관동군 635부대에서 두 달 동안 견습사관을 마치고 소위로 임관했다.

6. 졸업 후 장교 생활

1944년 육군 소위로 임관한 박정희는 일본인의 만주군 제8단에 배속되어 주적은 모택동 산하 공산 팔로군 17단이고 그 공비 토벌 임무를 부여받는다. 중국인 상교(대령)아래 4명의 부관이 있었다. 그는 을종 부관으로 단장을 보좌하는 것으로 능력 있는 장교가 아니고서는 맡기 어려운 보직이었는데 출중한 능력을 이미 인정받았기 때문이었다.(전인권, 2006. 『박정희 평전』. 90)

1966년 대만 방문 시 박대통령은 만주군관학교 동기생 고경인 씨를 만났는데 그는 증언했다.

> '박정희는 일과 후나 휴일에 검도와 승마를 즐겼다. 최우수 연습지휘관으로 기억되는데 어느 날 달도 밝고 드물게 보이는 늦여름 날 평천선에서 우국충정 비밀회합이 열려 박정희의 초청을 받고 참석했는데, 그때 그는 "여러분, 일본군과 공산 비적은 모두 우리의 적입니다. 언젠가 이들을 소멸시키지 않고서는 우리들의 국가 민족에 자유라고

는 있을 수 없으며… 이는 우리 모두 항일 반공의 전사이기 때문입니다." 이때 열렬한 박수는 밤하늘을 진동하였다.… 멀리서 총성에 잠을 깨었다. 바로 팔로군(중국 공산당 산하의 부대) 행패였다.'

중위로 진급한 박정희가 반가웠던 일은 박정희에게 난생처음 군대 주먹맛을 보여준 방원철과 함께 이주일 조선 장교가 제8단에 근무 중이었다. 박정희 소속 제8단은 팔로군의 공격으로부터 촌락들을 방어하는 것이 임무였다.

그런데 제8단의 6연대장으로 신현준 상위가 전입하여 조선인은 4명이 되었다.

1945년 8월 15일 일본 천황이 항복했고 박정희 등 조선인 장교 4명은 일본인 장교 13명과 함께 장제스(장개석)을 따르는 중국군에게 소총과 군도를 빼앗기고 무장해제를 당했다. 즉, 중국 만리장성 너머에서 광복을 맞이한 것이다. 8단의 당제영 상교는 박정희 등 조선 장교들을 직위해제한 후 8단에 남아있도록 배려해 주었다. 8단은 기차편으로 뻬이징으로 향했다.

상하이 임시정부는 최용덕 중국군 소장을 동북판사처장에 임명하여 조선인 장병들을 광복군[7] 산하에 편입시켰다. 박정희와 신현준, 이주일은 광복군 소속이 되어 평진대대로 명명되었다

이 부대는 당초 10만 명 규모의 광복군을 편성하여 귀국한다는 상하이 임시정부의 구상에 의해 출범했으나 미군정은 임시정부 요인들까지 개인자격으로 입국을 강요했다. 따라서 평진대대는 말만 광복군이었을 뿐 그에 걸맞는 이념이나 그 무엇이 있을 리 없었다.

7) 임시정부 산하의 광복군은 1940년 9월 17일 설립되고 1946년에 해체되었다. 광복군은 중국 국민당의 일부 통제를 받았고 국내 진공 작전을 훈련했다.

단지 고향으로 돌아가기 위해 대기하면서 규율을 유지하기 위해 만들어진 집단에 불과했다.

신현준에 따르면 좌 · 우의 대립이 벌써 이 평진부대 안에서 벌어지고 있었다고 한다. 좌 · 우의 군사들이 혼합하여 있는 군에서 어느 날 숙소에 돌아온 박정희는 '동무'라는 말을 곱씹으면서 화를 삭이느라 애를 먹었다고 한다. 동양적 · 무사적 서열의식과 예절에 철저한 박정희로서는 나이와 계급을 무시하고 맞먹으려는 공산주의 인간관계에 거부감을 느꼈다고 한다.

우리끼리는 좌 · 우익으로 갈리고 중국과의 관계에서는 친 장개석파, 친 모택동파로 또 한 번 찢겨서 서로 평진대대의 주도권을 잡으려고 싸우는 것을 보고 조선인들의 심성에 절망한 것이 박정희였다.

박정희의 만주군 행적에 관해 오해, 과장 등의 표현이 있으나 박정희는 간도특설대에 근무한 적도, 비밀 독립군이었던 적도 없으며 독립투사를 잡아 가둔 정보장교였던 적도 없다. 간도특설대란 일본의 1개 대대 규모의 부대인데 부대장과 간부들을 제외하고는 하부조직은 전부가 조선인이었고 중국의 동북 항일東北 抗日연합군[8](조선인도 포함된 중국 공산당 게릴라)과 싸웠다.

조선인은 중국의 동북항일연군 소속된 자와 일본의 간도특설대 소속된 자가 있었는데 중국과 일본의 대결에 조선인은 자주권이 없었다. 조선인들은 위의 지시대로 전투를 벌인 것이다.

---

8) 중국 공산당은 1930년대 일본에 대항해 동북항일연군을 조직했고 조선인도 하부조직에 소속되었다. 동북항일연군은 비정부 무장게릴라인 빨치산과 같은 성격이고 1941년 3월에 해체되었다. 동북항일연군 소속의 가짜 김일성을 비롯한 다수의 조선인은 해방 후 북으로 갔다.

평진대대 소속 조선인들은 미군 수송선을 이용하여 1946년 5월 6일 톈진항을 출발하여 부산으로 향했다.

대산 신용호는 그의 책에서 고향으로 돌아오는 부산으로 가는 배에서 다음과 같이 묘사했다.

,,,,,,,,,,,,,,,

'함께 톈진에서 부산까지 오는 15일간 추운 겨울 바다 갑판에 태반이 굶은 동포들은 혹심한 멀미에 토해낼 것이 없었다. 군도를 찬 말 없는 한 사나이가 있었다. 그는 박정희였다. 부산항에 도착했는데 때마침 콜레라가 창궐했고 부두에는 거지 애들이 벌떼처럼 몰려와 코 묻은 손을 내밀었다. 어느 재일동포는 아~ 여기 잘못 왔구나! 하고 탄식한다. 먹고 살 수 없어 다시 만주로 간다는 사람도 있고… 이게 해방된 조국인가? 참으로 기구한 귀국이었다. 다해진 군복 초라한 귀국, 광복을 맞은 눈앞의 조국을 보고 한탄이 절로 나온다. 온 나라가 거지꼴이다.'(정운현, 2004. 『군인 박정희』 96~97)

이틀 후 부산항에 도착한 박정희는 고향 구미에 가서 세월을 보냈다. 그러다 서울에 가보려니 차비도 없었는데 상희 형 형수가 형 몰래 사진기를 주어 들고 나왔다. 어머니와 헤어지고 서울로 갔다.

7. 해방 후 조선 경비 사관학교(육사 전신)[9] 시절

만주군관학교와 일본육사 유학 동기인 이한림은 1946년 2월에

9) 신탁 통치했던 미 군정청은 1946년 조선경비사관학교를 창설했다.
(김형아, 2005. 『박정희의 양날의 선택』. 58)

미 군정청이 창설한 국군의 전신 남조선 국방경비대에 들어갔다. 이때 서울로 올라온 과거의 단짝 박정희를 만났다. 아래는 그들의 대화다.

> 박정희는 "우리 군대가 어떤지 한번 알아보러 왔다"
> "되도록 빨리 들어오게. 시골에 틀어박혀서 이때까지 뭐했나?
> "세상 구경했지, 아무리 봐도 세상 돌아감이 수상해"
> "그래, 시골은 어때."
> "난장판이야, 어떻게 돌아가는 판인지 알 수 없군."
> "어서 들어오게. 나는 그사이 이북 · 이남을 두루 살펴봤는데 이 길밖에 없겠어. 이북은 일사천리야. 공산주의자들이 사전에 딱 정해놓고 밀고 나가고 있어."
> (다시 말해 소련에 의해 지령대로 움직이며 김구 김규식을 포섭했다. 결과 2장 2번 가 참조)

박정희는 결국 1946년 9월 24일 조선경비사관학교 제2기생으로 입학했다. 입시 경쟁률은 2 대 1, 입학생은 263명이었다. 중국군, 만주군, 일본군에서 장교로 근무한 자가 35명이었다. 박정희는 나이가 8~9세나 어린 중대장 밑에서 생도로서의 훈련을 묵묵히 잘 받았다. 2기 생도들은 1946년 12월 14일에 졸업했다. 교육 중 69명이 탈락하고 194명이 졸업했다. 성적순으로 군번을 받았는데 박정희는 3등을 했다.(안병훈, 2004.『혁명아 박정희대통령의 생애』. 39) 만주군관학교 성적은 1등이고 여기서 3등인 것을 보면 박정희의 지능이 매우 높음을 암시한다.

이즈음 해방 후의 상황을 보면 공산주의자들이 나와서 우리 민족에게 '계급 해방'이란 명분 아래 부모와 자식 간, 사제간, 상하 간의 인간관계를 파괴하는 것이 역사의 발전이라고 가르쳤다. 계급적 이익을 민족애와 국익보다 더 중시하는 공산주의자는 소련의 공산주의 전략에 민족과 국가를 파는 사대주의자였다. 그런 면에서는 이들이 증오했던 친일파와 같다.

광복되자 좌익 학생들이 대구사범 김용하 교장을 연단으로 끌고 나와 여러 학생이 보는 앞에서 '민족반역자'라고 몰아세우는 것을 보았다. 학생들은 특별하게 친일 행적도 없는 김 교장의 머리를 신발짝으로 때리는 것을 보고 있었다. 교사들도 물끄러미 구경만 하고 있었으니 기가 찰 노릇이었다.

1946년 10월 1일 대구에서 좌익 노동자들이 '쌀 배급, 일급제 반대', '(남로당)박헌영 선생 체포령을 취소하라'라는 구호를 내걸고 시위를 벌였다. 폭도 화한 시위 군중에 경찰들은 항복하고 달아났다. 표적은 경찰과 지주들이었지만 무고한 사람들이 더 많이 죽었다. 가족들이 보는 앞에서 때로는 가족까지 때려죽이고 찔러 죽이고 찢어 죽였다. 공산당의 취미적 학살은 '반동학살을 위한 혁명 행위'로 괜찮다고 합리화하므로 양심의 가책이 없었다. 폭도들은 세 경관을 기둥에 결박하고 낫과 도끼로 참살하는 등등 공산당의 행위는 잔인했다.

나중에 진압과정에서 경찰에 쫓기던 좌파 젊은이들이 피난처 삼아 군에 입대했으며 이들은 여수 순천 반란 사건을 일으켰다.

소위로 임관되어 조선경비대대 제8연대에 배속되어 38선 경비 업무를 맡게 된다. 그런데 대위가 맡아야 할 작전 지휘를 소위 박정희가 직접 통솔하였고 그는 연대 장교단 특별교육을 담당하였다. 당시 박정희 소위가 작성한 교안이 〈한국전쟁사-해방과 건군〉 제1권 '교육훈련' 314~319쪽에 수록되어 있다.

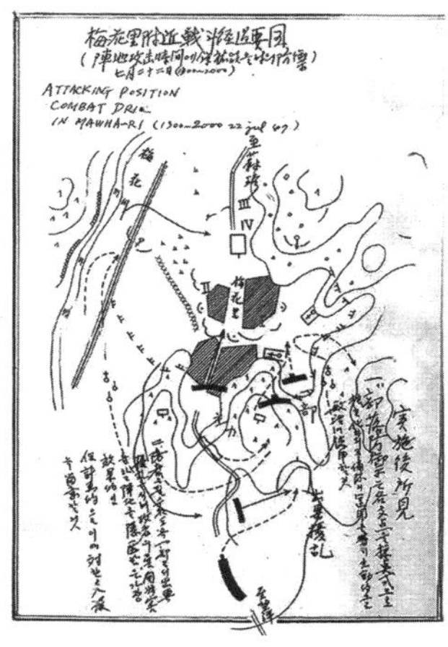

1947년 7월 박정희소위가 작성한 야외 기동훈련 지도. 그의 뛰어난 지리감각은 집권 후 국토건설에 유익하게 쓰였다.

그는 소위라도 초급 소위가 아니다. 만주 군관학교-일본육군사관학교-조선경비사관학교를 두루 거친 당대 최상의 엘리트 교육을 받은 군인으로서 대한민국 국군에서 보석 같은 존재였다. 그래서 바로 대위로 진급하여 사관생도에게 〈전술학〉을 강의한다. 이때 박태준은 훌륭한 제자로 자리매김한다.

군대 내 좌익계열 숙군肅軍(엄격할 숙, 군대 군-불순한 군인들을 엄격하게 쓸어버림)작업과 관련하여 박정희 소령은 남로당 연루 혐의로 군법회의에 부쳐져 사형 선고를 받았다. 그러나 군 수뇌부 구명운동으로 유일한 생존자가 된다. 여기서 숙군작업은 필수였다.

좌익 활동이 드러나 주동자에 대하여 사형, 징역, 불명예 제대 등으로 정리했는데 남로당에 가입한 사실이 있는 박정희도 중형이 선고되었다. 하지만 남로당 가입은 셋째 형 상희의 사살 당함에 충격을 받아 우발적이었고 박정희는 남로당 세포조직 해체에 공이 인정되어 구제되었다.

박정희는 일단 군대 내 평판이 좋았다. 그를 두고 수뇌부에서는 만주 군관학교 수석 졸업에 일본육사 위탁 교육의 정규코스를 밟은 엘리트 장교이면서 큰 그릇이라고 평가했다. 박정희가 구제되는 데 큰 역할을 한 사람은 백선엽 장군이었고 이승만, 정일권, 채병덕을 포함한 대한민국 수뇌부의 구명 결정 확신은 박정희의 행운이고 한국의 행운이었다.

군 상층부는 그를 문관으로 근무케 했다. 사실 숙군의 회오리바람이 몰아쳐 총살, 유기형, 파면 등으로 4,700명에 달하는 군인이 희생되었다. 그는 6.25가 터지자 다시 현역 소령으로 복귀되어 전투정보과장에 임명된다. 죽음의 문턱에서 구사일생으로 살아남은 박정희는 현역에서 파면되었지만, 문관의 지위로 다시 근무할 수 있었다는 것은 무얼 뜻하는가? 결코, 버릴 수 없는 재목이었기 때문이다.

1948년 여순 반란사건 진압작전에서 박정희 소령, 오른쪽이 작전사령관 송호성 준장과 미군 고문관들.

8. 6 · 25 이후

6.25가 발생하기 전 박정희는 김일성의 남침을 예상하고 상부에 보고서를 올린다. 철저히 무시당했다. 다시 현역 소령으로 복귀한 그는 1950년 8월 육군본부를 왔다 갔다 하며 근무하고 있었다. 짝없는 나이 33세의 박정희를 보고 군 후배들은 전처를 잊으라 성화하며 육영수를 소개했다. 박정희가 전쟁 중에 결혼을 추진할 수 있었던 것은 잠깐이고 전투에 직접 참여하지 않는 정보장교였지만, 그래도 전쟁 통에 평범한 일은 아니었다.

그를 괴롭혔던 군사재판과 수감생활, 어머니의 죽음, 현역파면과 복귀, 전쟁발발, 한줄기 사랑의 빛, 그것은 지옥과 천국을 오간 문이었다. 전쟁 와중에 임시수도 부산에 피난 차 내려와 있던 아름다운 여인을 만난 행운이 그에게 찾아왔다. 임시수도 부산에서 피난 차 내려와 있던 육영수와 맞선을 본 것이다.(안병훈, 2004.『혁명아 박정희대통령의 생애』. 46)

교사 시절 부모님의 강제결혼으로 김호남과 어려운 고통의 결혼 생활이 끝나고 불행인지 다행인지 합의하에 이혼했다.

결혼식은 박정희와 만난 적도 없는 대구 시장 허억이 주례를 섰는데 "신랑 육영수 군과 신부 박정희 양은…… ……"하고 시작을 하여 웃음바다를 이룬 일도 있었다.(강준식, 2017.『대한민국의 대통령들』. 168) 그리고 안정감을 주는 육영수와의 결혼으로 불안정했던 박정희는 구원의 여인을 만나며 온전히 치유될 수 있었다. 일상생활에서 박정희는 아내를 살뜰하게 대했고, 육영수도 마찬가지였다. 키 작고 얼굴 새까만 남자에게 마음을 빼앗긴 것은 처음 만난 때의 일시적 감정이 아니었다.

그 어려운 1950년대 살림에도 맑은 성격의 육영수는 재봉틀을 돌리며 남편 사랑을 노래 불렀다. 집안사람은 하도 많이 들어 줄줄 따라 외웠을 정도였다.

검푸른 숲속에서 맺은 꿈은
어여쁜 꽃밭에서 맺은 꿈은
이 가슴 설레어라 첫사랑의 노래랍니다.
그대가 있었기에
그대가 있었기에
나는 그대의 것이 되었답니다.
그대는 나의 것이 되었답니다.

흔치 않은 연분이다. 그녀 없는 박정희란 상상할 수 없을 정도인데 이런 관계는 1936년 부모가 맺어준 첫 아내 김호남과 너무도 달랐다. 김호남이란 여성이 싫다기보다 강제로 하는 조혼이라는 봉건적 관습, 선산 상모리에 대한 거부일 수 있었다. 박정희는 결혼이 마음에 안 들어서 전전긍긍하며 결혼식은 했는데 정상적인 부부생활에서 한참 멀었다. 문경에서 교사생활을 할 때도 딸까지 뒀다는 것을 굳이 알리지 않았다.

형 상희는 방학 때 내려온 동생에게 "임마, 너는 뭐 하는 놈이고? 모처럼 와서는 한 방에서 안 자?"라며 몽둥이 찜질을 했다. 어머니 백남의도 유순한 며느리를 아꼈던 것으로 알려졌지만 소용없는 일이었다. 결국, 극적인 합의 이혼에 성공했으니 불행 중 다행인가?

훗날 청와대의 안주인이 된 육영수는 깔끔한 내조로 한국인의 마음을 적셔주었던 으뜸가는 퍼스트레이디로 남아 있다.

한편 6.25 전선은 아군에게 불리하게 되고 신혼 5일 만에 최전선으로 떠난다. 즉 강원도 평창으로 이동, 중동부 전선에서 혁혁한 공을 세워 금성 충무공훈장을 받는다.

그는 이 시기에 몇 번의 죽을 고비를 넘긴다. 그 후 육군정보학교장, 육군본부 작전교육 국장으로 전보되었으며 1952년에 대구시에서 박근혜가 출생하였다. 그는 포병으로 포병 창설에 이바지했다. 광주 포병학교에 교육생으로 입교 2등으로 졸업 후 부군단장과 7사단장을 거쳐 1958년 소장으로 진급하였다.

1959년부터 두 곳의 사령관을 거쳐 1960년 12월 15일 2군 부사령관으로 임명된 후 1961년 5 · 16 쿠데타를 단행하였다. 혁명 전 그의 전략과 용맹은 특출하여 받은 다수의 무공훈장을 아래와 같이 받았다.

• 1950.12.30. [중령] 금성충무무공훈장 1951년 4월 대령진급시에는 강릉근교의 영동지방 동부전선에 몰려온 중공군과 북한군을 상대로 연일 피나는 전투를 전개하였다.

• 1951.12.5 [대령] 화랑무공훈장 1951년 12월 25일 북한군의 기습공격으로 인근 부대가 포위되자 이를 구출하려고 적을 격멸하는데 빛나는 전공을 세웠다

• 1953. 5. 8. [대령] 충무무공훈장

• 1954.12.5 [준장] 은성충무공훈장 1954년부터 포병단장으로 조직을 완료하면서 준장이 되어 어린 시절 장군이 되겠다는 꿈을 마침내 실현하였고 미국 오클라호마주 육군 포병학교 유학하여 선진 군사지

식을 습득하였다

• 1955. 1.15 [준장] 은성을지무공훈장
• 1956. 7.5 [준장] 금성을지무공훈장
• 1956.10.29 [준장] 국가방위훈장
• 1957. 9. 4[준장] 충무무공훈장

| 박정희 명성 |

1958년 3월 박정희는 참모총장 백선엽 중장의 개인적 추천으로 육군 소장에 가진급假進級(거짓 가, 나아갈진, 등급 급- 정식진급 전 단계) 했다. 이로써 박정희는 육군 사관학교 2기 중에서 최초로 육군 소장직에 올랐다. 당시 군에서 박정희의 명성은 두 가지 면에서 매우 높았다.

첫째, 가족을 경제적으로 적절하게 부양하지 못할 정도였던 그의 청빈함이었다. 1954년에서 1979년까지 25년간 박정희의 운전기사였던 이 타관은 하나의 실례를 회고했다.

> "1955.7.1. 박정희는 강원도에 5사단 사단장으로 임명을 받아 가족은 광주에서 서울로 이사해야만 했어요.
> 서울에 와보니 얻어둔 셋방이 아직 비지를 않았습니다. 육 여사는 식구들을 데리고 오빠 집으로 가고 저는 노량진 기차역의 창고에서 잠을 잤습니다. 닷새 지나서 입주했는데 부엌이 없는 문간방이었어요. 아궁이가 현관 마루 아래 있어서 풍로를 사다가 냄비로 음식을 끓여 먹어야 했습니다."(조갑제, 1998.『내 무덤에 침을 뱉어라 3』)

박정희 부부는 대구시 삼덕동에서 신혼살림을 시작했다. 그러나 중공군의 6·25전쟁 개입으로 박정희는 신혼 닷새 만에 강원도 전선으로 투입되었다.

두 번째 박정희가 군에서 명성을 얻은 것은 '강력한 지도력'이었다. 이는 특히 1949년 졸업생인 육사 8기를 비롯한 장교들 사이에서 높은 평가를 받았다. 개혁파 영관급 장교들 사이에서 박정희의 강력한 지도력은 4. 19 후에 일어났던, 정군精軍(깨끗하다 정, 군대 군–군을 깨끗하게 함)운동이라 알려진 군 개혁 운동에서 박정희의 역할을 보면 가장 잘 이해할 수 있다.

그는 정군운동의 궁극적 지도자였고 쿠데타는 일반적으로 한국 사회를 변화시키기 위해 불가피한 것으로 여겨졌다. 동아일보조차도 당시의 '한국 사회는 현직 정치인들의' 부패와 무능, 무력…〈중략〉 혼란스러운 파벌주의로 인해 방향을 잃었기 때문에 전면 개혁이 필요하다'라고 언급했다(동아일보 1961.5.19. 사설)

그리고 4.19가 터지면서 당시 박정희는 참모총장 송요찬에게

'군이 3.15 부정선거에 군이 노골적으로 참여했다면 누군가가 책임을 져야 하지 않습니까?'라는 서신을 담대하게 써서 5월 2일 전달했다. 송요찬은 부들부들 떨며 박정희 죽이기를 작심했지만, 정작 낙마했던 것은 그 자신이었다.

며칠 뒤 육사 8기생들이 연판장을 돌려 송요찬 등 군 수뇌부 불신을 노골화했고 상처를 입어 총장이 퇴진할 수밖에 없었다. 분명 도덕적 우위를 갖고 있던 박정희 일행은 자연스러운 일이었고 그 여파로 박정희는 떴다.

9. 남로당南勞黨(남조선 노동당)과 제주 4.3사건

1945년 해방 이후 사회 분위기를 보면 1947년에 미 군정의 하지 장군은 일반인을 대상으로 정치의식을 묻는 여론 조사를 했다. '사회주의를 원한다' 70%, '자본주의를 원한다' 13%, '공산주의를 원한다' 10%가 나왔다. 이 수치를 보고 좌익 이념에 대한 선호가 컸다고 단정할 수 있을까? 공산주의 이념을 잘 모르는 사람도 있고 호기심이 있지 않았을까? 이런 때에 남로당에 가입한 박정희의 셋째형 박상희의 죽음은 박정희에게 충격적이었다. 그 죽음은 우익과 미군 때문이라 생각했고 그는 서서히 좌익으로 기울고 박정희는 남로당에 가입하게 되었다.(전인권, 2006.『박정희 평전』.104)

공산당 산하 남로당의 목적이 대한민국 정권의 타도와 사회주의 국가의 수립이다. 남로당을 창설한 박헌영은 훗날 공개된 옐친 문서에서 한국전쟁이 나면 남한 내에 20만 남로당원들이 일제히 봉기할 것이라고 말한 것이 공개되었다.

제주 4.3사건 때 군에 침투한 남로당원 50여 명의 주동으로, 국군 1개 연대 전체가 반란군이 돼 전남 일대를 휩쓸었던 것이 여순사건[10]이다.(강준식, 2017.『대한민국의 대통령들』: 161)

1950년 초까지 대부분 좌익세력 토벌을 끝냈기 때문에 6 · 25 때 남로당의 봉기가 없었고 군 내부에 좌익인사가 득실대고 박정희조차도 좌익 색출작업에 걸려 죽을 뻔했다. 박정희는 남로당에 가입했으나 적극적 활동하지는 않았고 군내에서도 인물이 아깝다는 여론이 있어 감형되었다. [11](조갑제, 2006.『박정희 6』. 61~63)

여순 반란사건 직후에 시작 된 숙군(肅軍)수사로 체포되기 직전 박정희 소령. 박정희는 1948 년 11월 11일 남로당 가입 혐의로 체포되어 이듬해 2월 8일부터 13일까지 열린 군법회의에서 무기징역에 파면을 선고받았다. 그러나 박정희는 10년으로 감형 되고 형의 집행이 면제된 파격적인 특혜를 받았다.

---

10) 1948년 10월 15일 제주도의 '남로당 공비 토벌 작전'에 투입하기 위해 대기중이던 여수, 순천 지역 14연대 군인들이 반란을 일으켜 20여 명의 장교를 사살하고 여수를 점령한데서 비롯되었다. 14연대 진압군 속에 숨어있던 남로당이 반란을 일으켰다. 진압과정에서 여수 시내가 불타오르고 수천 명이 죽는 등 격렬했다. 군대 내에 이미 조직적인 적색분자가 침투했고 뻔히 알면서도 손을 쓸 수 없었다. 군부대 여수 14연대의 여수인민위원회의 결의 중에 '조선민주주의인민공화국에 대한 수호와 충성을 맹세한다'라는 내용을 보면 그들의 실체가 드러난다.

11) 또한 박정희가 털어놓은 명단 때문에 군내의 좌익들이 몽땅 체포되었다는 주장은 과장이다. 좌익 세포가 가장 많이 들어가 있었던 곳은 육군사관학교였다.

| 제주 4 · 3사건 |

남로당 제주도당은 대한민국 정부 수립을 위한 1948년 5월 10일 선거를 방해하기 위하여 1948년 4월 3일 제주도에서 경찰지서 12곳을 동시 습격으로 제주 4 · 3사건이 시작되었다. 경찰과 선거 참관인들을 잔인하게 학살하고 경찰과 우익인사들 가족들까지 사망자가 발생했다. 남로당 처단 과정에서 군경의 피해는 물론 남로당과 민간인이 구별이 어려워 민간인의 피해가 컸다.

민간인이 많이 희생된 이유는 남로당 유격대 사령관 김달삼이 북으로 가자 폭도 진압이 된듯했다. 허나 이덕구가 폭도 사령관이 되면서 이덕구 패거리는 1948년 9월 15일부터 보름에 걸쳐 중문면에 사는 문두천을 대창과 칼로 죽이고 리장, 특공대장, 청년대장 등을 무참하게 살해했다. 그러면서 장례식에 모인 사람들에게 "우리는 새 나라 건설에 힘쓰고 있으니 협조하라"고 했다.(이선교, 2023. 『제주4.3 사건의 진상』. 310) 그래서 정부에서는 여수 14연대에게 제주에 가서 진압을 명령했다

1948년 4월 3일 제주4 · 3사건과 1948년 10월 19일 여순 사건은 남로당이 시작했고 남로당은 남조선 민주주의 인민공화국을 수립하여 북한과 공산주의의 통일을 이루는 것이 그 목적이었다.[12)]

---

12) 선거 방해와 무력충돌- 5.10총선거가 다가오면서 선거사무소와 선거관리위원들에 대한 무장대의 공격은 더욱 빈번해졌다. 반면 군경은 선거를 성사시키고자 했다. 여기저기에서 사람들이 피살당했고, 선거 관련 문서들이 탈취되었다. 이러한 방해 공작으로 선거위원들도 신변의 위협을 느끼며 군경이 자신들을 보호해 주기를 바랐다. 군경은 무장대의 공격에 대응하면서 선거를 지원하고 선거운동을 진행했다.
그 와중에도 남로당 무장대와 군경 간의 충돌이 이어져 5월 7일부터 5월 10일까지 29명이 목숨을 잃었다.
선거 날인 5월 10일이 되자 무장대는 주민들을 산으로 보내 투표에 참여하지 못하도록 했다. 동시에 투표소에 공격도 이루어졌다. 이렇게 되니 마을에는 군경, 군경 가족, 우익 인사, 우익청년단원 등을 제외하고는 투표할 사람이 별로 없었다.
투표 중에 무장대의 습격으로 투표소가 불타거나 담당자가 살해당하기 일쑤였다. 선거

이러한 여순반란 사건에 급기야 이승만 대통령은 강력한 정비 작업을 지시한 것이다. 숙군작업의 실력자였던 백선엽은[13] "숙군肅軍(군을 바로잡음) 작업이 없었더라면 불과 1년여 뒤 6.25 때 우리 군이 자멸했을 것이다"라고 했다.(안병훈, 2004.『혁명아 박정희대통령의 생애』. 40) 박정희도 숙군 작업 시 남로당 가입의 전력으로 사형의 언도를 받았다. 이 때 박정희는 백선엽에게 자신의 잘못을 인정하고 선처해달라고 부탁했다. 침묵하던 백선엽은 "도와 드리지요"하고 구명을 약속했다. 여기에 정보국 김안일 소령과 김창룡 대위가 보증하며 박정희를 지지했다. 그들은 모두 만주에서 인연을 맺은 사람들이다.(김태광, 2022.『박정희 리더쉽』. 43~44)

6.25때 백선엽이 낙동강 방어선을 지키지 못했으면 지금의 대한민국은 없을 수도 있다. 겁먹은 병사들이 달아나려 하자 그는

방해로 미군정과 군경의 투표 독려에도 불구하고 제주읍 중심을 제외하고는 선거가 제대로 이루어지지 않았다. 결국 3개 투표구 중 2개 투표구의 선거가 무효화되었다. 그리하여 제주도는 5.10 총선거를 거부한 유일한 지역이 되었다. 재선거는 1년 이후에야 치러질 수 있었다.

(그런데 2022년부터 대한민국 문재인 정부와 윤석열 정부는 제주 4·3 때 지서 12곳을 공격한 남로당 무장 폭도와 양민들을 보상토록했다. 북한이 원하는 것을 대신해 준 꼴이다.)

13) 2020년 전후 주사파들이 많이 소속된 정부는 백선엽 장군이 사망한 후 서울 현충원에 모시지 못하게 하여 서울보다 한 단계 낮은 대전현충원에 모셨다.

백선엽이 100세로 별세했을 때 문재인 정부와 민주당은 애도 논평 한 줄도 내지 않았다. 당시 대통령은 조문도 하지 않았다.

백선엽 장군은 일제 강점기 때 한국인들이 갈 수 있는 군관학교에 입학한 것이다. '친일몰이'에 여념이 없었던 주사파 세력은 백선엽이 일제강점기 간도특설대에 배치됐다는 이유만으로 '친일반역자'로 몰았다.

간도특설대는 일본이 조직하여 장교급은 한국인과 일본인이 각각 절반 정도이며 창설하여 초기에는 소련의 교량 통신 등 폭파가 주요 임무였으나 후일 일본에 항거하는 동북항일연군(게릴라 성격의 공산 빨치산) 토벌로 전환했다.(김용삼.유튜브-민중항일투쟁의 불편한 진실, 2014)

백 장군은 1950년 8월 낙동강 전선 최대 격전인 다부동 전투에서 8000명의 병력으로 북한군 2만 명의 공세를 막아내 유엔군이 전세를 역전할 수 있는 발판을 마련했다.

"내가 후퇴하면 너희가 나를 쏴라"라며 선두에서 독려했고 인천상륙작전 후 미국보다 먼저 평양에 입성했다. 1·4 후퇴 뒤 서울을 최선봉에서 탈환한 것도 그였다. 물론 낙동강 방어선지킴은 군·경·학도병, 유엔군의 합작품이었고 그중 백선엽 장군 지휘가 남달랐다는 것이다.

여순사건 당시 여수서초등학교에 모인 청장년들. 진압군이 부역혐의자를 골라내고 있다.

불타고 있는 여수의 한 마을 주변으로 진압군이 경계를 서고 있다.

유엔안전보장이사회 한국전 참전결의(출처: 국가기록원)

대전역에서 하차하고 있는 미 스미스 부대원(출처: 독립기념관)

인천 상륙 작전 당시 인천항에 상륙하고 있는
미군 상륙함의 모습

원산항 봉쇄 작전 당시 폭격을 맞는 원산 시가지의 모습

장진호 전투에서 중공군 전선을 돌파하는
미군제1해병사단 보병과 M46 패튼전차_

1·4 후퇴 피난 행렬_

1953년 7월 27일 휴전협정 체결 모습
(출처: 우리역사넷)

전투로 피해를 입은 숭례문의 모습_

民族의 底力

朴正熙

2장

목표 · 꿈 · 도전 · 열정 · 독재의 삶

박정희의 목표와 꿈은 『우리 민족의 나아갈 길』에 그대로 표현되었고 꿈과 도전이 5 · 16이라면 열정은 꿈 · 도전과 함께 박정희 18년의 통치에 속속히 스며들었다. 열정의 산물은 한 · 일협정, 8 · 3조치, 유신 등의 독재다. 그 내용은 언론과 학생들을 비롯 야당과 언론이 모두 반대하는 것이었다.

5 · 16쿠데타가 '누군가 이 나라를 구할 사람이 나와야 한다'는 당시 환경에서 대다수 군인과 국민이 원하는 민의였다면 그 이후 박정희의 통치는 민의대로 한 통치는 없었다. 농업 주도를 수출 주도형으로 변경하는 것도 학자들의 의견에 역행하는 일로 민의에 반대되는 혁명의 연속이었다.

1. 우리 민족의 나아갈 길

『우리 민족의 나아갈 길』은 필자의 초등학교 시절 책꽂이에 늘 있었는데 관심도 없던 책을 요즘 구입해 보니 이것은 이승만 대통령의 『독립정신』에 비견比肩(견줄 비, 어깨견-낫고 못함이 없이 서로 비슷함)하는 참으로 선각자 같은 박정희의 마음을 읽고 놀라웠다. 지면 관계상 제목 정도와 최소한의 목차번호와 중요한 말만이라도 그대로 옮긴다.

〈머리말〉고달픈 몸이 한밤중 눈을 감고 우리 민족이 걸어온 길 다난한 역정을 생각해 보았다. 빈곤의 악순환에 허덕이는 우리 민족에게는 갱생更生(고칠 경-다시 갱, 날 생-죽을 지경에서 다시 살아남)의 길이 없을까. 민족성을 고치고 건전한 민주복지국가를 세우는 길이 없을까. 거짓말하지 않고 무사안일주의의 생활 태도를 청산하여 근면한 생활인으로 인간혁명을 기하고 사회개혁 (중략)…… 굶주림이 없는 나라, 잘사는 나라로 만드는 길이 없을까 (중략)…… .
반드시 길이……. 잠 못 이루는 밤에 내키는 대로 메모하여 정리한 (중략)…….(박정희, 2017. 『박정희 전집 02 우리 민족의 나갈 길』).('거짓말하지 않고'라는 말은 요즘 정치인들의 신물나는 거짓말을 보노라면 참으로 통쾌하고 신선한 박정희의 생각이라고 느껴진다)

당면한 문제는 첫째, 당파와 노예 근성 등의 악유산을 반성하는 것, 둘째로 가난의 해방에서 한강변의 기적의 길을 이룩함이 승공의 길, 셋째는 건전한 민주주의 재건이다.

Ⅰ. 인간개조의 민족적 과제: 최저의 생존권의 확보, 개인소득 최저선, 실업자수, 당면한 문제나 의료소비균형(필자는 의료보험제도로 해석) 등 소위 사회복지제도, 빈곤 기아 실업 문제

Ⅱ. 우리 민족의 과거를 반성한다.

一. 이조 건국 이념의 형성

二. 이조의 사회구조가 지닌 병리

三. 이조의 전제적專制的(오로지 전, 절제할 제, 과녁 적-왕 의사대로 모든 걸 결정) 토지제와 양반경제

四. 이조당쟁사의 반민주적 폐쇄

五. 이조사회의 악유산들

조선의 4색당쟁에서 양반계급의 분쟁과 국문학상에서 아리랑과 처용가 등을 보면 도전하여 생을 전환시키려는 용기가 없다. 그러나 향약, 두레 등 '좋은 유산'은 많이 있었지만 순조 12년(1812)부터 다음 해까지 2년간 굶어죽은 자가 450만명이었다. 이승만대통령은 북한과는 다른 토지개혁과 교육정책, 상 · 공업을 살리는 정책을 폈으나 역부족力不足(힘이 부족함)이었다.

Ⅲ. 한민족 수난의 역정 : 해방 후 1945년 12월 모스크바 삼상회의에서 미영소는 통일한국정부 수립을 합의했다. 그 후 미소공동위원회가 개최되었으나 원래 소련은 점령 당시부터 미국의 의도와는 달라 합의될 수 없었다. 미국대표는 양단된 국토를 통합하려고 노력하였으나 소련측은 반대했다.

이 같은 양측의 견해가 근본적으로 달랐기에 겨우 합의 된 것이 서신교환, 방송주파수 등과 같은 사소한 문제에 그칠 따름이었다. 미국은 소련과 직접 교섭하는 것은 어려움을 알고 한국의 독립에 관한 결의안을 채택하였다.

Ⅳ. 제2공화국의 카오스(혼란)

민주라는 허울 속에 결단력과 용기도 없는 장면국무총리가 이끄는 약체 내각은 지도력이 없었음. 복지사회의 질서를 위하여 혁

명 이후 장차 명랑하고 강력한 사회를 위하여…('명랑하고 강력한 사회'란 고구려를 제외하고 명랑하고 강력한 사회, 박력있고 도전하는 나라가 우리 한국 역사에 있었는가? 참으로 통쾌한 박정희 장군의 생각!)

Ⅴ. 후진민주주의와 한국혁명의 성격과 과제

Ⅵ. 국가의 이념과 철학

이상 간단히 요약했고 끝 부분의 지도자의 자격이 의미심장하다.

| 지도자의 자격 |

지도자는 피지도자를 호령하는 자가 아니라 대중과 호흡을 같이하며 그들이 절실하게 원하는 것을 정확하게 파악하여 솔선수범하여 이끌고 나갈 용기를 가진 자이다.(박정희. 『박정희 전집 02 우리 민족의 나갈 길』 박정희 지도자의 도: 13)

『우리 민족의 나아갈 길』은 놀라운 박정희 철학! 거기에 지도자의 도를 말한 사람이 우리 역사에 있었는가? 정약용의 '목민심서'가 생각나지만 지도자의 도를 실천하고 용기를 가진 사람이 있었나? 그는 국민의 생각이 옳지 않을 때는 반대의 행정으로 강력하게 그의 생각대로 계엄, 긴급조치 등으로 18년간의 통치는 시행되었다. 그러면서 그들이 절실히 원하는 배고픔은 해결했다.

혁명군에 체포된 이정재을 비롯한 깡패들이 과거를 청산하고 새 국가건설에 매진하겠다는 플래카드를 들고 서울 시내를 행진하고 있다. 1961.5. 21

| 혁명공약 |

– 반공을 국시의 제일로 삼고

– 자유우방과의 유대

– 부패와 구악舊惡(옛 구, 악할 악–과거에 저지른 죄악)을 일소하고

– 민생고民生苦(생활함에 고통–첫째 먹는 것)를 시급히 해결

– 공산주의와 대결할 수 있는 실력배양 등 이와 같은 우리의 과업이 성취되면 본연의 임무에 복귀할 준비를 갖춘다.

국가재건최고회의장 박 정희

〈혁명공약은 박정희 18년간 거의 실천되었고 1978년 그는 북한 침략을 막기 위한 핵폭탄 완성을 앞두고 "나는 안보에서도 자신하기에 다가 올 국군의날 대통령 퇴진을 선포할 것이다"라고 말하고 얼마 후 김재규 부하한테서 피격被擊(입을 피, 칠 격–습격을 받음) 당함.〉

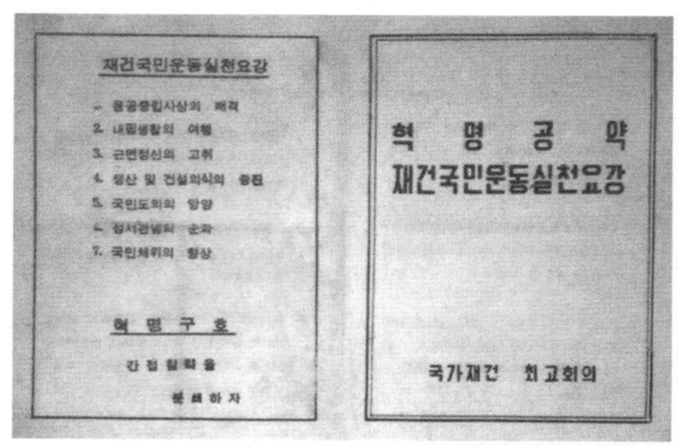

국가재건최고회의가 배포한 재건국민운동 실천요강과 혁명공약 홍보물 (시간여행 제공)

아울러 박정희 대통령의 한국통치 기본 방향이 녹아있는 저서들 『국가 혁명과 나』, 『민족의 저력』, 『민족중흥의 길』, 『한국국민에게 고함』, 『박정희 시집』등은 아쉽게도 책 제목만 열거한다. 책 내용대로 거의 실천한 18년 간의 정치! 이러한 박정희의 생각을 보고서도 좌익 분들은 10월 유신 때 환경은 볼 것도 없이 공산당처럼 무조건 부정하고 있다.

2. 한국을 재탄생시킨 5.16 혁명

가. 세계의 환경

| 유럽 |

제2차세계대전 이후 세계는 민주주의 공산주의로 나눠지며 신생 독립국들이 생겨나면서 쿠데타 발생이 빈번했다.

유럽부터 살펴보면 영국의 경우 청교도 정치가 크롬웰도 의회 민주주의의 기초를 확립을 위하여 국왕과의 어려운 투쟁에서 민주주의를 쟁취한 것이다. 프랑스에서도 1950년대 후반 알제리 독립을 둘러싸고 국론이 분열되어 대통령 임기를 7년으로 늘리고 그 권한을 대폭 강화하여 정치의 안정을 도모했다. 민주 제도는 각 나라의 처한 역사적 상황에 따라 다르게 운영되고 정착됨을 알 수 있다.

미국의 루즈벨트는 세계 2차대전을 수행하며 대공황으로부터 탈출하기 위해 선동적 언론과 출판을 철저히 규제하며 민주주의를 수호하여 미국 헌정사상 4선 대통령이 되었다

사람들은 요즘 그렇게 말한다. 문제는 지금에 앞서 있는 산업국가 영국, 프랑스, 미국 등이 정치혁명(시민혁명)과 경제혁명(산업혁명)이란 두 마리 토끼를 동시에 잡았다고 굳게 믿는 이가 있겠지만 그것은 진실이 아니다.

우리가 소망해온 자유와 민주란 어느 날 갑자기 민주 헌법을 채택하고 의회 민주주의라는 절차적 민주주의를 지키는 순간에 튀어나오는 게 아니다.

때문에 서구 모든 나라가 '꽤나 소란스런 근대'의 과정을 거쳐 오늘의 민주주의를 창출했다. 또 서구의 민주주의 공식을 얌전히 지키면서 산업화에 성공했던 나라가 어디 한 곳이라도 있기나 한가? 우리 나라야말로 1945년 해방 이후 민주주의가 갑자기 튀어나왔는데 이승만이 좌우합작을 물리치고 쟁취한 것이다. 처음에는 미국도 좌우합작을 원했으나 이승만은 굴하지 않았다.

독일도 비스마르크의 철혈정책鐵血政策(철과 피의 무력통일 정책)으로 피터지게 싸우면서 독일을 건설했다. 근대화하면서 내전이 따르고 전투가 없던 나라는 없었다.

러시아의 표트르 대제는 서구 근대화에 앞장서 러시아를 발전시켜 근대화의 산업화 구축에 힘썼다. 그 열매는 특수층에 돌아가 서민궁핍은 해결치 못했다. 그러나 근대 러시아의 초석을 놓았다고 하여 상트 페테르부르크 광장에 표트르 기마상을 세우며 그를 추앙하는데 우리는 한국의 근대화를 이룬 박정희의 동상도 거절하고 있다.

| 아시아, 남아메리카, 아프리카 |

중남미와 동남아, 중동, 아프리카는 군사 쿠데타로 끊임없이 내전이 일어났다. 그들은 경제의 자유, 종교의 자유를 가져 본 적이 없다.

종교의 자유는 유럽 특히 영국에서, 그리고 미국에서 활짝 피어나 발전했다. 한국은 선교사들의 희생과 도움으로 기독교를 그대로 받아들이면서 민주주의도 들어왔다.

1961.5.16 직전 쿠데타는 1960년 5월 터키, 7월 콩고, 8월 라오스, 10월 엘살바도르, 에디오피아로 이어졌다. 무수한 군부의 쿠데타 지진 속에서 경제적 성과로 이어지진 못했다.

남미의 경우 아르헨티나는 잦은 국가 부도 사태로 유명한데 1920년대 한 때 세계 7위의 부자나라였으나 국민소득 8,500 달러에서 1/3 수준인 2,800 달러로 추락했다.

브라질도 군부 쿠데타를 경험하며 10여 년간 연 10% 성장했으나 소득 불평등은 세계 최고를 기록하며 산업화 고도화에 한참이나 모자란다.(조우석, 2009. 『박정희 한국의 탄생』. 282~284)

조선시대를 포함한 근대 이전의 왕들은 모택동, 스탈린, 히틀러보다 더 심한 독재왕이 즐비한데 2차 대전 전에는 그 시대에 인권과 언론 자유 그리고 경제자유를 반드시 보장해주어야 한다는 근대적인 자유민주주의 사상이 없었던 시대이므로 비난의 대상이 되지 않는다.

독재 기간이 필리핀의 마르코스 독재가 21년이라면 베트남의 호치민 24년, 리비아의 카다피 45년, 인도의 네루 17년, 싱가폴의 리콴유 31년 대만의 장개석 25년, 이집트의 나세르 14년, 인도네시아의 카스트로 32년, 브라질 군부 20년, 칠레 피노체트 장군 26년 등 공통점은 어려운 경제이다.(GROUND C, 2021. 유튜브[현장강의] 박정희 시대 한큐에 끝내기)

이승만은 좌우합작의 소용돌이 속에서 공산주의 국가가 되는 것을 홀로 막아내 한국을 탄생시켰다고 해도 지나친 말이 아니다. 어렵게 세워진 대한민국은 세계 최빈국最貧國(가장 최, 가난할 빈, 나라 국)이었는데 세계 10위의 경제 대국으로 이끈 것은 대한민국 건국의 출발이고 5.16은 기폭제起爆劑(일어날 기, 터질 폭, 약제 제-일어나는 계기)였다.

나. 한국의 역사적 환경

조선시대까지 줄곧 우리나라는 상공을 천시하고 오직 농자천하지대본農者天下之大本(농사가 으뜸)이라 외치며 농업 만을 중시했으니 백성들의 경제적 삶을 향상시킬 도리가 없었다. 조선에는 주판(계산기)이 없었으니 상업적 발달은 억제되었고 주자학은 발달했다.(이강호, 2020.『다시 근대화를 생각한다. 박정희가 옳았다 2』37~38) 그리고 조선에는 책도 없었다.[1] 한글은 언문이라며 무시하고 읽지도 않아 조선 백성은 무식하고 거의가 게으름의 일상이고 희망이 없으니 담배나 즐기고 놀음이나 하는 민족이었다.

서울의 풍경을 보면 백성들의 생활을 짐작할 수 있다.

일제의 시대 서울 모습

그리고 양반과 상민 구별이 극심하여 조선시대 때는 상민은 양반을 만나면 90도 인사해야 하고 안 하면 매 맞다 죽어도 항의도 못하는 실정이었다. 이런 조선시대를 이어온 상황에 혁명동지 이석재는 『각하 우리 혁명합시다』 171쪽에서 아래와 같이 기술했다.

---

1) 조선 조정은 서적 발간과 유통을 허가해주지 않았다. 과거시험 보는 과목의 대학, 중용, 논어 등 한 권 값은 면필 서너 필이었다.(병역 복무 대신 바치는 군포가 한 해 두필이었음). 한편 1719년 일본으로 통신사 다녀온 신유한은 "오사카에는 책이 많아 실로 장관이었다"고 기록했다.(김용삼, 2020. 『세계사와 포개읽는 한국 100년 동안의 역사1』122~123)
조선은 선비의 나라이고 일본은 무식한 칼잡이의 나라였을까?(이강호, 2020.『박정희가 옳았다2』 43)

일제의 시대 청계천

1950년대 서울 청계천의 판자촌 모습. 사진 = 국가기록원

'박정희의 말은 "인권, 민주 모두 좋은 말이오. 그러나 참다운 인권과 민주는 굶주림으로부터의 해방에서 나옵니다. 당장 배고파 죽어가는 국민들 앞에서 말장난을 해서는 안됩니다.…보릿고개도 못넘는 판에 무신(사투리) 민주주의?"라고 했는데 무심코 내뱉는 말에 그의 속 생각이 드러난다.'

그리고 조선의 사회환경은 공산주의와 아주 비슷했다.

〈조선왕조와 공산주의의 비교〉

구분 / 내용	조선	공산사회
신분	사대부[2]와 농 공 상	공산당원과 노동자 계급
경쟁자 숙청	반대당파 숙청	공산당원 경쟁자 숙청
산업	상업을 경멸하고 자유시장 발전을 막음	
경제	붕괴	파산

표에서 보는 바와 같이 상공을 경멸했던 조선의 그 체제는 사회주의나 다름없었다. 상민에 지나지 않았던 농민은 이승만의 토지개혁 전에는 사회주의(공산주의)의 인민의 모습과 같은 모습이니 비교해보면 쉽게 이해할 수 있다. 3%의 소수 양반 지주地主(땅 주인)가 97%의 백성을 수탈하는 처참한 계급사회였다. 무엇보다 희귀한 것은 붓을 든 학자들이 칼을 든 무인들을 제압하고 통치하는 나라였다.(김용삼, 2020. 『대한민국 근대화 대통령 박정희 혁명 1』. 372~373)

이승만 대통령의 토지개혁은 양반과 상민이 없어지는 평등사회를 만든 것이었다.(김용삼, 앞의 책. 397~398) 토지는 거의 양반이 소유한 것인데 조선의 농자천하지대본이라는 경제관과 사농공상이라는 신분질서를 보면 유교적이면서도 사회주의 국가를 닮았다. 조선은 마치 구소련[3]과 똑같이 닮아 있었다. 농자천하지대본으로 추켜 세운 농민층은 마르크스주의에서의 노동자 계급과도 같은 위상이며 아무런 힘과 권리가 없었다.

---

2) 선비가 과거에 급제하여 등용이되면 대부가 된다. 선비와 대부를 합쳐 사대부士大夫라 한다.

3) 고르바초프는 소련의 처음이자 마지막 대통령이며 1991년 그가 대통령직을 사임한 후 구소련은 해체되어 현재는 러시아가 됨

그리고 조선의 사대부士大夫(학자출신 관리-벼슬아치)는 공산당 엘리트 그룹과 거의 다르지 않았다. 공산당원들이 사상, 이론투쟁을 앞세워 경쟁자를 숙청했듯이 조선의 양반 사대부들은 성리학의 해석과 적용을 둘러싸고 당쟁을 벌이며 상대 당파를 귀양 보내거나 숙청했다. 조선은 무엇보다 상업을 경멸하고 시장의 발전을 막았다는 점은 공산주의와 완전히 동일했다. 결말도 비슷했다. 구소련이 결국에는 경제적 파산으로 무너지고 조선도 일본침략 이전에 이미 경제적으로 붕괴되었다. 즉 우리나라는 옛부터 농업국가임에도 보릿고개를 면치 못했다. 시골의 보릿고개라 함은 봄이 되면 양식이 떨어지고 봄풀이 솟아나야 그걸 뜯어서 쑥떡이라도 해먹으려고 새싹이나 보리를 기다린다. 기다리는 시기는 5~7월 경이다. 여물지도 않은 보리 이삭을 태워서 가루로 만든 후 거기에 풀뿌리와 나물을 넣고 먹었다.

그래서 조반석죽朝飯夕粥(아침 조, 밥 반, 저녁 석, 죽 죽)이라면 잘 사는 집이라고 했고 점심은 보통 굶는 것이었다.

농촌에는 거지들이 매일 밥을 얻어가곤 하였고 잔치나 장례 때는 거지들이 떼지어 다니며 밥을 얻어 먹는 거지 나라였다. 1950년대부터 60년대 초까지만 해도 대형병원 앞에 매혈賣血(살 매, 피 혈-피를 빼서 파는 것, 지금은 법으로 금지) 인구가 줄을 섰다.(전대열, 2014. 『박정희의 기업가적 국가경영과 위기관리 리더십』. 55)

전화와 라디오가 있는 집도 귀했고 필자의 초등학교 시절에 시골에선 라디오 대신 유선방송이라 해서 전선 줄을 먼 곳에서부터 늘여 스피커에 연결하여 들었는데 "다른 방송을 틀어달라!"고 요구하기도 했다. 그리고 방송듣는 그 댓가로 1년에 쌀, 보리 등을 한 말씩 낸 기억이 있다.

1945. 8. 6, 미국은 사상 최초로 원자폭탄을 히로시마에 투하했고 일본은 항복했기에 조선은 8월 15일 해방을 맞았다. 보름 후 소련군 지휘부는 평양에 진입하여 사령부를 설치한 후 포고문을 발표했는데 이 포고문에는 '조선의 정치는 조선인의 손에 의해 행해진다'는 내용이 들어있다. 그러나 이후 북녘의 정치는 결코 조선인에 의해 이루어지지 않고 소련 스탈린의 지령 만이 있을 뿐이었다.

2차대전 후 9. 15. 소련은 승리한 연합국의 전승국 회의에서 2차대전에 몇일 간 참전한 댓가로 미국에게 일본 북해도를 요구하여 미국이 즉시 반대했다, 다시 소련은 영국에게 리비아의 트리폴리를 달라고 요구하니 영국도 거절했다.

거절 당한 5일 후 1945. 9. 20. 소련은 '38선 위에 공산정부를 빨리 세워라.'라는 극비지령을 내렸다. 이 내용은 소련이 망한 후 1993년 2월에 마이니찌신문이 38선 분단의 직접 원인이 된 소련의 극비 문서를 공개했다.

좌익 계열의 사람들은 이러한 소련을 비난한 적이 없고 미국을 '점령군'이라 부른다.(서중석, 2015.『현대사이야기 13』) 1945. 9. 20. 비밀지령에는 신탁통치信託統治(믿을 신, 부탁할 탁, 거느릴 통, 다스릴 치-미개국을 다른 나라가 대신 통치함) 내용이 모스크바 삼상회의에서 합의 결정된 한반도 신탁통치안보다 3개월 전에 시달 되었다.

1945. 10. 14. 북한에서는 군중대회가 열렸는데 소련군 장교가 진행하며 통역으로 김일성 장군이 소개되자 "저 자는 가짜 김일성이다"[4]며 소동을 벌였으나 해산을 위해 몽둥이로 때리고 심지어

---

4) 김일성의 본명은 김성주로서 김일성이 되기까지 간단히 보면 김성주는 만주에서 평단중학에서 악행으로 퇴학을 당하고 후일 1942년 6월 소련 붉은 군대에 입대하여

발포까지 했다.

김일성은 항일 무장투쟁을 만주에서 한 것이 아니라 백두산이었다고 날조하고 자신들을 백두혈통이라고 한다. 김정일은 하바롭스크 부근에서 태어난 김정일 출생지를 백두산 밀영이라 하며 거짓말은 끝이 없다.

결국 김일성 수령님께서 솔방울로 수류탄을 만들고 모래로 쌀을 만들고 낙엽배를 타고 압록강을 건넜다고 할 정도로 거짓말을 지어낸다. 이러한 북한의 김일성 신격화(200만명 살해)는 소련의 볼쉐비키혁명(2천만명 살해), 중국의 문화혁명(6천500만명을 살해[5])을 포함한 공산혁명의 시작은 프랑스 대혁명의 자코뱅당이었다.

한국의 주사파와 종북주의자들 즉, 반국가 세력은 이러한 북한 집단을 비판도 못하고 독재란 말도 안한다. 심지어 문재인 대통령은 북한에서 본인을 '삶은 소대가리'라고 하여도 북한을 향하여 답변 못하고 반응하지 않는다.

(프랑스 국립 학술센터의 11명 학자는 『공산주의 흑서』에서 마오쩌뚱 때 학살자를 6,500만 명으로 산정)슈티코프장군의 지시를 받는다. 소련 군정은 김성주가 어떤 공을 세웠는지에 대해서 근거를 찾지 못했다. 그리고 진실은 빨치산운동에 위대한 공을 세운 또 다른 김일성 장군이 있으며 사람들은 그가 개선하기를 기다리고 있다는 사실이었다.
소련 군정에서 일했던 박길용의 회고에 의하면 정치사령부의 눈치 빠른 장교들은 미래의 수령만들기를 지도부에 건의하여 레베데프 소장은 나이를 수십 살이나 뛰어넘어 김성주를 조선 인민들 속에서 '전설의 영웅'으로 불리던 진짜 김일성 장군으로 둔갑시켰다.
일본군과의 전투실적을 간절히 원했던 김성주는 평양 주둔 제25군 정치사령관 레베데프 소장에게 이런 요구도 했다.
"장군님, 부탁이 하나 있습니다. 우리 빨치산부대도 일본과의 해방전쟁에 참전한 것으로 해 주십시오."
김성주의 요구에 대해 레베데프는 다음과 같이 말했다.
"그게 무슨 말인가? 조선을 해방시킨 것은 제 25군과 태평양함대 뿐이다. 88여단 빨치사부대의 단 한 명도 대일전에 참전하지 않았고 총 한 번 쏘지 않았다. 절대로 역사를 바꿀 수 없다."(이영훈 외, 2017. 『박정희 새로보기』,137~138)

5) 이희천, 『2030 反대한민국 세력의 비밀이 드러나다』 대추나무, 224~225.

거짓 사기꾼 북한 통치자를 따르고 좋아하는 종북 주사파들은 그래서 거짓말과 사기를 밥먹듯이 한다. (예: 광우병 촛불 시위, 박근혜 탄핵은 뇌물 물증이 없어 새로운 용어를 만들어 경제공동체라고 뒤집어 씌움)

1946. 2. 8. 북한에서는 북조선임시인민위원회 성립 경축대회가 열리고 현수막에 임시위원회는 '우리의 정부이다'라고 썼다.[6] 북한에서는 소련의 조종을 받기는 하지만 김일성을 위원장으로 하는 단독정부가 세워졌다.

북조선임시인민위원회 성립 경축대회

그래서 이승만은 1946. 2. 8. 북조선임시인민위원회 성립 경축대회 이후 1946. 6. 3. 전라북도 정읍에서 남한만의 단독 정부 수립을 주장했다. 통일정부를 고대하나 북한은 소련이 들어와 공산정권을 세웠으니 남한만이라도 임시정부 혹은 위원회 같은 것을 조직해야 한다는 발언을 했다.

---

6) 북조선 임시인민위원회 출범(1946. 2. 8.) 경축 대회

좌익左翼(왼 좌, 날개 익-공산주의 경향 사람이나 단체)들은 또 말한다. 4개월 전 인민위원회가 사진처럼 '우리정부이다'란 현수막을 설치했어도 이승만의 정읍발언이 남북 분열을 가져왔다고 말하며(북의 단독정부 관련 스탈린 지령은 3월, 정읍발언은 3개월 후 6월 3일)북쪽에서는 소련이 확고히 진주한 것은 말하지 않는다.

미 진주군 사령관 하지 중장(왼쪽)은 대한민국 임정을 완고하게 부인하고 좌우합작 정부를 고집하여 이를 반대하는 이승만과 잦은 마찰을 빚었다. 1946년 11월 27일

남한에서는 두차례에 걸쳐 우익에서는 김규식, 원세훈 등, 좌익에서는 여운형, 허헌 등이 참석하여 남북합의를 도모했으나 실패했다. 좌우합작左右合作(왼 좌, 오른쪽 우, 합할 합, 지을 작-좌우 즉 공산주의와 민주주의 세력의 연합)의 핵심적 위치에 있었던 여운형은 미군정 당국을 비롯한 우익 진영과 연결되어 있으면서도, 좌익의 김일성 연락원인 성시백을 통해 박헌영 김일성과도 접촉하고 있었다.

이승만은 남한만이라도 총선거하자는 정읍발언 이후 하지 장군과의 불화로 국내에서 해결이 어려워 미국 국민 여론에 호소하겠다고 작정하고는 미국을 방문하여 많은 노력 끝에 유엔 감시하에 남북 총선거를 실시하도록 외교를 펼쳤다.[7] (이영훈 외, 2019. 『1948』. 81~88)

이에 북한에서는 지령에 내려 '대구폭동', '제주4 · 3폭동'을 일으켜 치안을 어지럽히고 사회불안을 조성하여 UN감시하의 남한 선거가 치러지지 못하게 책동했다.

이 때 김구[8], 김규식 등이 공산당의 앞잡이인 성시백에게 포섭되어 민족 단일정부 수립을 내세우며 남북연석회의에 참석하고 김일성을 만난 것이 문제였다 '노동신문'은 김구가 한말이라며 거짓 보도했다.[9] (이영훈 외, 2019. 『1948』. 99~101)

---

7) 미국무부는 좌익세력 김규식과 여운형을 앞세워 좌우합작을 꾀했다. 이승만은 좌우합작을 지지하는 하지장군을 피해서 미국의 주도층과 언론에 올바른 방안을 호소키 위해 미국에 갔다.
워싱턴에 도착하여 전략위원회를 꾸렸다. 존 스케거스(법률가), 제롬 윌리어스(언론인), 굿펠로우(OSS책임자), 우돌 대령(사법관), 브라운해리스(상원 목사), 임영신, 임병직 등이었다. 전략위원회는 남한에 과도정부 수립, 남한만 총선거, 유엔 가입 등 6개항 건의서를 미 국무성에 제출했다.
건의서를 받은 국무부는 이승만 지지하는 힐드링이 큰 역할을 했다. 힐드링은 북한의 50만 군대 편성을 폭로하여 미국을 놀라게 했다. 결국 1947년 11월 14일 유엔 총회에서 남북한 총선거 결의안을 43:0으로 가결했다. 즉 이승만은 미국을 움직인 후 유엔 총회를 움직였다

8) '김구는 세계적으로 유명한 정치적 암살자'(리차드로빈슨,정미옥옮김,1988.『미국의 배반』115)라 했다. 김구는 1945년 9월 '조선인민공화국 부주석 자리'에 오른 여운형을 암살했다.
이어서 '좌우합작이야말로 공산화의 지름길'이라고 간주한 장덕수 그리고 김구 본인의 참모장인 안중근의 동생 '안공근을 이용후 피살'하는 등등 엄청난 테러를 행했다. 이들은 한독당과 김구 계열에 의해 암살을 당했다.
즉 김구는 종북주사파가 만들어낸 역사적 허구를 믿고 한국인들의 무지함을 조롱하는 우상에 속았다(정안기, 2024. 『테러리스트 김구』.333, 376, 416, 428)

9) "(김구는 김일성에게) 장군님께서는 짐작하시겠지만 저는 지금까지 공산주의자들을 적대시해 온 사람입니다. 장군님, 지난 기간 저의 처사를 노여워하지 말아주시기 바랍니다. ……이제는 장군님을 받들어 일하겠습니다."라고 굳게 맹세했다.

이런 왜곡 보도를 보고서 김구, 김규식 등은 좌우합작左右合作(민주주의와 공산주의의 합작)이란 허울 좋은 슬로건을 내세우는 김일성의 의도를 정말 몰랐는지 또 동구유럽의 '좌우합작'이란 공산화 과정도 몰랐는지 심히 궁금하다.

해방에서 대한민국 건국까지의 3년, 격렬한 정치적 진통이 이어졌다. 해방의 감격에 뒤이은 소박한 민족주의적 열망이 높았던 때였다. 어떻든 남북 단일 정부를 세워야 한다는 분위기였는데 그 앞에는 우리 민족이 어떤 체제의 어떤 나라를 세울 것인가?(이강호, 2020.『박정희가 옳았다 2』, 120~121) 즉 공산주의와 민주주의의 선택의 문제가 있었다.그것은 아무래도 좋고, 편한대로 선택하는 것이 아닌 운명을 건 선택이었다. 건국전쟁 영화에서도 나왔지만 역사가 그것을 증명하듯이 공산주의를 택한 북한은 현재 굶어죽는 최빈국最貧國(최고의 가난한 나라)이 되었고 자유민주주의를 택한 남한은 유례없는 번영의 길로 나아갔다.

현대에 많은 학생들은 김구선생 중심으로 통일되었어야 할 나라가 이승만과 미국이 짜고 남한만의 단독정부를 수립했기 때문에 통일이 안 되고 한반도에 두 개의 분단국가가 세워졌다고 믿는다.

이승만이 '미 앞잡이'라는 좌파의 역사 날조를 믿는 것이다.[10)]

1945년 해방 후 3년간만 해도 좌익도 자연스런 존재였고 미군정 당국까지 나서 '좌우합작'을 권했다. 어떻든 한 민족인 만큼 분단을 막아야 한다는 논리도 설득력이 있었다. 공산당은 늘 듣기좋

---

10) 미국은 미국의 말을 듣지않는 이승만을 에버레디 작전으로 제거하려 했는데도 늘 거짓을 꾀하는 북한과 좌익 계열들은 이승만을 '미 앞잡이'로 날조했다.

은 말로 좌우가 합작해서 평화롭게 잘지내자고 한 후 합해진 후에 우파의 수뇌부를 암살하는 방식으로 동구유럽 등을 공산화했다.

좌우합작을 온 몸으로 막아 자유대한민국을 건국한 것이 이승만이다. 참으로 힘든 것은 공산당과의 싸움이었다. 이처럼 좌우합작을 내세우고 평화를 앞세워 파고드는 것은 레닌 이래 공산세력의 기본책략이었다. 그들은 자신들이 힘이 있을 때는 무력을 행사하지만 그게 여의치 않다고 판단될 때는 평화를 앞세워 정치공세를 펼치곤 했다.

1946년 2월 북조선 인민위원회를 만들었는데 남한은 준비가 없었다. 그래서 이승만은 미국으로 건너가 전략위원회를 꾸리고 미국무부를 통해 유엔에 건의했다. 그래서 UN결의안 내용은 한국정부를 수립할 수 있도록 총선거를 실시한다는 것이다.

남녀 모두 평등하게 투표
1948년 5·10 총선에서 유권자들이 투표하고 있다. 획기적인 사건이었다.

그러나 1948. 즉 5·10 총선거를 반대하는 남로당은 제주도에서 12개 지서를 동시에 공격하는 4·3폭동을 일으켰는데 정부는 어렵게 진압하면서 공산당과 양민良民(어질 량, 백성 민–선량한 배성)의 구분이 잘 안돼 양민까지 피해를 입었다. 좌익세력은 제주 4·3폭동의 원인·발단을 말하지 않는다. 또 폭동을 제압했던 경찰의 희생과 군인의 피해도 말하지 않는다. 문재인 정부 때는 제주4.3희생자에 대한 보상금 지급 기준을 담은 제주4.3특별법 개정에 따른 시행령이 국무회의를 통과함에 따라, 본격적인 보상금 지급이 시작되었다. 제주4.3특별법에서 '공산폭동과 반란'의 4.3사건을 '공산폭동과 반란'이란 말은 없애고 '소요사태와 무력충돌'이라 정의하여 대한민국의 정체성을 허물어 버렸다. 윤석열 정부에서는 4.3희생자의 대를 잇는 '사후양자제도'에 보상금까지 지급하고 있다.[11)]

해방 후 어려운 과정을 거쳐 이승만은 공산주의를 어렵게 따돌리고, 1948. 8. 15. 자유민주주의와 시장경제를 지향하는 대한민국을 건국했다. 대한민국은 왕조체제와는 다른 근대 국민국가의 탄생이었으며 한국인은 그리하여 오랜 역사 이래 처음으로 신민臣民(왕 통치하의 백성)이 아닌 민주주의의 국민으로 살아가게 되었다. 즉 왕조시대의 백성이 당당한 권리를 가진 국민으로 변화되었다.

따지고 보면 당시 자유민주주의가 무엇인지 정확히 알고 있었던 사람은 사실 건국 대통령 이승만 뿐이었다 해도 과언이 아니다. (이강호, 2020.『박정희가 옳았다』 20~21)

---

11) 비슷한 예로 탈북인에게 안대를 씌워 판문점으로 강제 북송한 문정부도 북한의 입장, 즉 북한 편을 들어주고 생각해서 보낸 일이므로 같은 맥락이다. 문재인이 인권 변호사라는데 그는 탈북인의 인권은 말하지 않는다. 윤 정부는 이런 문재인을 처벌하지 않고 있다.

어떻든 이승만은 대한민국을 어렵게 건국했으며 이승만 한 사람이 없었다면 현재의 한국은 없다.[12)]

1950년에 우리나라는 또 크나큰 시련의 6.25를 맞이했다.

김일성은 남침을 위해 1949. 2월부터 1950.6.10.까지 모스크바의 스탈린을 네 차례 방문하여 남침계획을 도와 달라고 사정하여 허락을 받았던 것이다. 6.25 직전 전투 정보과장 박정희는 남침 징후를 감지해 상부에 보고했으나 묵살당했다.[13)] 1949년 말의 정보국 작전판단서는 귀순자 제보에 의해 정확히 적중하였다. 육군 수뇌부에 누차 보고했으나 이 판단서를 정부당국도, 미고문단 누구도 믿지 않으려 했다.(한수홍, 2008.『박정희 평전』.113)

결국 북한의 갑작스런 6월 25일 새벽4시 남침으로 이승만은 맥아더 장군에게 전화을 걸며 적극 미국 참전을 주장하여 여러경로를 걸쳐 결국 유엔군까지 참여하게 되었다.

---

12) 로버트 올리버는 『이승만이 없었다면 대한민국은 없다』(올리버 저, 박일영 역, 2024. 『이승만 없었다면 대한민국 없다』)라는 그의 저서에서 한미관계, 독립운동, 건국과정 등에서 편지 주고 받은 것 등 내용의 검증으로 578쪽을 기술했다. 어느 외국인이 한국인을 위해 혹은 반대로 이렇게 헌신을 주고 받은 경우가 또 있을까? '인간 이승만 그는 누구인가?'를 생각않을 수 없다. 많은 미국인 친구들! 맥아더, 밴플리트장군,올리버, 해리스목사, 윌슨대통령, 미 본토에서 장례식에 달려간 보스워, 스승 아펜젤러, 이승만 대통령으로부터 초청받아 오던중 사망한 헐버트 등등등. 이승만의 인간적 매력이 정말 무엇이기에 그토록 많은 미국 사람들이 그를 사랑했나? 궁금하다. 그를 미워하는 한국인은 너무 많은데...?
대한민국 정부수립 후 이승만은 친구이자 월급없는 비서인 로버트 올리버에게 보낸 편지에 "서신과 문서 등을 잘 다룰 수 있는 그런 사람이 필요하오.----" 그러면서 이어, 정부 안의 인재공급원 자체에 한계가 있음을 전한다. 일할 사람은 친일분자가 아니었던 사람이 하나도 없었던 것이다.

13) 당시 정황에 대한 박정희의 기록이다. '우리는 남침 징후를 6개월 전에 예측했다. 1949년 말 정보국 작전판단서를 전쟁 발발 후 포로와 적문서, 귀순자에 말에의해 정확하게 적중했다. 무능과 무관심이 가져온 재산, 인명, 문화재 피해가.....'(김용삼, 2020. 『대한민국 근대화 대통령 박정희 혁명 1』.113)

비행장에서 이승만 박사가 맥아더(MacArthur) 장군을 반갑게 맞이하고 있다. 이승만 박사 왼쪽이 프란체스카 여사, 맥아더 장군의 오른쪽이 하지(Hodge) 장군

인천상륙작전 중인 맥아더 장군(가운데)

강에서 돌을 건져 올리는 미군 공병부대(1950. 7. 24)

낙동강 이남의 영남지역을 남기고 국토의 대부분이 점령되었다.

얼어붙은 압록강을 건너 남하하는 중공군.1950년 10월 19일

동부전선을 시찰하는 도중 지프에 올라 즉석연설로 장병들을 격려하는 이승만 대통령 1951년1월12일

흥남에서 피난민들이 부두를 메우고 있다 피난 길에서 주운 미군철모를 쓴 사람도 보인다 이들은항구에 정박하고 있는화물선 빅토리아호에 승선할 차례를기다리는 사람들이다. 사진을 촬영한 데이비드 더글라스 덩컨은 모든 사람의 얼굴에 빨리 빠져나가고 싶다는 표정이 역력했다고 썼다. 1951년 1월 14일.

마지막으로 석방된 반공포로들이 이승만의 초상화를 들고 행진했다. 이승만은 휴전협상이 막바지에 이르자 6월 18일 2만 7천 여명의 반공포로를 전격석방했다. 1954년1월

어린이들의 야외 수업

남한은 준비도 없이 서울을 3일만에 빼앗기고 한강다리도 폭파되었다.[14] 결국 경상도까지 밀려가서 낙동강 부근만 남았다. 맥아더 장군의 인천상륙작전이 성공하여 UN군과 국군은 합세하였지만 낙동강 방어선까지 밀렸다.

낙동강 이곳에서 군인, 경찰, 학도병들이 수많은 인명피해를 당하고 UN 장군들과 병사들도 죽음을 무릅쓰고 북한군의 집중공격을 막아냈다. 그리고 백선엽 장군이 이끄는 국군과 경찰, 학도병과 미군이 다수인 UN군의 경북 칠곡군 다부동 전투는 값진 승리로 북으로 진격했다.(1950. 8.1.부터 55일간 전투에서 백선엽 장군은 "내가 후퇴하는 모습을 보이거든 나를 쏘아라"라고 강한 의지와 리더쉽을 보임)

유엔군[15]과 국군은 압록강까지 진격하여 통일을 앞두었지만 중공군의 참여로 지금의 휴전선이 형성되었다. 전사, 부상, 실종, 포로 등 인명 피해는 한국군621,479 유엔군은 154,881명(미국인은 136,811명)(이중근, 2014.『6. 25전쟁 1129』. 407)

이승만 대통령은 6.25 휴전을 계획하는 유엔, 중공, 북한에 맞서 세계가 경악한 반공포로석방까지 감행하며 한 · 미방위조약까지 이끌었다.[16]

---

14) 〈건국전쟁〉 영화에서 나오는 장면으로 한강 다리는 전쟁 중 작전상 파괴되었다.

15) 참전 16개국 - 미국, 영국, 에티오피아, 그리스, 프랑스, 벨기에와 룩셈부르크, 네델란드, 튀르키예, 필리핀, 태국, 오스트레일리아, 뉴질랜드. 캐나다, 콜롬비아, 의료지원국 6개국 - 스웨덴, 인디아, 덴마크, 노르웨이, 이탈리아, 독일(황인희, 2022.『감사합니다. 잊지않겠습니다』 295~319)

16) 이승만 대통령은 그를 제거하려는 에버레디 작전 등으로 미국과 곤욕을 치뤘지만 국무부를 비롯 장군들도 이승만에게 호의적이고 반공애국의 지도력에 감동을 받았다. 그래서 미국은 1954. 7. 26 부터 8. 13까지 공식 초청했다. 이승만은 외국 원수로는 최초로 뉴욕에서 '영웅행진'도 했다. 아래 내용은 이승만 대통령이 귀국 후 3개월 후 방미내용을 설명한 요지다.
1953.7.27.한미방위조약은 협상 시작부터 무려 1년 반, 한미조약을 서명, 비준하고서도 10개월이 걸린 지루한 싸움이었다, 무엇보다 앞으로 한국에서 전쟁이 나면 미국이 즉시

이승만은 남북통일을 위해 휴전을 완강히 거부하므로 미국은 이승만 정권을 붕괴하기 위하여 에버레디 작전을 수립하기도 했다.(홍석률 외 4인, 2002.『박정희시대 연구』 27~28)

한미상호조약이 없었다면 한국은 지금까지 공산주의 북조선으로부터 6.25 이상가는 침략을 또 받았을 것이다. 더구나 핵도 없는 한국은 힘에 밀리고 국내 주사파主思派(임금 주, 생각하다 사, 물갈래질 파–김일성을 임금으로 모시는 파들)에도 계속 밀리고 있다(대표적인 예는 주사파 임종석은 문재인 대통령의 비서실장을 했다.)

1953년 7월 27일 정전협정이 이루어지기 전 1952년 5월 부산임시정부에서는 미국은 한국의 대통령 8월의 대선을 맞아 휴전을

참전하는 내용을 늦게서야 넣어 1954.10.1. 공식 체결되었다 강대국을 설득하는데 얼마나 공을 드렸던가. 군사 경제 원조 많이 받아내기 씨름으로 7억 달러와 10개 예비사단 추가 신설과 군함 79척, 100대의 전투기를 제공한다는 결과를 받아냈다. 이 의사합의록 체결로 육·해·공 72만의 상비군을 갖추게 되었다.
단번에 7억 달러였지만 3년 연차적 제공하는 금액은 10억 8,400만 달러였다. 박정희가 일본 청구권으로 받은 것은 5억 달러(차관 포함 8억달러)보다 많았다. 이런 막대한 원조의 대가로 이승만이 미국에 준 것은 문서 한 줄, "미국이 한국 방위를 책임지는 동안 한국은 유엔군 사령부에 이양한 작전 지휘권을 환수하지 않는다"는 것 뿐이었다.

외국 원수 최초로 뉴욕 영웅 퍼레이드에서 오픈 카에 쏟아지는 꽃가루를 맞으며 모자를 흔들어 답례하는 이승만 대통령.(이현표 [워싱턴의 겁쟁이들]에서)

'건국전쟁'에 담긴 이승만 전 대통령 1954년 미국 뉴욕 카퍼레이드 장면. '영웅 행진'은 뉴욕시에서 더글러스 맥아더 등 역사적 공헌을 남긴 인사들에 한해서만 개최됐다.(관객 24만명 돌파)

그 전해 한미 방위조약 체결 때 미국에 준 것도 한마디 약속을 적은 메모한장이었다. "한국은 휴전을 반대하지만 방해하지는 않는다"(인보길, 2020.『이승만 현대사 위대한 3년,1952-1954』.111~149)
그래서 한미방위조약 후 70년의 세월이 흐르는 동안 북한의 큰 남침은 없었다. 누가 이 평화를 깨려하는가 좌익세력 문재인대통령과 민주당은 북한 김정은과 똑같이 평화를 맺자고 외친다. 거기에다 미군철수까지 주장하고 있다.

반대하는 이승만대통령을 교체하기 위하여 압박했다.

이승만은 보좌관 올리버에게 말했다. "대통령 선거제는 직선제로 바꿔야 하오. 내각책임제는 정부 요직 자리를 나눠먹으려 하는 것이니 이것만은 내가 대통령 떠나기 전에 개헌을 해서라도[17] 꼭

---

17) 이승만은 1948년 대한민국 건국 때 한민당의 김성수,유진오 등의 내각제 헌법 초안에 "너희들 마음대로 해라, 난 대통령 안한다" 하니 그들은 대통령간선제를 마련하여 대통령을 국회에서 선출하도록 했다. 한민당엔 이승만과 같은 걸출한 인물이 없으므로 이승만이 대통령을 하면 다수당에서 총리가 나오는 내각제로 하여 정권을 마음대로 하겠다는 것이었다. 총리 지지율이 떨어지면 총리는 6개월도 안돼 총리 바꾸는 일이 벌어지고 어수선한 나라가 되는 것이다.
대토지를 소유한 의원이 다수인 한민당은 토지개혁도 반대했는데 1952년 6.25전쟁 와중에 대통령이 안되면 총리라도 하려고 내각제를 원했다. 이승만은 외쳤다. "나는 자리만 찾는 저들을 보았노라, 국가 개혁을 반대하는 국가의 적을 보았노라. 저들은 한민당에서 총리나오게 하려는데 난 자유당을 만들겠다. 국민여러분 이 전쟁 중에 내각제 하잡니다. 우리는 전쟁중이고 공산국과 대치하기 위해 한민방위조약도 맺어야 하는데 한국은 강력한 대통령 중심제 해야 합니다." 의원이 많은 다수당에서 총리가 나오는 내각제의 권력쟁탈전 속에서 총리 지지율이 떨어지면 6개월 만에도 총리가 교체될 수도 있습니다. 1952년 전쟁 중에 내각제를 말하는 이들은 반국가 세력이다.
이승만은 제 정신인가? 내각제 대신 대통령직선제 헌법이 그토록 필요하다면 진짜 독재자처럼 국회를 폐쇄하고 새 헌법을 공포해버리면 될텐데 전쟁 중이니 핑겟거리가 얼마나 좋은가?
(자리 나눠먹는 내각제는 1952년 지나 1960년 4.19 후에도 내각제로 바꿔 민주당에서 장면 총리가 나왔다. 여기서 윤보선대통령파니 장면총리파니 하면서 연약한 내각제로 부패통치하더니 5.16을 맞이하고야 말았다. 박정희는 다시 대통령 중심제로 바꾸었다.
그러나 요즘은 자유시장 경제로 중국과 북한 공산당과 싸울 확실한 통치가 필요한데 반국가 세력인 ①민주당과 국힘당의 친중의원들 ②부정개표한 선관위 ③윤 대통령을 8:0으로 불법 탄핵한 좌파사법카르텔 ④민노총 ⑤좌파언론이 문제다. 또한 내각제를 하자는 사람도 반국가 세력이다. 현대 대한민국을 인정않는 문재인대통령의 강력한 반국가 세력의 통치로 탈원전까지 하고 탈북인은 안대씌워 북으로 보내니 이런 친공산 세력 아닌 친 자유민주세력이 대통령을 해야 대통령중심제의 의미가 있는 것이다.
영국도 내각책임제로 내부 공산 사회주의와 무슬림과 경쟁하니 계속 총리를 바꾸니 약하디 약한 나라가 되고 있다.)
이승만은 전쟁 중에도 독재 하지 않았다. 역사상 많은 독재자들과 다른 방식인데 첫 번째 개헌인 소위 〈〈'부산 정치 파동'〉〉이 시작되었다.(전인권, 2006. 『박정희 평전』.138) 즉 대통령 직선제와 내각책임제를 발췌하여 만든 〈발췌개헌안〉이 통과된 것이다.
1952년 5월 24일 금정산 공산당 공비 사태가 벌어졌기에 계엄령을 선포하였고, 국제공산당 사건으로 몇 의원은 기소되었다.

이루어야 하오."

이승만은 유엔군이 휴전하자는데 북진통일을 외치고, 반공포로 석방하니 미국과 싸우고 직선제 개헌에 미치고, 공산군과 싸웠다. 지금 80을 바라보는 노老 대통령이 홀로 이겨낼 수 있을까?

미국은 휴전을 반대하는 이승만을 에버레디 작전으로 제거하려 했다. 미국 사령관 밴플리트는 미군 정부에 지침에 따라 이승만 견제에 나서기는 하나 이승만의 놀랄만한 전략과 투철한 반공 애국의 통일 신념에 감복한지 오래다. 유엔 사령관 클라크도 이승만의 요구에 순응하며 워싱톤의 이승만 제거 등의 강경 주문시 일본으로 출장을 갔다.

밴플리트가 혼자 이승만을 찾아왔다. "각하! 클라크와 나는 각하와 의견 차이가 없습니다. …중략…" 두 사람은 헤어질 때 다정한 포옹을 나누었다.

무초 대사도 본국에 '정치적으로 이승만을 대신할 사람이 없습니다'라고 의견을 냈다. 미국에서 절충안이 승리를 얻어 발췌개헌안이 힘을 얻게 되었다.

한편 6월 25일, 이승만 암살 미수사건이 일어났기에 6월 30일에는 민중자결단이 국회의사당을 포위하고 80여명의 국회의원을 연금하는 일이 벌어지기도 하였다. 결국 대통령 직선제의 정부안에 내각책임제의 골자를 발췌하여 직선제에 넣어 타협안인 발췌개헌안을 마련했다. 내각제 찬성자도 발췌개헌안 찬성으로 돌아섰기에 7월 4일, 제헌국회 때부터 조항마다 기립하는 방식으로 투표하여 기권 3표 외에 모두 찬성으로 발췌개헌안이 통과되었다.

한달 후 8월에 대통령직선제선거로 72% 지지로 대통령 이승만이 탄생했다. 그러나 언론은 독재자로 기사를 냈다. 이승만은 "내가 독재자라고 허허허! "웃을 따름이었다.

이승만 후보가 부산에 도착한 날 동별로 운집해 3선을 지지하는 부산시민들.
1956년 3월 19일

두 번째 개헌으로 이른바 《사사오입 개헌이다.》 마지막 혁명은 자유시장경제 헌법 제정과 초대 대통령의 전쟁 중 위기 타파해 온 위대한 영도를 위해 그 분을 다시 대통령으로 원한다면 중임제한을 철폐한다는 내용이 있다. 여기서 마지막 조항의 중임제한 철폐에 반대가 많았다.

 유엔 총회에서 변영태 총리는 이렇게 말했다. 대한민국은 이승만 대통령이 계속 집권해서 공산세력과 대처해야 하고 거인 이승만이 은퇴하면 공산주의를 숨긴 좌의 후보가 나올 수 있다. 경제 조항을 개헌하고 이승만의 임기를 풀어 경제부흥과 자유통상, 무역입국으로 나아가야 한다.

우여곡절 끝에 결국 1954년 11월 27일 개헌안이 비밀투표에 붙여졌는데 찬성 135표 반대 60표였다. 개헌선은 203명의 2/3로 136명이므로 부결을 선언한 후 다음 날 국무회의에서 대책을 논의한 뒤 공보처장이 반대표도 60명이라서 1/3인 67.666명이 안되어 반대 찬성 모두 모자르나 찬성이 135.333이 개헌안에 더 가까워 인체는 나눌 수 없어 사사오입한다는 것으로 수정통과되었다. 이것이 이른바 사사오입 개헌이다. 사사오입 개헌은 뒤처리가 깔끔하지 못했지만 차후 이승만 대통령이 당선되지 않았다면 미국의 원조 등 전후 처리가 제대로 처리되지 못했을 것이다.

다. 4.19 전 · 후 국내 환경

해방 이후 국가 시스템은 어느 정도 갖추고 경제 발전의 토대도 이루었지만 이승만 정부의 자유당은 말기에 대통령이 아닌 부통령 부정선거로 얼룩졌기에 4·19는 발생했고 이승만대통령은 4·19의거 데모로 인해 다친 학생들을 방문했다. 그는 "나는 불의에 일어서는 젊은이를 얻었다"라며 용기있는 학생들을 칭찬하며 하야했다. 독재자가 데모 학생을 칭찬한 경우가 지구상에 존재하는가?.

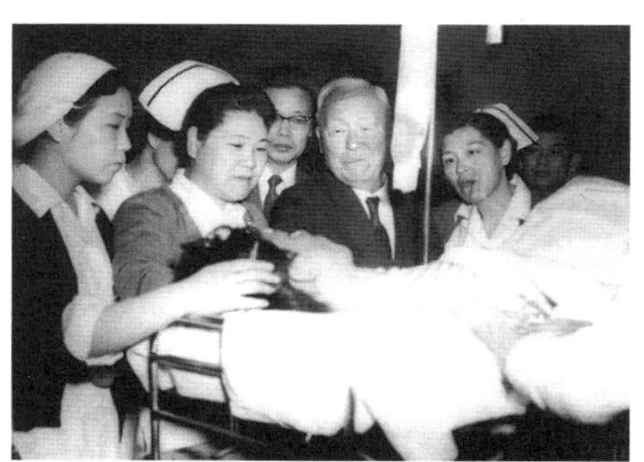

4·19 부상자를 위문하는 이승만 대통령. 1960년 4월 23일

그 직후에 권력을 잡은 민주당 정권은 무능했다. 4·19후 1961년 2월 8일 한미경제협정을 체결하니 교수, 학생, 언론은 경제가 미국에 종속된다고 하면서 반미운동을 일으키고 "양키 고우 홈"(미군철수)를 외쳤다.

선거 때 표를 매수하고 부정축재자의 처벌은 정치자금의 수탈이 되었고 집권 몇 개월 사이에 정부나 국회에 부정 인사 건수가 2천여 건에 달했다.(전대열, 2014. 『박정희의 기업가적 국가경영과 위기관리 리더쉽』. 249) 부정척결은 기본이지만 정치의 첫째는 국민을 먹이는 것이고, 살려야 정치가 있고, 문화에 대한 여유가 있을 것이다.(박정희, 2005. 『하면된다! 떨쳐 일어나자』 396)

대학교수들을 비롯한 지식인들도 길거리로 쏟아져 나와 부정선거 규탄 데모를 벌렸다. 1960년 4월

민주당의 장면 정권은 미국의 달러를 받어다 경제를 살리려고 했으나 부정부패가 만연했고 학생들은 민족 자주통일을 거론하며 '가자 북으로 오라 남으로'라는 허황된 구호를 외쳤다.(이상우, 2012, 『박정희 시대』, 중원문화,19) 경제도 어려운데 전국이 데모천국이 되어갔다. 1961년 3월 18일 대규모 시위를 벌이고 존재했던 보안법까지 문제 삼으며 드디어 남북회담에서 시작해 미군철수를 외치다가 드디어 허황된 통일론이 난무하더니 횃불시위에 '김일성 만세'와 적기가赤旗歌(붉은 공산당의 기를 찬양하는 노래)까지 울려퍼졌다.[18]

미군철수는 그 때나 지금이나 좌익의 단골메뉴이다. 미군이 철수하는 즉시 북한 침공은 뻔한 것인데 알면서 철수를 주장하는 그들은 공산주의를 더 좋아하는 것일까? 정말 궁금하다.

---

18) 지금의 한국 상황과 동일- 2020년 박원순 서울시장은 '김일성 만세'를 서울에서 외치는 것도 표현의 자유라고 했다. 적군 찬양은 보안법에 위반이나 구속하지 않았다. 또한 좌익세력 이석기 의원은 북한의 대남 혁명론에 동조하면서 한국 체제를 전복하기 위해 전기시설, 방송국 등 국가주요시설 파괴를 모의했다. 2021년에 서울에서 좌익세력은 이석기 내란 음모자를 석방하라고 데모하였음.

4.19 당시 젊은 학생들은 대통령으로서의 이승만은 알지만 그 분이 독립운동과 건국을 위해, 한국전쟁과 휴전과 한미방위동맹을 위해 어떻게 기여했는가를 바로 알고 있는 사람들은 거의 없었다.(다행히 2023년 이승만 건국대통령 탄신 148주년에는 4.19데모에 참여했던 학생들이 화해의 의미에서 참여하기도 했다.)

이런 통일론에 장면 정권은 늦게나마 '데모규제법'과 '반공임시특별법'을 제정해 공산 혁명적 발전을 차단하려 했으나 30여개 단체들은 거세게 반발했다. 이 때 장면 총리는 비로서 중대한 발언을 하는데 "공산주의보다는 차라리 분단을 택한다(1961.4.20.)"는 것이었다.

당시 4 · 19 1주년을 기념해 한국일보가 기획한 기사 '4 · 19 이전과 이후'라는 제목에 4 · 19이전에 '자유가 아니면 죽음을 달라'고 외치던 사람들이 헐벗고 굶주린 몸을 이끌고 4 · 19 이후에는 '직장을 달라 빵을 달라'고 소리치고 있다는 기사를 올렸다. 자유와 빵 중에서 어느 것이 더 소중했을까? 자유인가? 배고픔이 더 급박한가? 박정희장군은 국민을 배불리 먹이는 것이 근대화라 했다.(김용삼, 2020.『대한민국 근대화 대통령 박정희 혁명 2』 28)

이럴 즈음 박정희의 생각은 어떠했나? 박정희는 국제신보 이병주 주필과 부산일보 황영주와도 자주 어울렸다. 그런 자리에서 박정희는 술자리에 앉기만 하면 하는 말이 있었다.[19]

---

19) "이 주필, 나라가 이래 갖고 되겠소?" 그런데 이것은 묻는 말이 아니고 자기의 자세를 다지는 일종의 제스처란 것을 알 수가 있었다. 황용주에게 대한 첫 말은 "어때, 부인 잘 계시나"였다. 이렇게 한 마디 해놓고는 별반 말이 없다. 묵묵히 잔을 비우고 있는 사이사이에 "부정 선거를 하느니 차라리 선거를 하지 말지."
그러곤 잠깐 말을 끊었다가, "이놈 저놈 모두 썩어빠졌어"하고 혀를 찼다. 그러다가 뜬금없는 말이 튀어나온다. "학생이면 데모를 해야지. 이왕 할 바엔 열심히 해야지."
박정희 소장은 대개 묵묵했지만 입을 열었다 하면 나라 걱정이고 민족 걱정이었다. 그는 공기를 호흡하고 있는 것이 아니라 애국애족을 호흡하고 있었다.(조갑제, 2011.『한강의 새벽 박정희 소장은 왜 일어났는가?』 59~60)

4 · 19 이후 통일 논의의 배경에는 4 · 19 이후 느슨해진 상황을 이용하여 공산주의자들은 다시 고개를 들기 시작했고 좌익 세력은 6 · 25를 거치며 한반도의 남쪽 대한민국에서는 일단 몰락했었다. 하지만 그럼에도 잔존 세력들은 남아 있었고 대학가를 비롯한 지식계층에는 좌익적 생각에 감염되기 쉬운 풍조가 만연했다.[20)]

2018.11.26일 오후 서울 광화문광장에서 열린 위인맞이 환영단 발족 기자회견에서 참가자들이 발언하고 있다.(2018.11.27. 09:31연합뉴스)

적신호는 좌파성향만 문제가 있는 것이 아니었다. 남한에 대한 북한의 간첩 침투 활동이 눈에 띄게 증가하고 있었다. 점점 증가하여 1960년 한 해 침투 간첩이 100명 넘게 체포되었고 소위 통일운동을 한다는 인사들이 월북을 시도하는 일도 발생하기도 했다.

사회는 극도로 혼란해 5.16 혁명 2주전 5.3일 한국일보의 사설을 보자.

---

20) 요즘 풍조도 비슷한데 2018,2021년에도 서울에 김정은 위인맞이 환영단이 등장하고 1968년 12월 이승복이 "나는 공산당이 싫어요"의 반대 외침인 '나는 공산당이 좋아요'라는 현수막이 광화문에 등장했다. 보안법 위반이지만 문재인 정부는 처벌하지 않았다. 보안법은 일반국민에게 전혀 불편함을 주지않지만 좌익세력에게는 늘 괴로운 법이다.

거리는 실직자와 거지…(중략)궁핍과 고통 받고 물가는 오르기만 하고 공장은 폐쇄…(중략) 강도 절도는 날뛰고 치안 능력은 무기력하고 파벌 대립도 표면화되며 국민은 모두 불평과 비탄에 잠겨있다.(김충남(2006). 『대통령과 국가경영』 194~195)

그러므로 5 · 16혁명은 1960년의 4 · 19 혁명 후의 제2공화국, 즉 장면 정권의 혼란을 수습하고 질서와 안정을 가져오기 위한 것으로 여겨졌다. 그래서 5 · 16 직후에는 지식인과 학생들이 '군사혁명'을 옹호하는 듯한 움직임을 보였다. 부패와 무질서에 실망했다.(이강호, 2020. 『박정희가 옳았다』 53) 그것은 2공화국 장면 정권(내각책임제에서 대통령은 윤보선이며 실권을 쥐고 있는 국무총리는 장면)의 개혁이 전혀 이루어지지 않는 당시 상황에 대한 실망감이었다.

박정희 장군은 군사혁명 후 자신의 정치이념, 국가발전의 비젼과 전략에 대해 1961년에 『지도자의 도』, 1962년에 『우리 민족의 나아갈 길』, 1963년에『국가 혁명과 나』 등 세 권의 책을 자신의 이름으로 정리된 입장을 밝혔다.(김충남, 2006. 『대통령과 국가경영』 201) 2장 1, 에서 언급한대로 정말 놀라운 책으로 박 장군의 뜻대로 18년간 거의 실천했다. 박 장군이야말로 준비된 대통령이었다.

라. 5.16 군의 환경과 협력자들

군부 쿠데타가 한국 등 신생국가에서 발생하는 것은 한국처럼 현대화 된 조직이 군부였고 학력이 최고 높은 집단이 국군장교단이었다.(이춘근, 2022. 미국에 당당했던 대한민국의 대통령들, 179)

이럴 즈음 1961년 3월 초 국제협력단(ICA)한국지부는 한국을 병든 사회로 진단했다. 장면 정부의 무능과 부패를 통렬히 비판한 후 "이 정부가 4월을 넘기기 어려울 것"이라고 전망하고 "이 사태를 방관할 경우 한국에서 공산혁명이나 그와 비슷한 사태가 일어날지 모른다. 이를 막기 위해 미국정부는 하루 빨리 개입해야 한다."고 논평했다. 기타 주요 환경은 다음과 같다.

경북궁에서 혁명군 병사들과 악수하는 박정희 소장. 1962년 6월 22일

유엔 감시하에 남북 총선거 실시 결의 후 북한에서 남파한 빨치산은 시골 경찰 지서를 습격하고 남한의 좌익분자들은 소련의 지령에 따라 '대구폭동', '제주4 · 3폭동'을 일으켜 치안을 어지럽히고 총선을 방해했다.

1960년 3.15 부정선거 며칠 후인 3월 20일 박정희는 이종찬 장군에게 "혁명하여 위기에 처한 국가와 민족 구하는 데 있어 이종찬 장군을 최고지도자로 추대하고자 하니 허락해 달라"했으나 거절했다.

박정희는 군의 부정선거 관련 송요찬 장군에게 편지를 전달했는데 '책임을 지고 물러나라'는 내용에 송요찬은 화가 치밀었으나 어쩔 수 없었다.

송요찬은 박정희 장군이 5사단장 시절 폭설로 수십명의 부하를 잃은 사고를 당할 당시 박정희를 문책하는 대신 표창을 해준 은인이다. 하지만 박정희는 자신이 생각한 대의를 위해 사사로운 인연을 끊는 데 주저하지 않는 냉혹한 결단력의 소유자였다.(조우석, 2009. 『박정희 한국의 탄생』. 252)

혁명 모의를 한 박정희 소장 중심, 김종필 중령 중심, 이석제 중령 중심 등 4개 그룹이 있었는데 따로 모의를 계속하다가 1961년 3월을 전후해서 박정희 장군에 의해 하나로 통합되었다. 박정희 쿠데타 수장으로 추대된 이유는 박정희가 훌륭한 군인이자 지휘관이었고 그는 한국군에서 최고 인맥을 확보한 청렴 · 정직의 엘리트였다.

朝鮮日報

軍部 無血쿠데타 完全成功

革命委서 三權을 掌握

16日下午부터 正式視務

革命完遂에로 邁進

張中將 全國民에 協力呼訴

全閣僚들에 逮捕令

國會 地方議會 解散命令

張內閣의 總辭職

革命委員五名 判明

美態度 17日中에 闡明

15日價格을 維持

군부 무혈 쿠데타 완전성공, 제하의 5월 17일자〈조선일보〉 1면.

그리고 부패않고 청렴결백하여 5.16전 소장시절에 국방차관 방문시에는 일상적으로 이뤄지는 밴드 환영도 없었다. 선물로 준 것이라고는 담배 한 갑이었다. 또한 박정희 장군은 만주군관학교, 일본육사, 한국육사의 선후배간이나 동기 간에 신임이 두터웠다.

4.21에 미CIA도 쿠데타 발생 가능성이 확실하다며 주한미군도 '박정희가 좌익 관련 요시찰 인물'로 논의하며 보고했을 때 김점곤 장군은 "박정희 장군은 과거 공산당에 가입을 한 적이 있지만 지금까지 한 행동을 보라. 지금은 아니다"라고 설명했다.

하여튼 불과 3500명의 수개월 전부터 소문난 엉성한 쿠데타에 대책을 못세운 정부도 한심했고 김정렬 장군(후에 공군 창설)은 5.16 다음 날 유엔군의 매그루더 장군과 그린 대사를 만나 박정희 장군은 반공주의자라고 설명하며 진압을 반대했다.

박장군의 친구인 1군사령관 이한림 장군은 박정희에게 "너의 쿠데타를 묵인한다."고 했다.

이한림은 윤보선대통령의 '국군끼리 충돌은 피하라'는 친서를 받고 쿠데타 묵인의 전화를 했다.[21](김재홍. 2012. 누가 박정희를 용서했는가. 226~229)

박정희 장군이 혁명 주체세력 장교 29명이 총집결하여 앞에 나타난 것은 1961.4.7.이며 서울 명동 호텔 옥상에서 첫 상견례가 이루어질 때 박정희는 말했다.

"구국의 순간이 왔다. 지금이 나라를 구할 절호의 기회, 같이 살고 같이 죽자, 기회는 여러 번 오지 않는다."고 단결을 강조하였다.

이후 사회 곳곳에서 '조만간 군사혁명 일어날 것이다'라는 소문이 공공연하게 나돌았다.

---

21) 이대희(2024).『박정희대통령 이력서-세상은 내가 바꾼다. 5.16군사혁명』. 이대희는 이 책에서 결국 이한림은 혁명에 비협조적이어서 체포된 것으로 기술 됨.

| 박정희의 쿠데타에 협력자들 |

첫째, 장도영이다 그는 박정희를 사상적으로 신뢰하여 후원을 아끼지 않았고 신뢰하는 사이였다. 그래서 5월 16일 구국을 위해 궐기했다는 내용의 라디오 방송이 장도영 참모총장 명의로 발표될 수 있었다. 하지만 장도영은 쿠데타에 반대도 못하고 쿠데타를 척결도 못하면서 어정쩡하게 방관하며 혁명의 초기에 의장직 수락으로 협력했다.

둘째, 장면 총리이다. 내각책임제에서 대통령보다 실제 권한을 갖고있던 장면총리는 쿠데타가 발생하자 혜화동 수녀원에 54시간 숨어있었다. 장면은 그의 지시를 기다리던 사람들을 지치게 하고 내각 총사퇴를 함과 동시에 계엄령을 늦게 추인하며 군사혁명을 인정했다.

셋째, 윤보선이다. 그는 매그루더 미 사령관이 쿠데타 반란 진압명령을 내려달라고 하자 유혈충돌을 피해야 한다며 거절했다.

넷째, 모펫 미국인 신부와 군목軍牧(군사 군, 칠 목-군대에 속한 장교 목사)이다. 모펫은 군사혁명을 지지하고 워싱턴의 백악관에 전화를 걸어 한국의 실정을 설명하고 거사 참여 장군들을 칭찬했다. 그외 군목軍牧들의 5.16을 긍정하는 기도 내용이 5월 19일 경향신문 조간 기사에 실렸다.

마. 박정희의 분노

첫째, 박정희는 국민의 배고픔에 분노했다. 혁명공약의 '민생고를 해결'이 제일 급한 문제였다.

룻소가 『에밀』에서 '가난한 자는 교육이 필요없다'고 한 말과 관련성을 생각해본다. 박정희는 '가난은 스승이자 은인이다.' 라고 했다.(안병훈, 2004.『혁명아 박정희대통령의 생애』. 78) 그래서 밥에 한이 맺혀 있어서 가난을 이겨 낼 정책을 추진했던 것이 아닐까. 밥을 별로 굶어보지 않은 윤보선과 장면에 비하면 박정희는 가난에 대해 뼈저리게 느끼고 있었다. 이것이 박정희에게 추진력을 갖게 했을까?

둘째, 고통받는 민중을 내팽개친 채 탁상행정만 일삼고 있던 자들에 대한 분노였다.

1960년에 한국이 빈곤했던 이유는 '가난을 숙명'으로 받아들이고 '어떻게 가난에서 벗어날까'에 대해 대한민국 건국 전에 국가적 고민을 하지 않은 것이다.

바. 5 · 16 거사 巨事(큰 일)

1961년 5월 16일 시작된 쿠데타! 시동이 걸렸지만, 상황은 좋지 않았다. 성공하면 영웅이고 실패하면 반란군의 괴수이니 목숨을 내놓고 한 일이었다.

혁명군의 진주와 함께 박정희는 남산을 바라보는 순간 '지난 해 폭파된 이승만 동상을 생각하며 울컥했다. 건국아버지 국부, 입으로만 자유 민주를 외치던 자유당과 민주당의 타락! 당당한 대한민국을.....' 상념에 잠길 때 의아해 하는 참모의 '각하! '부름과 함께 거사 계획이 누설되었다는 보고가 속속 들어왔다.[22)]

---

22) 박정희의 집에는 헌병대 감시조가 따라붙었고 박정희가 치고 들어간 6사령부도 호랑이 굴이었다. 육군 참모총장이 비상을 걸어놓은 상황이었다. 박정희의 결심은 일단 호랑이 굴로 들어가는 쪽이었다. 삶과 죽음을 건 일대 승부인데 여기에서 물러설 수야 없지 않은가? 이를 악문 그가 사령부 참모장실에 들어서자마자 수십 명의 병력부터 눈에 들어왔다. 그들은 수갑과 포승도 준비하고 있었다.(이대희, 2024.『박정희대통령 이력서-세상은 내가 바꾼다. 5.16군사혁명』.242~245)

헌병대가 쏘아대는 총알이 한강 다리 철 교각에 부딪혀 공포스런 굉음을 내도 그는 부하들에게 전진, 돌파를 외쳤다.(김진, 1995.『청와대 비서실』중앙일보사. 184)

박정희는 말 했다

“여러분, 우리는 4, 19혁명 후 나라가 바로잡혀지기를 기다렸습니다. 그런데 이게 무슨 나라 꼴입니까? 국무총리를 포함해 장관들이 호텔방을 잡고 돈 보따리가 오가는 이권 운동에 여념이 없습니다. 자유당 정권을 능가하는 부패로 나라를 멸망의 구렁텅이로 밀어 넣고 있는 이 정권을 보다 못해 우리는 목숨을 걸고 궐기한 것입니다. 그러나 우리의 혁명은 피를 흘려서는 절대로 안 됩니다.”

박정희는 동지들도 이제부터 구국 혁명의 대열에 서서 각자 맡은 임무에 전력을 다해주기 바란다는 당부까지 하며 악수를 청하며 “혁명을 도와달라”고 할 때 정명환 중령은 “예, 돕겠습니다.” 라는 말이 절로 나왔다.(조갑제, 2011.『한강의 새벽 박정희 소장은 왜 일어났는가?』295)

뜻밖이었다. 총격전이 벌어질 수도 있는 분위기에서 박정희가 선택한 것은 즉석연설이었는데, 그게 5.16 명 장면의 하나다. 내용도 담대했다. 자기가 혁명군 지휘자인데, 진압군 측도 기꺼이 참여하라는 권유다. 그 숨 막히는 순간 진압군이 자기를 체포하려 한다면 권총부터 뽑으려 드는 게 군인의 본능인데, 일장 연설은 그걸 뛰어넘는 대담함이었다.

한강 다리를 거쳐 크고 작은 충돌을 거쳐(부상자 9명 발생) 남산에

KBS한국방송까지 도착하여 군사혁명 공약이 터져 나왔다.

"친애하는 애국 동포 여러분! 군부는 드디어 일제히 행동을 개시하여 3권을 장악하고 군부가 궐기했습니다."

놀라운 일은 박정희가 실제로 동원에 성공했던 병력은 3,500명이 전부였는데 너무나 적은 병력이 아닐 수 없다. 어떻게 그 정도의 인원으로 쿠데타가 성공했단 말인가?

비밀은 의외로 간단하다. (2장 1.다 참조) 많은 사람이 착각하듯 5.16은 골방에서 몇몇 사람이 추진했던 억지 음모가 아니었다. 작은 규모 병력과 어려운 담력으로 고비를 몇 차례 넘겼다지만, 그보다 중요한 원인은 군부대를 포함한 사회가 새로운 혁명적 기운을 요청하고 있었고, 박정희는 이미 군에서 신뢰도가 높았다. 쿠데타는 그런 목마름을 채워준 것이었다.

박정희는 깨끗한 군부 지도자로 떠올랐다. 쿠데타 앞에서 저항이 거의 없었던 것도 우연이 아니었다.

1961년 5월 16일 새벽 박정희 장군 지휘 아래 무능한 제2공화국을 무너뜨려 무혈혁명을 성공시키고 1961년 7월 3일 국가재건최고회의 의장에 취임하고 이렇게 언급했다.

"오늘 우리 주변이 정치, 경제, 사회, 문화, 모든 면에 걸쳐 '빈곤'이라는 먹구름 속에서 생기를 잃고 침체함은 부인할 수 없는 사실입니다."

5월 17일에 우유부단한 윤보선은 진압을 포기했고 5월 18일엔 전두환의 지휘로 육사 생도의 시가행진도 있었다.

1961-05-18 그날 오전에 동대문을 출발한 육사생도들의 혁명지지 행진 모습

육사 생도의 지지행보 이후 종로2가에 육군 장교단이 지나가고 그 후에 여고생들이 5.16 지지 표명.
이 시절만 해도 중고생들의 현실 참여가 높았다.

그래서 혁명공약을 통해 강력한 개혁을 단행하여 행정관리의 무사안일을 추방하고 사회 각층에 혁신에 전력을 기울였다.

물론 정치 초년생으로 경험 부족과 행정기술의 부족으로 얼마간 시행착오를 겪은 것에 대해 솔직히 시인하였다. 1962년 3월 대통령 권한을 대행하며 어려움에 봉착했다.

박정희는"내가 정권을 인수했을 때, 마치 불난, 도둑맞은 폐가를 인수하였구나. …초라한 초가집을 …미국의 원조가 52%이고 한국의 자체예산은 48%뿐이다. 내일이라도 미국의 원조가 없으면 …우리는 과연 독립된 자유, 민주주의 주권국가라고 자부할 수 있을 것인가? 하루라도 빨리 자주 경제를 확립하고…『국가와 혁명과 나』의 본문 내용이다. "고생하자. 10년만 참자! 이러고 나면 우리는 '라인강의 기적'도 부러울 것이 없다. 남이 다 이룩하는데 우리라고 못 할 까닭이 없는 것이 아닌가?"

『국가와 혁명과 나』에서 그는 가난이 스승이라 했고 소년 시절과 20여 년간의 군대 생활에서 본인은 자립에 가까운 생활을 배워왔다. 그것은 본인에 큰 도움이 되었다. 그 환경이 본인이 깨우쳐 준 바 많았고, 결의를 굳게 하여 주기도 하였다.

그러기 때문에 본인의 24시간은, '배고픔'이란 스승과 떠날 수가 없다. 그래서 혁명공약에 민생고民生苦(백성 민, 날 생, 쓸고–백성이 살아가기 힘든 괴로움:첫째 먹는 것) 해결'이 급선무라고 말한다. '소박하고, 근면하고, 정직하고, 성실한 서민사회가 바탕이 된, 자주 독립된 한국의 창건' 그것이 본인의 소망 전부라 했다.

가난의 시련은 언제 벗어날까? 한국인의 배고픔, 박정희의 배고픔은 절절했다. 이런 시절 1963년 7월 하순 국가재건최고회의 의장 박정희는 폭우가 쏟아지는 밤 0시에 상념에 잠겼다.

> '그때 나는 책상에 앉아 붓을 멈추고, 멍하니 비에 젖어가는 밤! 밖을 내다보고 있었다.' '문득 저 거리로 뛰어나가, 내 재주로 저 비를 막거나, 아니면 저 비 때문에 수없이 울고 있을 동포와 더불어 이 밤을 지새워 보고 싶은 격정을 느꼈다. 5천 년을 하루 같이 시달려 온, 이 피곤한 민족이 모처럼 일어서려는 비장한 마당에, 다시금 하늘은 장맛비로 시련을 내리다니…'

박정희는 1963년 8월 30일 육군 대장에서 예편하였다. 그는 전역식에서 "국가와 민족을 위한 일이라면 생명을 바치겠으며 군복을 벗어도 변함이 없을 것입니다."라고 천명했다.

박정희 의장은 1963년 10월 15일 대통령총선거에서 당선되어 제5대 대통령으로 취임하였다. 하늘은 시험을 주고 있었는데 그는 며칠 전 청와대에서 모 외국 인사를 접견하고 말했다.

> "이 나라의 야당들이 바란 것처럼, 내가 전역하지 않고 군에 복귀했다면 오늘 이 풍수해와 식량 걱정은 야당들이 할 뻔하였소, 국난을 당하여 도피할 수 없는 나의 결의가 오늘 이처럼 나를 괴롭히게 하였소. 본인은 지난 한동안 자연재해를 혼자 도맡았습니다. 그러나 조금도 낙망하지 아니하고 더욱 강해져 가고있습니다.…."

사. 5.16 혁명공약과 박정희의 꿈

5.16 혁명정신과 혁명 실천을 위한 노력은 혁명공약에서 나온다.

① 반공을 국시國是(국가의 시책)의 제일로 삼고

② 자유우방과의 유대를 공고히 하며

③ 사회의 부패와 구악을 일소하고 국민도의와 민족정기를 바로잡기 위해 참신한 기풍을 진작한다.

④ 민생고를 해결하고 국가 자주경제 재건에 총력을 기울인다.

⑤ 국토통일을 위하여 공산주의와 대결할 실력을 배양하고,

⑥ 위의 과업을 성취하기 위하여 몸과 마음을 바친다.

많은 정치인들이 말만 앞세우는데 박정희는①~⑥ 의 내용을 각고의 노력으로 반공부터 시작하여 거의 완수했다.

여기에 민간인 정부이양에 대한 문제가 있었다. 박정희는 군정 연장을 반대하는 미국의 요구를 받아들여 1963년 10월 15일 대통령 선거를 실시하기로 공표한다. 군정 세력은 민정 이양에 대비하여 신당을 만들어야 했다. 그 창당 자금을 조달하느라 이권에 개입하면서 새나라자동차 사건 등 4대 사건이 터졌다. 군사 정권에 대한 여론은 악화되어 야당 대통령 후보로 나선 윤보선은 박정희를 공격했다.(강준식, 2017.『대한민국의 대통령들』: 179)

외국기자들도 취재[23]에 열을 올렸다.

---

23) 미국 「헤럴드 트리뷴지」의 특파원 피터현의 회고다 "윤보선씨를 방문해 인터뷰했는데 앞으로 대통령에 당선되면 어떤 정책을 제시하겠냐고 했더니 '내가 미국에 가서 소매동냥을 해서라도 국민을 먹여 살리겠다'니 실망했다.
그런데 박정희 의장을 만났더니 숫자를 하나씩 제시하며 경제개발계획을 만들어 집행하겠다고 자신있게 경제정책을 설명하면서 여기에는 국민들의 땀과 노력, 여기에 인내심이 또 필요하다(63년 10월 13일 인천 마지막 유세)고 역설하더군."

공약에서 박정희 정신의 근원을 알아보면 일제 시대 대구사범학교, 만주군관학교, 일본 육군사관학교는 보통사람의 성적으로 아무나 갈 수 있는 학교가 아니었다.

즉 박정희는 일본은 물론 한국육사 미군교육 6개월까지 두루 섭렵한 투철한 군인정신의 소유자다. 따라서 국가에 대한 충성은 물론 예절과 상무정신, 신의를 지키고, 검소한 근검절약 정신이 몸에 배어 있는 것이 그의 생활이며 신조였다. 바로 이러한 군인정신이 국민운동과 새마을운동의 기본정신에 반영되어 있으리라 본다.

그는 문무를 겸한 남다른 경력과 능력을 갖추었으며, 비상한 기억력과 세계를 내다보는 넓은 식견과 판단력을 가지고 있었다. 또한 그는 계획적이고 조직적이며 강력한 통솔력과 추진력 그리고 리더십을 갖추었기에 혁명과업을 완수할 수 있었다.(박정희대통령 기념재단, 2018.『박정희 그리고 사람』 285)

박정희 대통령 권한대행의 비서실장을 지내던 이동원 의원은 박대통령과 술을 먹다가 그가 토해내는 탄식 섞인 말을 들었다.

"이 실장, 내 아무래도 혁명을 잘못한 것 같소, 멋진 나라 만들려는 꿈이 있어 혁명을 했는데…… 돈이 있어야 뭘 좀 하지. 맨 몸으로 뭘 하겠소."

박태준이 대령시절 박정희 장군으로부터 '경제구상'을 들었다는데

"나야 경제가 뭔지 잘 모르지만 일제 시대부터 관리했던 사람, 은행에서 부장했던 사람도 있고, 미국에서 경제공부하고 온 사람도 있잖아, 다 끌어모아 하면 돼."

경제구상은 없고 왕성한 혈기만 느껴진다.

충주비료공장을 시찰하는 박정희 의장. 1962. 7. 2

『국가혁명과 나』에서 박정희의 고백[24]을 보면 장차 정책의 기틀을 참작케 한다.

5 · 16 당시 한국 직업을 보면 농업 이외 대장간, 철물점, 정미소, 양조장 등 4대 직업군이 고작이었다. 농업국가로 주저앉았더라면 규모가 큰 4대 직업군과 유통업이 고만고만하게 커졌을 것이

24) 우리는 1946년에서 10년간 미국으로부터 받은 100억달러와 6.25때 받은 원조가 큰 힘이 되었다. 우리는 긴급 구제원조와 6.25전쟁 수행비 외에 35억 달러의 원조로 경제시설이 이루어진 것도 사실이다.(대일청구권이 차관 포함하여 8억 달러인 것과 규모의 비교가 됨)
그래서 우리는 미국을 좋아한다. 자유민주주의 제도가 그렇고, 우리를 해방시켜 준 것이 그렇고, 공산침략으로부터 우리를 방위한 것이 그렇고, 경제원조를 주어서 그렇다.
그보다도 우리가 미국을 좋아하는 까닭은, 그와 같은 은혜를 주었으면서도 우리를 부려먹거나, 무리한 강요를 하지않는다는 데 있다. 그렇지만 우리는 미국과의 관련해서 몇 가지의 소신을 밝히고자 한다.
미국은 서구식 민주주의가 우리의 실정에 맞지 않는다는 것을 이해해야 하고 한국사회로 하여금 일률적인 미국화를 기대해서는 안되며 우선 먹고 입는 주의보다는 장차 살아나갈 기틀을 잡기 위한 예산이 사용되어야 하겠다는 것이다.
우리는 미국 시민의 과감한 서부 개척정신과 케네디 대통령의 뉴프런티어 정책을 존경한다. 한·일간의 관계도 중요한데 한·일국교 정상화는 피차의 이익이 있는 것이다.(박정희,2005.『하면된다! 떨쳐 일어나자』.219)

다. 당시 미국이나 박정희 반대파나 김대중 대통령 후보 등 좌익 지식인들의 주장대로 농업중심의 산업 생산, 그리고 중소기업 육성과 내수 위주의 경제 운영을 도모했다면 지금 우리나라는 동남아시아 국가 정도의 경제력이 되었을 것이다.

그리고 박정희는 우선 유능한 인재를 공직에 취업하도록 끌어들이는 한편 부정축재자들을 유능한 기업인으로 재탄생시켰던 것이다.

박정희는 돈 버는 재주와 지혜를 가진 사람을 기업가로 보고 기업을 잘 경영해 빚을 갚도록 하여 경제도 키우고 국력도 키웠다.

아. 미국, 서독 방문과 경제 도약을 위한 몸부림

5.16 군사혁명이 일어난 지 5개월 후인 1961년 11월초 박정희 당시 국가재건최고회의 의장은 방미하여 자신과 동갑내기인 케네디 대통령과 백악관에서 회담했다. 한미 공동관심사와 베트남 사태 관련해서도 자연스레 대화가 있었다.(이현표, 2013.『케네디도 반한 박정희』. 127~130) 케네디 대통령은 인권을 언급할 때, 박대통령은 링컨이 연방을 지키기 위해 모든 법을 파괴하고, 언론을 탄압하며 사법부를 없앰은 물론 국회를 파산한 독재자인데 내가 독재자인가 반문했다.

미국 측에서 보기에, 준비해 들고 간 박정희의 사업계획서들이 황당하기도 했지만 당시 케네디 정부는 5 · 16군사혁명 자체를 곱지 않은 눈길로 보고 있었다. 거기다 20억불을 요구하는 차관借款(빌릴 차, 항목 관-국가 간에 자금을 빌려 쓰고 빌려 줌)을 빌려주면 쿠데타를 인정하는 꼴이 된다고 생각하여 문전 박대한 셈이다.

방미 중인 박정희 의장이 백악관에서 케네디 미대통령의 안내로 회담장에 들어서고 있다. 1961년 11월 1일

박 의장은 백악관에서 케네디 대통령과 두 차례 정상회담을 갖고 공동 성명을 발표했다. 이 성명에서 케네디 대통령은 한국의 5개년 경제개발계획의 촉진을 위해 적극적인 지원을 약속하고, 박 의장은 민정 복귀를 재확인 했다. 1961년 11월 15일

미국 다음으로 기댈 수 있는 나라는 일본 밖에 없었지만 국교도 없는 나라에 어떻게 돈을 빌려 주느냐고 하니 할 말이 없었다. 박정희는 새로운 나라를 주목하고 있었으니 바로 '라인 강의 기적'으로 불리며 연평균 8%대의 실질 성장률을 기록하고 있는 서독이었다.

박정희는 '우리도 전쟁의 잿더미에서 한강의 기적을 이뤄 보자'라는 각오를 갖게 되었다. 박정희 군사정부는 1961년 11월초 미국 방문에 실패하고 11월 말 정래혁 상공부 장관을 주축으로 '차관 교섭 사절단'을 구성해 서독으로 보내기로 했다.

1961년 차관교섭사절단의 효과가 미비하여 1964년이 되어서야 박대통령이 방문에 나섰다. 방문할 수 있던 것도 많은 우여곡절이 있었다. 즉 여기에는 이승만 대통령 시절 국비 유학생인 백영훈(후에 한국산업개발연구원KDI 원장)이 결정적 공헌을 했다. 그는 광부와 간호원들 봉급을 담보로 보증서를 가까스로 제출해 차관을 허락받았다.

1964년 12월 박 대통령은 공공차관을 얻기 위해 방문하는데 비행기도 없어 서독에서 빌려준 비행기로 출발 전 말했다. "제2차세계대전 후 폐허가 된 땅에서, 더구나 공산주의 세력과 대치하면서, 오늘의 위대한 경제건설과 번영을 이룩한 서독의 부흥상을 샅샅이 보고 오겠습니다."

정상회담에서 박 대통령은 서독총리에게 "우리 국민의 절반이 굶어죽고 있다"고 울먹였다. 그러면서 "우리군인들은 거짓말 안 한다. 빌린 돈은 반드시 갚는다. 도와달라. 우리 국민 전부가 실업자다. 백영훈은 눈물을 흘리는 박 대통령 말을 통역하며 나도 같이 울었다고 했다.

정상회담 후 함보른 광산도 방문한다. 박 대통령은 그들의 손을 잡고 격려해주었다. 육영수여사는 "일은 고달프지 않으세요?"라고 물으며 간호사들을 따뜻하게 격려했다. 육영수여사가 세 번째 잡은 간호사에게 "고향이 어디……?"라고 말을 건넬 때 간호사는 울음을 터뜨렸다. 곁에 있던 간호사도 흐느끼고 광부들도 눈물을 닦기 시작했다.

함보른 탄광을 방문하여 한국인 광부와 간호원들을 위로하는 박대통령

잠시 후 박 대통령이 단상에 올랐고 애국가가 시작된 후 마지막 소절인 '대한사람 대한으로……'에서는 모두 울음소리로 바뀌어버렸다. 이어 환영사에 이어 박 대통령은 손수건으로 눈물을 닦은 후 연설을 시작했다.

대통령의 말이 계속되는 동안 흐느끼는 소리가 커지고 강당안은 눈물바다가 되었다. 박 대통령은 연단에서 내려와 광부들의 손을 잡고 격려해주었고 30분 방문계획이 1시간으로 지연되었다. 고작 파고다 담배 500갑을 선물로 주었다. 박대통령은 광부들과 함께 그들의 숙소로 갔다. 광부들의 얼굴과 팔, 다리는 상처투성이였다..

"지하 1,000m 아래에서 채탄 작업을 하고 갱위로 올라와서 술 한잔 마시는 것이 유일한 낙이지만 돈이 아까워 그 돈도 본국으로 송금하고 있습니다."라고 광부 한 사람이 말했다. 광부들은 대통령이 탄 차를 바라보면서 울었다. 대통령도 눈물을 닦고 있었다.

그리고 박대통령은 동 · 서독을 갈라놓은 베를린 장벽을 방문하며 우리 한국의 남과 북의 현실과 동일한 상황을 보며 함께 가슴 아파했다.

박대통령은 베를린 장벽을 방문하고 동베를린을 통해 북한의 현실을 보았다고 말했습니다. 1964년 12월 11일

| 구악舊惡(버려야 할 오래된 악)의 청소 |

물론 청결의 대상은 구정객이다. 각종 범죄의 합법적인 재판이 부정축재 뇌물 등의 290일 간에 걸친 공정하고 과정을 거쳐서 냉철한 수단으로 이루어졌는데 250건의 재판에 연루된 인원은 697명, 여기에는 상당수의 극형이 포함되어 있다.

인간의 죄는 밉되 그 인간은 미워할 수가 없다. 한 집안의 가장을 잃은 가족을 생각하면 참으로 가슴아픈 일이었다.

각종 민원서류를 간소화하여 대민 행정에 일대 수술을 단행하였고 이어서 건국 공로자에 대한 표창도 실시하였다. 지난 정부에서 독립 애국투사의 후예가 생활난에 허덕이고 있었다. 그래서 건국공로자와 4.19유공자, 사회유공자를 1963년 7월에 표창하였다.

| 혁명 2년간의 경제 |

경제개발 5개년계획은 구정권 때 10여 년을 책상서랍 속에만 있고 실천이 안되었던 것을 수정하여 실행하였다.

필자는 1962년의 수출, 농업, 광업, 전력, 교통, 조선사업, 기간산업 등에서 '많은 분야의 수치'를 보고서 '우리 과거역사에 이런 통계가 있었을까' 생각하며 감탄했다. 많은 분야를 생략하고 한 분야에서만 예를 들어 본다.

– 농업부문에서 농지개간(1713만 8,314평–이하 만이하 수치 생략), 농로(4999만m), 조림(1억 5521만주), 수로(244만m), 제방(76만m), 저수지(48만 평), 청년 및 부녀 회관(0.5만동), 우물 개선(20만개소), 화장실 개량(146만개소),식생활 및 의생활 개선 강습(1만 회)

– 지원 물자 내역(원 환산) 가축(1,922만 4,960원, 이하 만이하 수치 생략), 문화시설 1,153만원), 기구(855만원) 등 이하 4개 생략

적극 외교에도 나서므로 혁명 전 23개국에서 76개국으로 해외 공관의 파견을 증설하며 국제 기구에 가입하고 36개의 조약을 체결했다. 박대통령은 수치로 정확히 계획을 세우고 실천하고 결과도 수치로 나타냈다.

– 혁명의 중간 결산

무엇보다 첫째 시급한 민생고 해결을 위해 경제개발을 위한 외자도입이 시급하였다. 혁명 초창기 과정에는 성공하였다 하겠으나 화폐개혁, 농어촌 고리채高利債(높을 고, 날카로울 리, 빚 채– 비싼 이자로 얻은 빚)를 정리했지만 실패를 자인하였다.

국가재건 최고회의장 박정희는 윤보선 대통령 권한 대행을 하며 제 1차 경제개발 5개년 계획이 시작되었고, 최고회의의 유원식 위원은 경제개발에 사용할 자금조달을 위해 각 가정에 숨어있는 돈을 끌어내려고 6월 통화개혁을 단행했다.

그러나 국민에게 돈이 별로 없었기에 국내에서 자금을 조달하는 것에 한계가 있어 통화개혁은 실패로 끝났다. 후진국의 외자도입과 개방은 선진국에 의해 대외종속對外從屬(대할 대, 바깥 외, 좇을 종, 무리 속–외국에 대하여 자주성이 없음)을 심화시킨다는 것이었는데 개발도상국 중에서 '박정희의 수출정책'을 실시한 나라는 매우 드물었다. 박정희 의장은 1963년 10월 15일 대통령 총선거에서 당선되어 제 5대 대통령으로 취임하며 수출입국에 대한 열망을 확실히 했다.

삼성 이병철은 박정희의 문제의식과 너무도 닮아 있어 흥미롭다. 박정희는 이병철의 아이디어를 수렴하였기에 드디어 1962년 2

월 3일 울산의 바닷가에 황량한 모래사장에는 '울산공업센터'라는 현수막이 바닷바람에 나부끼고 있었다. 백사장 뒤로 소나무가 몇 그루 보인다. 초라한 기공식장 풍경이다. 울산공업단지는 박정희 의장의 제1차경제개발5개년계획에 따라 첫 번째 공업단지였고 목표는 공업화 기반을 조성하고 수입대체 산업을 육성시키는 것이었다.

울산공업단지 조성시 박 대통령이 시찰 중 북괴 무장공비가 울산공업단지를 목표로 침투해 올 가능성이 있다며 단순히 보초병에만 맡길 것이 아니라 방책을 구축하라고 지시했다. 1969년 5월 9일

하루 3만5천 배럴의 원유 처리능력을 갖춘 우리나라 최초의 정유공장인 울산정유공장이 준공됐다. 1964. .5. 7

그 해 5월 미국의 6 · 25에 참전한 밴플리트 미국 장군을 단장으로 한 투자단 28명을 맞는다. 그러나 울산 현장에 간 미국 대표들은 한심했다. 몇 개월 전 기공식이 있었다는 얘기는 들었는데 보리밭이 넘실대고 백사장과 푸른하늘 만이 걸려있기 때문이다. 어떻든 한국측 브리핑 결과 밴플리트 장군의 협조로 투자협상이 진행되어 정유산업을 비롯한 비료, 화학, 전력 등 기간산업이 들어서며 1962년부터 제1차경제개발5개년계획이 시작되었다.

주목할 만한 일은 밴플리트 장군은 이승만에 매료되어 한국에 적극 협조하고 얼마나 충성을 다하는지 별명이 '이승만 양자'라는 것이다.[25] 이승만이 누구길래 그랬을까?

---

25) 이승만대통령은 주한미군 장성들에게 존경의 대상이었다. 그런 미군 장성들을 이 대통령은 자식처럼 사랑하며 각별히 대했다. 램니처(미8군사령관),테일러(미8군사령관), 화이트(유엔군사령관),밴플리트(미8군사령관) 장군은 이 대통령을 친아버지처럼 따르며 존경했다.
이대통령이 하와이에서 서거(1965. 7. 19) 했을 때 유해를 모시고 한국에 온 사람도 밴플리트장군이다. 그들의 만남은 현세와 내세를 잇는'아름다운 우정'으로 이어져 세인들의 존경심을 불러 일으켰다.

이승만 대통령 내외와 밴플리트 장군과 무쵸대사 1956년 12월 8일

2015 6·25전쟁 호국영웅 우표 '벤 플리트'.

[사진출처: 국가보훈부 페이스북 캡처]
1951년 주한 미8군 사령관으로 부임하자마자 조종사였던 아들 제임스가 B-26을 몰고 출격했다가 황해도 해주 상공에서 격추돼 사망하는 쓰라린 아픔을 겪었지만 내색하지 않았다. 부하들이 시체 수색을 건의하자 "그보다 더 급한 일이 많다"며 거부했다. [출처:중앙일보]

3. 한일 협정 반대(6.3시위)에 대한 계엄령

박정희는 말했다. “무엇보다도 자금이 필요하다. 미국이 도와줘도 원조를 배로 늘려 줄리도 없고 믿을 수도 없다. 그러나 일본으로부터는 한국침략에 대한 보상으로 한국이 당당히 받아낼 돈 즉 대일청구권對日請求權이 있지않은가. 그것을 반일감정이니 굴욕이니 하여 망가뜨리는 일은 대단한 국가의 손실이다”라며 일본과의 국교 정상화를 통해 한국이 발전하는 것이 유일한 길이라고 생각했다.

그 전쟁배상금 청구권이라는 이름으로 김종필이 비밀로 협상하다가 국민들에게 들통났다. 학생들은 국가 지도자의 고민을 모르니 ‘민족의 반역자’라면서 박정희와 김종필의 인형 모형을 만들어서 학생들이 불태우고 난리가 났다.

한일협정 반대 데모를 벌이고 있는 학생들 1964년 6월

보고를 받은 박대통령은 3월 30일 서울 11개 대학의 학생대표를 청와대로 불러 2시간 반 동안 면담했지만(안병훈, 2004. 『혁명아 박정희 대통령의 생애』 134) 1963년 말부터 야당도 ‘대일 굴욕 외교 반대 범국민 투위’를 구성해 투쟁에 나섰고, 이듬해 6월 3일에는 서울의 대학생

과 시민 등이 시위를 벌였다. 야당과 학생과 언론은 이러한 한일협정을 경제 회생보다는 정치 자금을 마련하기 위한 '매국賣國(팔 매, 나라 국-나라의 이권을 팔아 먹음)외교'라 했다. 그러면서 격렬하게 비난했다.

이러한 격렬한 한일회담 반대 시위를 탄압하기 위해 1964년 6월 3일 20시를 기해 비상계엄을 선포했다.[26)]

한국사회는 모두가 반대하는 한일 협정으로 인해 무질서와 혼란의 시대가 되었다. 대통령 당선 후 6개월은 참으로 어려운 난국亂國(어지러울 난, 나라 국-질서 없고 어지러운 나라)이었다. 모두 반대하는 한일 협정에 누가 감히 나서겠는가? 박정희는 욕을 먹더라도 계엄을 선택했다.

한일협정에 반대하는 민의民意(백성 민, 뜻 의-백성의 뜻)에 따랐다면 우리 나라의 포항제철과 제철 기술, 고속도로, 소양댐도 없다. 모두가 반대하는 혁명 즉, 우리 나라를 살리는 씨앗이 된 한일협정을 밀고 나가는 계엄령은 한국을 구한 것이었다.[27)]

---

26) 당시 중 2였던 필자는 고교선배들이 데모하러 나오라고 할 때 매우 재미있고 신났다. '와! 하는 군중심리가 대단하구나.'라고 느꼈다. 제대로 알지도 못하면서 한일 협정을 반대했으니 지금 생각하면 참으로 부끄러운 일이다.
더 부끄러운 일은 이명박 대통령은 한일협정이 우리 나라를 살린 것을 아는지 모르는지 대통령 재직시 6.3한일협정반대 관련 언급하며 본인 대학생 시절에 당시 데모에 참여했노라고 자랑했다. 자랑인지는 불확실하고 이명박은 데모 참여의 반성의 말은 하지 않았다

27) 이와 반대되는 현상으로 2008년 이명박 대통령은 미국 수입소를 먹으면 광우병에 걸려 뇌가 숭숭 뚫린다고 거짓 날조한 좌파들의 2008년 촛불집회소동에 겁먹었다.
출처 : 펜앤드마이크(https://www.pennmike.com)
특히 2011년 재판부는 해당 방송에 대해 한국인 유전자형과 광우병 감염 확률 등이 '허위 사실'이라고 결론을 내렸다. 이에 주동자인 거짓 사기꾼들의 방송임이 밝혀졌어도 계엄은커녕 아무도 좌익세력을 벌하지 않고 계엄령도 선포하지 않았다. 그래서 그는 반대세력 좌익에 의해 결국 감옥으로 갔다.

2008년 거짓 사기 광우병 촛불집회(민노총이 시작했고 중국인도 참여했음)

한일 국교정상화가 된 1965년의 한국의 상황은 열악劣惡(못할 렬, 악할 악-능력 등 몹시 떨어짐)하기 짝이 없었다. 1965년 우리 정부 1년 예산은 848억원, 수출액은 1억 7000만 달러, 1인당 국민소득은 105 달러였다. 당시 한일청구권 협정은 차관을 포함해 8억 달러를 받았다.[28)]

제2차 세계대전이 끝난 뒤 일본은 한국 미얀마 필리핀 인도네시아 베트남 등 5개국에 대해 청구권 자금을 지원했다.

무상자금은 공짜로 받은 것으로 아래 표와 같다.

인도네시아는 호텔, 백화점을 짓는 등 청구권 자금의 효율성이 가장 떨어지는 국가로 분류됐다. 사용 내역은 아래 표와 같다.

---

28) 일본 정부로부터 대일對日 청구권 자금을 받은 아시아 5개국 가운데 한국이 자금을 가장 효율적으로 사용했다는 분석이 나왔다.

한국은 포항제철 건립과 경부고속도로, 소양강댐 등 SOC 투자에 대부분의 자금이 투입됐다. 보고서는 "한국은 철저한 사전 계획으로 가장 효율적으로 자금을 활용한 국가로 평가받고 있다"며 "원자재 도입에 많은 투자를 한 것은 눈에 띄는 대목"이라고 평가했다.

국가별 대일 청구권 자금 규모와 사용내역(단위: 달러)

자료: 대외경제정책연구원

	한국	미얀마	필리핀	인도네시아	베트남
무상자금	3억	2억	5억 5000만	2억2308만	3900만
유상자금	2억	2000만	-	-	550만
상업차관	3억	3000만	2억5000만	4억	910만
주요 사용내역	• 포항제철 건설과 원자재도입 • 경부고속도로, 소양강댐 등 건설	• 철도 도로 항만 복구 • 복지 국가계획에 투입	• 시멘트공장 및 도로건설 • 공장설비 확충 및 농수산개발	• 댐건설 및 호텔과 백화점 건축 • 전원 및 농업개발	• 발전소 및 송전시설 • 소비재 생산
평가	• 철저한 사전계획으로 가장 효율적인 투자	• 경제회복 뿐 아니라 사회복지증진에도 많은 투자가 이뤄진 것이 특징	• 효율적인 투자도 있으나 일부 지배계층의 자의적인 사용	• 정치권력과 지배계층 위주의 비효율적 투자	• 전체 자금의 50% 이상을 전력생산에 집중 투자한 것이 특징

유상자금은 일본정부가 재정을 통해 지원한 차관이며, 상업차관은 일본정부가 일본수출입은행 등 금융기관의 자금 제공을 알선한 것

대외경제정책연구원이 2000년에 펴낸 '대일 청구권 자금의 활용사례 연구'
(연세대 경제학과 김정식 · 金正湜 교수)

'일본으로부터 더 많은 배상을 받을 수 있지 않느냐'는 반론이 제기되기도 했다.

예컨대 김대중은 자신의 자서전에 기록했다. "나는 협정 내용을 보고 분노를 넘어 수치심에 어찌할 바를 몰랐다." 대일 청구권 요구(차관 포함 계 8억 달러–당시 일본의 외환보유고는 10억 달러)는 역대 정부 중 제일 적었다. 이승만 정권은 20억 달러를 요구했고 장면 정부는 28억 달러를 요청했다.

한일 협정이 체결된 다음 날 1965년 8월23일, 박정희는 다음과 같은 성명을 발표했다. 많은 내용을 생략하고 주요 내용만 발췌한다

"지난 수십 년간 아니 수백 년간 우리는 일본과 과거만을 따진다면 그들에 대한 우리의 사무친 감정은 크지만 어제의 원수라 하더라도 우리의 오늘과 내일을 위해 필요하다면 그들과도 손을 잡아야 하는 것이 국리민복國利民福(나라 국, 날카로울 리, 백성 민, 복 복–나라의 이익과 국민의 행복)이다… 〈이하생략〉"

이즈음 1965년 7월 19일 반일의 이승만대통령은 서거 하셨는데 한일협정을 어떻게 생각할지? 이승만대통령 마지막 위문한 한국 정부 요인은 이동원 외무장관이었다.[29](조갑제, 2006. 『박정희 7–격랑을 뚫고서』. 325~327)

국부 이승만박사 서거 제54주기 추모식
1965년 7월 23일(금) 김포 국부 이승만박사 유해 도착
1965년 7월 27일(화) 애도 물결 백만명인파 장례 참여
천만인무죄석방본부

---

29) 7월 21일 호놀룰루 한인 기독교회의 영결식장에서 이승만과 가깝게 지냈던 보스윅은 미국에서 건너와 고인의 덮은 베일을 걷어내며 울부짖듯이 말했다(이인수 증언)
"나는 자네를 잘 알아, 나는 자네를 잘알아. 자네가 얼마나 조국을 사랑하고 있는지,고생했는지, 자네가 얼마나 억울한지를 내가 잘 안다네. 이 친구야, 애국심 때문에 자네가 그토록 비난을 받고 살아왔다는 것을 잘 안다네. 이 친구야"

"내가 가진 재산은 이것뿐이오"
어머니의 참빗
뉴욕 1934.10.8 결혼
프란체스카, 무국적자와 결혼 위해 '미국 이민'
이승만, 미국적 취득 거부!
"한국이 독립할 텐데 왜 남의 국적 갖느냐"

시민들은 건국대통령 애도를 위해 시선이 닿는 곳마다 꽉찼다. 이석제 중령은 "6.25 중대장 시절 죽을 고비 넘던 전쟁 중에 사기가 떨어질 때 험한 전장을 방문해 힘주시고 이 박사는 광복 직후 좌익의 건국 방해에도 자유민주주의를 세우셨다는 점을 국민이 알 것이다." 고 했다.

1950년대 이승만 정부가 12년에 걸쳐 한일관계를 매듭짓지 못한 것을 박정희가 결단을 내려 1962년 11월 박정희는 김종필을 특사로 보내 오히라 외상과 협상한 결과 총 8억 달러의 청구권을 타결했다. 박정희 정부는 한 · 일협정을 통해 경제 개발에 필요한 자금을 충당하고 한 · 미 · 일 공동 안보 체제를 형성할 수 있는 계기를 마련하였다. 그러나 좌익들은 1965년 한 · 일 협정은 한일 과거사 청산문제, 일본의 강제점령에 대한 사과, 문화재 반환, 종군위안부와 강제징용자 문제 등 문제가 많다고 했다. 물론 100점은 없고 흉거리를 만들려면 얼마나 많을까?

한일회담 비준서에 서명하는 박정희 965년 12월 7일

그러나 2005년 8월 26일 노무현 정부는 156권, 총 3만 5354쪽의 한일회담 전 과정이 담긴 외교 문서를 모두 공개했는데, 당시 민간위원으로 문서 공개에 참여해 샅샅이 문서를 살피고 정리한 전현수 경북대 교수는 2005년 8월 26일에 다음과 같이 문서공개 관련 회견을 가졌다.

> "나도 한때는 한일협정이 굴욕 회담이라고 생각했는데, 3만 6000장을 일일이 검토하면서 우리 정부가 산업 발전이라는 국익을 위해 최선을 다했다는 생각을 하게 됐다."

한일회담 타결 2년 뒤 한국은 1967년 4월 세계무역기구(WTO)의 기초가 된 관세 및 무역에 관한 일반협정(GATT)에 가입함으로써 세계시장에서 수출입의 경제 흐름에 확실하게 자리잡았다.

또한 막 시작하는 기업도 참으로 어려웠는데 기업의 수도 얼마 안되지만 기능공이 현저히 부족했다. 국민교육 수준이 워낙 낮았기 때문이다.[30]

그래서 5.16혁명 정부의 공약중 하나가 초등교육 6년제 의무교육인데 당시 초등교육 여건은 한 예로 서울 미동초등학교는 전교생이 1만명이 넘고 2부제 3부제까지 했다. 3부제라는 것은 교실이 적으니 한 교실에 오전, 오후, 저녁반까지 만든 것이다. 한 학급의 학생이 80~90명도 있어 통로가 없기에 책상 사이로 다니기도 힘들었다.

---

30) 그래도 이승만은 당시 교육받은 사람들의 비율이 14%에서 96%로 올랐다. 이승만은 한성감옥에서 〈제국신문〉에 '나라 구제는 교육으로'의 글이 실렸다. (이호, 2020. 『이승만의 토지개혁과 교육혁명』. 75~76)

4. 꿈을 멈출 수 없는 3선개헌

박대통령은 1963년에 이어 1967년 제6대 대통령 선거를 치르면서 이런 연설을 했다.

> "우리들이 목포에서 서울까지 가는 여행자라면 이미 1966년 끝난 제1차 5개년계획은 이리(현재 익산)에 도착한 정도이며, 제2차 5개년계획이 끝나는 1971년에는 천안에 닿을 것이고, 제3차 5개년계획이 끝나는 1976년에야 비로소 한강을 넘어 서울에 도착하게 될 것입니다."

1969년 3선개헌을 추진하기 전 박정희는 포항제철과 경부고속도로 기공식만 행하고 시작일 뿐이고 방위산업 3개년계획, 구미전자 공단 등도 초기 단계였다. 수출산업, 중화학공업, 안보 관련 예비군 창설 등등 대부분의 국민이 반대하는 꿈 들을 멈출 수는 없었다.

가. 3선개헌

1969년 민주공화당이 당시 박정희 대통령의 3선을 가능케 할 목적으로 추진했던 제6차 개헌이 3선개헌이다. 이 개헌으로 박정희는 71년 4월 제7대 대통령선거에 공화당 후보로 다시 출마하여 당선되니 장기집권의 길에 들어섰다. 국민투표에서 승리하자 사회적 불만, 특히 박정희에 대한 불만의 목소리는 엄청나게 높아졌다. 그러나 2차대전 후 많은 나라들은 독립하고 자유와 시장이라는 진짜는 다 놓치고 민주의 부작용과 시장의 병폐적 요소만 경험

하다가 망가져 후퇴한 민주주의로 된건 아닌가?(이영훈 외, 2017. 『박정희 새로보기』, 93~94)

박정희의 고민은 여기서 출발한다. 정치에는 서구의 단순 모방이 아니라 우리 실정에 맞는 '한국적 민주주의'를 갈망했다.(김용삼, 2020. 『대한민국 근대화 대통령 박정희 혁명 2』 66)

이 과정에서 헌법개정 등에 반대하는 세력에 대해 무자비하게 탄압하고 독재했다. 이후 반정부 세력을 억압하기 위한 강경정책도 도입되었다. 예를 들면 긴급조치 선포, 고려대에 군 투입, 미국의 뜻에 추종한 김영삼 신민당총재 제명 등이다.

경제면에서는 1970년까지 정부는 세 번 연이어서 수출 목표를 달성했다. 연간 수출 10억달러 목표는 애초 계획보다 몇 달 앞당겨서 달성되었다. 그러나 급속한 경제 성장으로 인해 노동자들이 자신들의 요구를 보다 단호하게 주장하기 시작했다. 대학생 및 다수의 주요 지식인들과 연합한 노동자들은 임금 인상과 노동 조건 개선을 요구했을 뿐만 아니라 민주주의 원칙에 근거한 사회 인권 운동을 주도했다.

여론을 잠재우기는 쉬운 일이 아니었다. 3선 개헌은 이후락과 김형욱의 주도아래 추진되어 나갔다. 반대자에 대해서는 먼저 이후락이 설득하고, 그것이 여의치 않을 때 김형욱이 위협하고, 그래도 응하지 않으면 박 대통령이 다시 설득하는 식으로 반대자를 끌어들였다.(고산고정일, 2012). 『불굴혼 박정희 7』,150~151)

나. 8 · 3조치와 독재정치

71년의 국내 경제는 조금씩 일어나려는 추세였다. 그런데 3월 미국은 2차 대전 후 전후 복구를 돕기 위해 전 세계 나라의 물건을 사주니 무역적자가 심해 모든 수입품에 관세 10%를 인상하려는 것이었다. 한국기업들은 생기자마자 겨우 일어나려 했는데 타격이 심했다. 한국의 경제는 나락으로 떨어질 운명이었다.

결국 미국은 전세계에 달러가치 하락과 인플레이션 급등으로 기업의 고통은 말할 수 없었다. 한국의 민간경제가 조금 일어나려는데 미국으로 수출이 큰 비중인 한국은 당시 미국의 관세 10%인상이 청천벽력이어서 '닉슨쇼크'라고 불렀다.

긴박한 세계경기의 불행에 더해서 사채로 인한 기업 부도不渡(아닐 불, 건널 도-어음,수표 등에 대한 지불을 받을 수 없는 일)가 속출되었다. 믿기진 않겠지만 지금 대한민국을 이끄는 대기업 현대와 삼성과 LG 같은 기업도 그 당시엔 모두 사채 빚에 허덕이며 밤마다 부도不渡(빚을 갚지 못해 회사 운영을 못함)를 걱정하면서 회사를 운영해야 했다.은행에 돈이 없어 대출을 못하기 때문이다.

전경련全經聯(온전할 전, 날 경, 연이을 연-전국경제인연합회)에서는 비명을 지르고 박정희는 한숨을 토해냈다. 박정희는 또 혁명과 같은 독재적 결단 즉 1972년 8.3사채私債(사사 사, 빚 채-개인사이의 빚)동결凍結 조치를 취했다. 자유시장경제 체제하에서는 있을 수도 없고, 상상하기도 어려운 초법적 조치였고 전체주의全體主義(국가가 국민생활을 통제하는 독일 나치즘이나 북한에서 통치하는 방식 등)국가에서나 일어날 수 있는 일이었다.

즉각적 반발이 일어났다. 싼 이자에 원금은 3년이 지나야 받을 수가 있는 그러한 조치가 취해지게 된 것이다. 자유 민주주의에서는 있을 수 없는 일이었다.

그때 대한민국의 성장을 이끈 30여개 그룹이 힘을 얻었다. 물론 대한민국 대기업은 이렇게 비정상적인 독재하에서 탄생하게 되었고, 성장이 이루어지고 대한민국의 경제의 꽃은 이렇게 피었다.

1972년 8월 3일 사채 동결 조치가 없었다면 오늘의 대한민국 경제는 일어날 수가 없었다. 8.3 조치 이후부터 대한민국은 대기업이 탄생하기 시작 했다. 좌익세력들은 대기업을 싫어한다. 대기업을 브루조아(상류사회의 부자계급-반대는 프롤레타리아)계급으로 본다. 물론 폐해도 있겠으나 대기업이 성장함으로 낙수효과落水效果[31]로 그 주변에서 많은 일자리 등의 득이 생긴다.

1973년은 1차 오일 쇼크로 전 세계의 경제 성장이 멈췄던 해다. 승승장구하던 미국, 일본, 북유럽 국가들은 1973년을 기점으로 경제 성장률이 하락하기 시작했다.

박정희는 긴급 경제회의에서 우리는 돈이 없으니 오일 머니oil money가 넘치는 중동에서 달러를 벌어오자는 아이디어를 받아들여 적극적으로 중동에 진출하게 되었다. 그래서 한국의 기업들은 8.3 조치 이후 계열사가 늘어나고 한국의 GNP성장률은 19% 상승했다.

인류를 발전시키는 것은 다수의 군중들이 아니라 소수의 천재들이다. 연료가 없는 자동차는 움직이지 않는다. 누군가 의도적으로 연료를 넣고 시동을 걸어야 움직이는 것이다. 박정희는 의도적으로 기업체에 자금 주는 길 즉 8 · 3조치로 발동을 걸었다.

한국이 이루어 낸 경제발전은 '한강의 기적'이 아니며, 한국인들

---

31) 물이 위에서 아래로 떨어지듯이 대기업이 성장하면 연관된 중소기업이 성장하고 시장이 만들어져 서민 경제도 좋아지는 효과. (다른 한자어-낙수落穗 추수 후 땅에 떨어져 있는 이삭. 어떤 일의 뒷이야기를 비유적으로 이르는 말.)

이 뛰어나서도 아니다. 박정희와 참모들의 아이디어와 독재 때문이다. 독재가 없었다면 기업은 죽었고 기업은 일자리를 만들 수 없었고 대기업은 탄생하지 못했다. 비판하는 지식인, 언론인들의 좌익세력은 삐딱한 시선으로 독재라고 헐뜯기만 한다. 야당은 정경유착이라 했고 언론도 재벌공화국이라는 비판을 쏟아냈다.

정부는 8 · 3조치 때 "도덕적 해이가 있는 기업에 다시는 도움을 주지 않겠다"고 했는데 '일부 부실기업'에 대해 사채동결이 문제가 없었는지 공평했는지 의심도 할 수 있다. 물론 모든 일에 100점은 없다는 것이다.

사채업자들의 저항도 극심했다. 그들과 연결된 정치인, 조직폭력배도 같이 합세하여 대한민국은 표현할 수 없을 만큼의 혼돈에 빠진다. 1972년 8월 이런 상황에 10월유신이 탄생되었다.

5. 10월 유신

유신의 작은 원인이 되었던 8.3혁명 조치 외에 더 큰 문제, 즉 안보면에서 북의 위협과 닉슨독트린, 무기 국산화의 번개사업과 수출을 위한 중화학공업 달성, 대통령 후계 관련 김대중과 김종필 등의 문제가 급박하게 밀려오고 있었다. 여기서 대통령이 중히 여기는 특별선언의 첫째가 10월유신이고 둘째는 중화학공업이며 셋째가 국민 과학화 선언이다. 이 선언은 세 구호로 모아지는데, 10월 유신, 100억 달러, 1000달러 소득이다.(오원철, 2006. 『박정희는 어떻게 경제강국 만들었나』. 206)

박정희는 "본인 임기는 1975년인데 중화학공업 완수가 어려워 여기서 멈출수 없다"라고 확신하며 고민했다. 지금까지 수출주도 정책을 누가 이어가겠는가? 김대중은 수출이 아닌 농업중심의 대중경제론[32)]을 주장했다.

나아가서 무장공비는 증가해도 김대중은 예비군마저 없애자 하니 안보위기는 극에 달했다.(김용삼, 2020.『대한민국 근대화 대통령 박정희 혁명 2』. 227) 미국으로 이민가는 자 다수이고 박정희는 내가 이루고 하야 하겠다고 생각했다. 여기서 멈추면 한국은 끝이라는 것이다.

결국 유신의 목적은 박정희의 말과 행동에서 안보, 중화학공업, 후계자 문제 세가지가 드러나는데 서울대 한상진과 강민은은 유신이 폭력적 노동탄압이 목적이라 하고 한국정치학회장 이정복과 최장집은 유신이 장기 집권욕 때문이란다. 전인권은 안보와 후계자가 문제이기에 유신을 택했다고 하니 조금은 긍정적이다.(전인권, 2006.『박정희 평전』. 269) 필자가 유신에 관련 모든 책을 조사한 것은 아니나 대다수 저자들이 유신의 원인을 정확히 파악하지 못하고 비난만 한다.

욕구는 진화와 진보의 원동력이다.

항상 다수가 옳은 것은 아니다. 몽테스키외가 말한 것처럼 선거는 다수가 탐욕에 눈이 멀어 욕심을 채울 사람을 뽑는다. 멍청해서 망한 경우가 유럽의 역사에 많다. 혼란의 1972년 박정희는 위기의 순간에 10월 유신과 자신의 진퇴를 한 묶음으로 묻는 승부수, 국민투표를 띄운다. 결국 유신헌법은 91.5%라는 절대적 찬성으로 가결

32) 좌파학자 박현채가 주장한 것으로 대기업 위주 아닌 중소기업과 농업을 진흥시켜 선진국 종속과 의존에서 벗어나 자립경제를 키우자는 경제론, 자유무역을 반대하고 국유화와 수입대체 물품을 장려하며 재벌해체 등을 주장하는 종속이론에 가까움(조선일보 2006.11.28.)

된다.

박정희는 3선 대통령으로 시작하면서 다시 1972년 10월유신을 위해 계엄령 선포하니 제 3공화국의 국회가 해산되며 헌정이 중단되고, 그해 12월 27일 유신헌법을 공포하여 임기 6년의 중임 가능한 대통령중심제로 4번째 공화국이 되었다. 제 4공화국의 유신헌법에서는 민주주의는 부정되었다. 무소불위無所不爲(없을 무 바 소, 아닐 불, 할 위-못할 일이 없음)의 권력을 대통령은 갖게 되었다(전인권, 2006. 『박정희 평전』. 267)

세 가지를 해결할 수 있는 방법의 결론은 10월 유신이며 결론적으로 5.16의 완성이 10월 유신이다.(조우석, 2009. 『숨결이 혁명될 때』. 30)

가. 북의 위협과 미군철수 등 안보일지

군사분계선에서의 침략과 게릴라 침투 등 무장공비의 연도별로 발생한 안보일지를 보면 끊임없는 도발의 연속이었다.

○ 1964년 32건 무력도발, 국군 4명 전사

○ 1965년 55건 무력도발, 국군 20명 전사

-1965년 10월 월남 파병

○ 1966년 50건 경남 진주 덕의마을 무장공비 침투

○ 1967년 445건 1.19. 해군 56함 당포함 격침, 8.7 미군 트럭 습격, 3명 사망

○ 1968년 542건으로 증가

- 1. 21사태에 북한 김신조 외 무장대원 30명의 청와대 습격사건에 체포된 김신조는 나중에 "박정희 목따러 왔수다"라고 고백.

- 동해바다에서 1월 23일 북한이 미 첩보함 푸에블로호를 납치

- 미 정찰기를 북한 공군기가 격추. 미국 승무원 31명 전원 사망.

– 예비군을 창설하고 고교, 대학에 군사훈련을 실시하나 무기가 없음.

– 11~12월(52일) 120명의 무장공비가 강원도 울진 · 삼척지구에 침투. 군 · 경은 물론 향토예비군까지 동원. 반공정신이 투철한 주민들까지 무장공비 소탕 작전을 도왔음. 당시 평창군 속사초등학교 계방분교 2학년이었던 이승복 군은 "나는 공산당이 싫어요"라며 절규하자 무참하게 살해됨.[33)]

강원도 평창군 용평면(당시 진부면)에서 이승복 일가족이 무참히 살해된 당시 집.
(1968년 12월 10일 노형옥 당시 조선일보 사진부기자가 촬영)

○ 1969년 2월 조선 중앙통신 부사장 이 수근 위장간첩 사형

–1969년 3월 주문진에, 6월 흑산도에 무장공비 침투.

–1969년 4월 미 공군 EC 121정찰기 격추 당함.

–1969년 7월 25일 닉슨 독트린은 한마디로 아시아 각국은 자국의 안보를 스스로 알아서 하라는 것인데 발표한지 1주일 후 박 대통령과 닉슨 정상회담에서 닉슨 대통령은 "주한 미군 감축 않을 것"이라고 천명 闡明(밝힐 천, 밝을 명–의사를 분명히 밝힘)함.

---

33) 이 해 대간첩작전본부의 발표에 의하면 생포된 간첩은 62명, 사살된 간첩은 319명이었음.

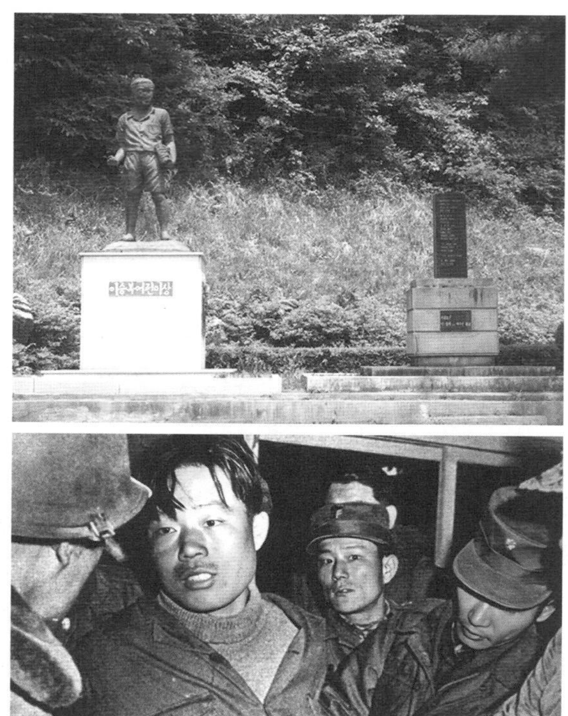

대통령을 암살할 계획이었다고 말하는 생포된 북한 무장공비 김신조.

그러나 회담 2주후 닉슨 대통령은 "주한미군 철수 계획 수립"을 지시하며 "이 계획은 박정희에게 비밀로 하라"고 함. 즉 약속을 번복하고 감축을 선포함. (이강호, 2020.『박정희가 옳았다』. 96~97)

○ 1970년 주한미군 감축 계획, 미국은 5년 후 주한미군 완전 철수한다고 통보-박정희는 즉시 핵개발과 항공기, 미사일 개발 지시. 1976년 8월 6일 국방과학연구소(ADD) 설립

- 1970년 6월 5일 해군방송선 피랍사건,
- 1970년 6월 22일 새벽 3시에는 박대통령이 서울 현충원 기념식 참석 전에 간첩 3명이 현충문에 폭탄장치 하려다 실수로 폭발.

- 1970년 8월 24일 미국 애그뉴 부통령이 방문하여 2만명 이상 감군減軍(덜 감, 군사 군–군사를 줄임)은 없다고 말한 후 애그뉴는 돌아가는 비행기 내에서 5년 내 완전 철수하겠다고 번복藩服(번역할 번, 다시 복–이리저리 뒤집힘). (오원철, 2006. 『박정희는 어떻게 경제강국 만들었나』 343, 107)

○ 1970년 9월 11일 전북 고창 무장공비 2명 침투 1명 사살.

○ 이후 1970년에서 1980년까지 10년간 북한군의 휴전협정 위반 사례는 5만 1,700여 건. 그야말로 휴전이 아닌 전쟁상태. 오죽하면 이 당시 간첩신고는 1980년까지 3000만 원이었음. (2022년 현재는 5억원이지만 간첩을 잡지 않으므로 의미 없음)

○ 닉슨 독트린 후 1969년부터 월남에서 미군이 철수하기 시작하여 월남(남베트남)은 완전 공산화 됨. 한국의 미군 철수도 1970년 3월 공식화함.

○ 1971년 1월 24일 북한은 KAL기 납치하려다 실패함.

1971년 미군 2만명이 철수되면서 미국에 대한 군사 의존도를 낮추기 위해 박정희는 미사일과 핵무기 개발에 돌입. 이는 미국의 핵확산 금지에 대한 도전이었음.

KAL機 拉北모면

空軍機출동沮止, 草島里해안 胴體着陸

어제午後 69명탑승

金相泰 수류탄(私製)위협

保安官이 射殺

◇必死의 不時着

修習조종사 全明世씨 死亡

16명

對共柔和 경계해

왼쪽은 KAL기 납치를 다룬 〈조선일보〉 1면. 1971년 1월 24일

○ 1971년 3월 19일 고리 원전 기공식起工式(일어날기.장인공,법식–공사 시작할 때의 식)→1978.7.20. 준공되어 상업발전 개시.

○ 1971년.11월 ADD(국방과학연구소)에 번개사업 지시, 국산무기 개발 돌입. 박 대통령은 김정렴비서실장을 통해 ADD에 청천벽력과도 같은 지시 즉 12월 30일까지 대전차지뢰 등 45일간에 7종류를 만들어라.

○ 1971년 12월 26일 오원철에게 미사일 개발을 극비 지시.

○ 1972년 4월 미사일 발사 성공(세계 7위)

– 1975년까지 200km 사거리 미사일 개발하라.

○ 1972년 7월 4일 7.4남북공동성명으로 남북조절위원회 운영

○ 세부적인 핵폭탄 개발계획 작성–해외 원자력 전문 과학자 20여명 유치

– 국내 기술진 205명 구성완료

– 1974년 10월 19일 프랑스와 원자력 협력 협정 체결, 캐나다의 원자로 도입 계약. 그 해 인도 핵개발 충격이 한국으로 튀어서 미국이 한국 핵개발을 봉쇄하므로 한국은 눈물을 머금고 1975년 포기함.

– 1974년 8월 15일 광복절 행사 도중 문세광이 쏜 총에 육영수 여사 피격 당함.

○ 1974년 11월 15일 제 1땅굴 발견

○ 1975년 4월 23일 월남 패망할 때 박 대통령 일기의 내용이다.

–자기 나라를 자기 힘으로 지키겠다는 결의가 없으면 생존하지 못한다는 냉혹한 현실을 보았다. 지키지 못하면 다 죽어야 한다.(김형아, 2005.『박정희의 양날의 선택』.266)

○ 1976년 5월 1일 박정희대통령 자신의 목숨 걸고 쓴 휘호 '내 생명 조국을 위해'를 쓰고 5개월 후 1976 김정렴 비서실장과 오원철 수석首席(맨 윗자리)에게 독자 핵개발 지시.

– 북한의 핵개발 정보 듣고 핵개발 가속화.

– 재처리 우리 기술로 자체 개발 추진.

– 7년 후 1982년 백곰 미사일 성공.

최전방 부대를 시찰한 박 대통령이 부대장의 설명을 들으며 쌍안경으로 적진을 살피고 있다. 1975년 6월 3일

– 시행착오를 거듭한 방위산업: 시제품試製品(시험할 시, 지을 제, 물건 품–시험삼아 만들어 본 제품)개발에 처음 성공했으나 포신砲身(대포 포, 몸 신–포의 몸통)이 부서지고 발사가 안돼 가공기술 등 문제 제기됨. 실패 후 중화학 공업의 필요성 대두.

○ 1976년 8월 18일 판문점 도끼 만행사건–미루나무 가지치던 미군 2명을 북한 병사가 도끼로 살해.→박대통령의 말 "미친 개에게 몽둥이가 약이다"

판문점 도끼만행 사건

○ 1978~1979년 박정희 대통령의 급박함. 1979년 미국 카터는 대통령 후보의 공약이었던 미군철수를 아이젠하워의 미군 감축보다도 더 강하게 미군 완전철수를 발표

박정희의 대응"화살이든 총이든 갖고 싸워라", 카터와 맞짱뜨다–"미군 갈테면 가라", "싸우면서 일하자"(이춘근, 2022. 미국에 당당했던 대한민국의 대통령들.: 282~291)

1981년까지 중화학공업 비중 50% 이상 높이고 1인당 소득 1000달러, 수출 100억불 달성 청사진 제시(김용삼, 2020.『대한민국 근대화 대통령 박정희 혁명 2』. 221)

대구-부산간 고속도로 기공식에 참석하여 지시를 내리는 박 대통령. 1968년 5월 11일

나. 중화학 공업

박대통령이 '국보'라고 부르는 오원철은 10월유신 하에서 중화학공업이 발전했고 중화학공업 바탕 위에 수출 100억불 수출이 가능했다고 말한다. 1973년 1월 31일 기자 회견이 끝나고 박대통령 주재 확대국무회의가 청와대 지하에서 있었다. 당시 오원철 경제수석이 '중화학공업 발전안과 방위산업 육성안'을 발표했는데 장장 4시간이나 걸렸다. 브리핑을 마치겠습니다. 순간 장내가 조용해졌다. 침묵의 카리스마는 이런 조용할 때의 표현일 것이다.

정적을 깨고 박대통령은 "오 수석, 돈은 얼마나 들지?"

"내 외자 합쳐 약 100억 달러입니다." 천문학적인 금액 앞에 분위기는 착 가라 앉았다. 또 침묵이 흐른다. 1970년대 당시 수출규모 10억$ 넘어선 정도이고 80년대에 100억달러 수출과 1인 GNP 1000달러를 계획한 것이었다.

박대통령은 "남덕우 재무장관! 돈을 낼 수 있소?

남덕우는 "액수가 너무 커서……"라며 말을 잊지 못했다. 반응을 예상했다는 듯 뜸을 들이고 "내가 뭐 전쟁을 하자는 것도 아니지 않느냐?

일본은 국가의 운명을 걸고 전쟁을 일으켰는데도 국민들이 기꺼이 따라줬다. 저네들은 태평양 전쟁 때 패전해서 국민들에게 엄청난 피해를 주었지만…… 이 정도의 사업에 협조를 안 해주어서야 되나" ……(침묵)

결국 1973년 2월에는 정부의 전부처가 협력하여 그 계획을 발표하였다.(조우석, 2009.『박정희 한국의 탄생』. 272~274)

비상한 정치적 결단 10월유신의 선포와 함께 중화학 공업 육성도 선포되었고 10년 이상 세월도 필요했으며 수출 10억 불 규모의 당시 상황에서 100억 불이란 천문학적 투자가 요구되었다. 목표를 달성하기 위해서는 국가적 차원에서 검토할 것을 요구했다. 유신시대에 집중적인 노력으로 전에 머리칼을 모아 가발을 수출하던 나라[34]에서 유조선과 자동차 등을 수출하는 중화학공업 국가로 만들자는 것이다. 유신 5년 이후 수출은 1978년 100억 달러(성장률은 년평균 8.5%)를 성취했다.

34) 1965년 대통령이 300개 중소기업을 육성하겠다는 정책을 내놓으면서 상공부 장관 박충훈은 중소기업 사장을 시간별로 계획을 세워 만나며 애로사항과 해결책을 모색할 때 컬러가발의 아이디어를 발견하고 적극 지원하여 세계 가발을 독점하게 된다. 1970년경 가발만 1억달러를 수출했다.(홍하상, 2005.『주식회사 대한민국 CEO박정희』.178~180)

다. 김대중 대통령후보와 김종필 후계자

| 김대중 후보 |

1971년 4월 대선에서 박정희와 맞붙은 야당 후보 김대중은 당시 대중경제라는 경제정책을 내걸었다. 한마디로 박정희가 줄곧 고수해온 해외 수출주도형 에 찬물을 끼얹는 것이었다. 경제개발에 농업과 중소기업을 우선적으로 발전시키자는 것이었다.(김용삼, 2020. 『대한민국 근대화 대통령 박정희 혁명 2』 230)

교수들도 같은 목소리를 냈다. 수출을 강조하는 박정희가 나라 망친다고 교수들은 강의하다 분필을 내던지며 분개했다. 지금 생각해 보면 훌륭한 사람들은 기업가였고 기업가를 밀어준 박정희였다.

야당과 김대중은 더 나아가 남북의 긴장 완화를 위해 미 · 일 · 중 · 소가 한반도의 안전을 보장해달라며 다른 나라에 안전을 구걸하고 남북교류를 통해 평화적으로 나아가기 위해 예비군을 폐지하자는 것이었다. 한국에 대한 소련과 중국의 간섭과 영향력을 자청하니 공산권은 대환영할 일이었다. 신탁통치(2차대전 후 후진국을 다른 나라가 대신 통치함)라도 해달라는 말인가?

김대중의 '평화'가 외치는 바는 자주국방 태세의 강화가 아니라 '남북긴장완화'를 위해 '평화(2021년 전후 한국의 문 대통령의 평화 외침과 같은 맥락)'를 들고 나왔던 것이다. 후일 이것이 뜻하는 바는 1998년 김대중이 대통령이 된 후 남북교류를 통한 평화는 '햇볕정책'이라는 새로운 이름으로 바뀌니 그것은 당

장 남북 긴장 완화는 되었지만 돈까지 퍼주는 햇볕정책으로 북에게 핵무장을 하도록 도움을 주었을 뿐이다. 그러나 김대중 대통령은 당시 말했다. "북한은 원자폭탄을 절대 만들지 않는다. 내가 책임지겠다." 그는 결국 책임도 못지고 거짓말하고 죽었다.[35](좌익세력의 습관적 거짓말 - 김대중은 2009년 사망)

김대중은 본인을 '행동하는 양심'이라고 또 거짓말하며 입만 열면 거짓말을 했다

지지자들은 『행동하는 양심』이란 책까지 만들었다. 정부(국가정보원)까지 나서 수치스런 거짓말 외교로 김대중은 노벨평화상까지 받았다.

박정희대통령의 입장에서 보면 당시의 야당은 '근대화' 과업을 수행할 능력도 의지도 없으면서 사사건건 방해만 일삼는, 마치 조선시대 당쟁 무리들과 같았다.

중공과 북한을 비롯 종속이론(다른 국가에 종속 된다는 이론)에 기울었던 나라는 모두 경제개발에 실패한 반면 이 반대의 정책을 편 나라는 신흥부국이 된 한국 뿐이었다.

김대중은 여기에 노조를 경영에 참여시키자는 것 즉, 노동자 경

---

35) 고위 탈북자의 충격증언: "북한은 러시아 경수로 플루토늄을 밀수입"
- 김대중 대북 송금한 4억5000만 달러 중 3억 달러 이상이 핵무기 개발, 군사력 증강에 쓰였고 김대중대통령은 북에 송금한 비자금 제공 사실을 덮지 않으면 그 해 가을의 노벨상은 물거품이 되고 정치적 실각을 맞을 것이하고 걱정했다.(조갑제, 2004.『이제 우리도 무기를 들자』81)
- 대북송금 특검 수사기록에 의하면 金大中은 林東源 국정원장에게 "실정법에 어긋나더라도 대북 송금을 하라"고 지시
- 노무현, 2005년 11월 경주에서 열린 韓美 정상회담에서 김정일 비자금을 관리하는 BDA은행에 대한 미국의 금융 제재 해제 요청(조갑제 월간조선 2009/7월)

영권 확대까지 외쳤다.(민주노총 홈페이지<www.nodong.org> 보도자료 방)

김대중은 후일 대통령이 되어 노조 권리는 크게 향상되므로 오늘에 이르러 민노총의 귀족노조가 탄생하는데 큰 역할을 했다.

1971년 김대중 후보의 장충단 공원 연설을 들어보자.

> "건설이라는 것은 국민 전체가 잘살기 위해서 하는 것이고 경제 혜택이 국민에게 고르게 퍼져나갈 때, 그 경제건설은 잘 된단 말이요. '그러므로 세종대왕 시대가 선군시대'라는 것은 그 당시에는 고속도로도 울산공업단지도 없었습니다. 우리가 선군의 시대라는 것은, 비록 그 시대에는 무명 베옷을 입고 산천지를 걸어 다녔지만, 국가의 혜택이 고르게 분배되었던 것이오"(이강호, 2020. 『박정희가 옳았다』 129)

경제발전이 안되고 보릿고개도 못넘는데 세종대왕 당시에 분배할 것이 있었는가? 당시에 김대중이 대통령에 당선되어 대중경제노선이 채택되었더라면 한국인의 경제적 삶이 어떻게 되었을지 상상해 봄직한 대목이다. '고르게 분배'하는 것을 우선시하여 '고속도로도 없고 울산 등의 공업단지도 없는나라'에서 '무명 베옷을 입고 걸어 다니는' 삶을 살며 무엇을 분배하며 살았을까? 현재 우리 국민들이라면 어떤 것을 선택할 것인가?

그런데 1971년 4월 대선 당시 김대중 후보는 '대중경제론'과 함께 '4대국 안정보장론', '예비군 해체' 등의 공약을 앞세워 상당한 지지를 거두었다. 대통령 선거에서 박정희는 어렵게 이겼다. 유신선포를 앞둔 1972년 10월 3일 개천절 경축사에서 박정희대통령은 답답함을 호소했다.

"북한 공산주의자들은 남북대화의 그늘 밑에서 우리의 혼란과 불안을 조성하고자 갖은 책동을 가해오고 있습니다. 바로 이 같은 시점에서 야당은 민주사회의 언론을 악용하여 반대만을 일삼고 있습니다……."

대중경제론과 비교하여 1901년 4월 19일자 '제국신문'에 26세의 한 청년이 유교사회주의 조선시대 한성감옥에서 쓴 사설 하나를 비교해보자.

"옛 글에 말하기를 농사는 천하의 큰 근본이라 하였다. 그 때는 세계 각국이 바다에 막혀 서로 내왕을 통하지 못하고 다만 그 땅에서 생기는 곡식만 먹고 살았은 즉 지금으로 말할 지경이면 세계만국이 서로 통상을 하였다.
흥망성쇠가 상업에 달렸으니 항구에 들어오는 돈〈수출로 들어오는 돈〉이 나가는 것〈수입으로 들어오는 돈〉보다 몇 천 배나 되게 하기를 바라노라"

바로 이승만의 글이다. 말하자면 농자천하지대본이 아니라 상자천하지대본(상업이 최고 직업)이 최고라는 글인데 무역수출입국을 이루어야 한다고 일찌감치 주장했다. 70년 전의 청년의 생각과 김대중의 생각을 비교해 보자.

일본도 임진왜란 때 우리의 도자기 공들을 데려가서 도자기를 만들게 하고 도자기를 수출하여 유럽과 무역으로 무기를 사들였다. 우리는 좀 늦었다.

10월 유신때 언급되는 1971년 김대중 대중경제론의 장충단 공원연설은 그 70년 전인 1901년에 26세 청년 이승만 식견識見(알 식, 볼 견-학식과 견문)의 발끝에도 미치지 못한다. 반면 박정희의 수출입국 노선은 이승만이 1901년 청년시절에 갈파한 '상업흥왕'의 구현이다. 과연 어느 길이 옳았는가?

김대중은 10월 유신이 선포되자 미국으로 망명했다. 미국과 일본을 오가며 한국민주회복통일촉진국민회의(한민통)라는 단체를 만들어 교포사회를 중심으로 반정부 투쟁을 시작했다. 겉으로는 반유신 민주화 투쟁인데 여기에 북한의 공작이 뻗쳤다. 1973년 8월 8일 일본에 있던 김대중의 강제송환조치를 단행하였다. 이는 8월 13일 김대중의 재일 한민통 의장 취임을 저지하기 위한 비상조치였다. 그런데 이 조치는 김대중 납치사건이 되어버렸다. 김대중은 한국으로 납치되었지만 한민통은 이후로도 명맥을 유지하며 활동을 이어갔다.(이강호, 2020.『박정희가 옳았다』 102~103)

박정희 대통령은 이후락 정보부장의 욕심으로 인한 김대중 납치사건임을 알고 그를 해임했다.(김충남, 2006.『대통령과 국가경영』 290)

한민통은 1989년 '재일한국민주통일연합(한통련)으로 이름을 바꾸었다. 한통련은 현재까지도 활동을 계속하고 있으면서 기관지로 민족시보를 발행하고 있다. 지금 문재인 정권에서도 한국내에서도 인터넷 접속이 금지(형식적 금지?)되는 대표적인 친북 매체이다. 한통련 의장 곽동의는 1973년 김대중을 한민통 의장으로 추대했던 핵심인물이었다. 그는 우리 한국에 의해 명백한 북한의 공작원으로 규정된 바 있다.

| 김종필 후계자의 생각 |

박정희의 철학은 누구와도 공감하기 쉽지 않았다. 후계자로 지목되었던 김종필도 후에 "그 분은 정권에 욕심이 많았죠"라고 말한 것을 보면 공화당은 물론 후계자까지 박대통령의 유신을 이해하지 못하겠다는 것이니 누굴 믿을 수 있었겠나.

2인자가 이 정도라면 김형아의 해석도 못따르는 수준! 김형아는 우리 나라의 10월유신에 실망하여 고국을 등지고 호주로 간다. 당시 젊었던 김형아는 독재의 나라를 다시는 오지 않겠다며 견딜 수 없어 갔다.

국립 호주대학 정치학과 교수가 된 김형아는 나중에 대학원 논문의 연구차 일시 귀국하여 보니 한국의 발전상에 놀랐다. 자신도 박정희를 혐오해서 외국에 나갔지만 다시 현실을 보니 박정희를 홀대하는 한국사회에 또 놀라서 충격을 받고 많은 사람을 만나고 연구하여 『박정희의 양날의 선택』을 저술했다.

그 내용 중에서 '박정희의 유신은 중화학공업을 통해 자주국방과 100억불 수출을 이루고 북한을 이기는 것'이라며 반드시 필요했다고 주장했다.(김용삼, 2020.『대한민국 근대화 대통령 박정희 혁명 2』, 240)

박정희는 누구를 믿고 정권을 이양하겠나? 유신의 원인과 취지도 모르는 2인자 김종필도 박정희를 이해 못하니 유신을 이해하는 사람이 얼마나 되었을까? 유신 전후 유신의 취지는 필자처럼 당시 방송으로 설명은 들었겠으나 '장기집권을 위한 것'이라고 생각하는 사람이 다수였을 것이다. 어쨌든 유신헌법 찬성이 90% 이상이었으니 국민들은 박정희를 지지했다.

그러나 김종필은 총리까지 역임했어도 매우 청렴하여 노후에 생활비가 없어 너무 힘든 여생을 마쳤다고 하니 당시 수뇌부가 깨끗하므로 부정부패한 공무원은 매우 적었다.

필자를 포함해서 많은 사람들이 경제적 업적을 인정한다 해도 유신만큼은 독재라고 생각했다. 필자는 초등학교 교사 재직시 교과서대로 '10월 유신은 한국적민주주의'라고 아이들에게 가르치며 속마음으로는 '뭔 한국적? 정권연장이지'라고 생각했다. 거의 많은 국민이 필자처럼 생각하지 않았을까? 이런 상황에 지식인들은 1960~1970년대 내내 박정희 반대 정서를 주도했고 지금도 그렇다.

'유신의 과정에서 박정희가 대통령직을 유지하기 위한 계획을 세웠던 것은 확실하다. 그러나 박정희는 김형아의 주장처럼 그보다 더 큰 야망 즉 중화학공업화된 근대 한국과 안보강국을 이루고자 했다.'

라. 유신독재시대

유신독재시대는 과연 암흑이었나? 박정희시대, 특히 유신의 시대는 정치적으로 어두운 시대로 민주주의가 훼손되고 자유가 박탈된 시대[36]였다고 한다. 1972년은 세계적으로 어떤 시대였나? 미국의 링컨은 이미 언급했고 민주주의 역사 최고인 영국도 자치구

36) 그런데 자유 박탈을 이유로 박정희 시대를 비난하는 이들이 얼마 전 개헌 소동을 벌일 당시 이상한 일이 일어났다. 그들은 '자유민주'에서 '자유'를 삭제한 개헌안을 내놓았던 것이다.(이강호, 2020. 『박정희가 옳았다』139)
그리고 2017년 8월 법원은 '전두환 회고록'의 출판을 금지했다. 5.18민주화운동이 진실된 것을 왜곡한 내용이라면서 그 이유였다. 이른바 민주화를 내세운 이들은 박정희 시대를 비난하며 늘 표현의 자유를 억압하고 사상을 통제했다.
1981년 1월 23일, 당시의 대법원은 5.18을 김대중이 배후 조종한 내란 폭동이었다고 판결했다. 그런데 1997년 4월 17일의 대법원은 김대중의 내란을 전두환의 내란으로 뒤집었다. (지만원, 2022. 『전두환 리더십』. 319)

북아일랜드 사람에게 연방선거권을 주지않고 그들을 구속할 때도 재판 받을 권리조차 주지않았다. 대만의 장개석은 2.28 사건 당시 수만 명의 대만인을 학살했다.(조우석, 2009.『박정희 한국의 탄생』. 407~408) 공산국가들은 수 천만을 학살한 것은 공산당이니 그렇다 치더라도(?) 민주주의라는 것이 매끄럽게 정의되고 실행된 나라가 있었는가?

1973년 8월 8일 일본에서 야당 소속 김대중 의원이 호텔에서 괴한들에 의해 납치되었다는 긴급뉴스를 김정렴 비서실장은 박대통령께 보고 했다.

며칠 후 김정렴 비서실장은 이후락 정보부장과 대면한 박대통령의 곤혹스런 표정을 보았다. 즉 "방금 전 이부장이 얘기하는데 김대중을 한국으로 잡아왔다는 거야. 어쩌자고 그런 일을 해놓고 '어떻게 처리할까요' 하고 물으니 이게 말이 되는 일이야 원……. 그래서 절대로 위해危害(사람의 생명을 위협)를 가하지 말고 즉시 풀어주라고 지시했어."

결국 이후락은 중앙정보부장의 직위에서 파직되었고(1973.12.3.) 이 사건은 과잉 충성과 명예욕을 불러일으킨 대사건이었다.(김충남, 2006.『대통령과 국가경영』. 173~177)

그리고 유신시대에는 반공법에 저촉되는 책도 출판 금지하기가 어려웠다. 그런데 문재인 대통령은 전두환 회고록도 출판금지했다. 그러면서 그는 리영희의 '전환시대의 논리'를 감동적으로 읽은 바 있다고 했다.[37]

---

37) 리영희의 책은 중공 마오쩌둥의 문화혁명을 찬양하고 베트남의 공산화를 옹호하는 내용과 북한공산당을 찬양하고 있었다. 그럼에도 불구하고 이 책은 2017년 전두환

그리고 박정희가 독재를 오래 하려고 새마을 운동을 시작했다고 말하는 좌익 분들도 있으니 더 이상 설명이 필요하겠는가?

또 좌익계열 사람들은 "선진국에 종속당한다는 그 구조 때문에 경제개발에 성공할 수도 없겠지만 곧 쓰러질 수도 있는 모래성"이라고들 말했다. 당시는 마르크시즘과 종속이론이 판치던 대학가였다.

박정희의 경제개발과 중화학공업 육성 등으로 외채가 눈덩이처럼 커졌던 시기는 유신이 끝나고 1984년 무렵이다. 당시 외채가 403억 달러인 아르헨티나, 브라질, 멕시코, 한국 순으로 순서가 매겨졌다. 공교롭게도 한국을 제외한 3개국에서 금융위기가 터졌고 운동권과 대학가 그리고 경제학자 박현채 등 이른바 종속경제와 민족경제를 말하는 지식인들은 "이 다음은 한국의 차례"라고 예고했다.

필자가 1980년대 매스컴 보도에 '한국은 세계에서 빚이 많은 나라'로 4~5번째란 방송을 들었던 기억이 나는데 참으로 안타까워 '언제나 빚을 갚나?'라고 걱정했었던 마음을 숨길 수 없다.

이후 전두환대통령은 긴축緊祝(긴할 긴, 줄일 축-지출을 줄임)경제로 빚

회고록처럼 출간되자마자 판매 금지된 바 없다. 물론 리영희는 책으로 인해 나중에 반공법으로 감옥을 간 적이 있다.

허나 문정부 시절엔 전두환 회고록도 출판금지 되었다. 방송사에서는 문정부와 입장이 다른 이들(전 KBS이사 강규형 등 나중에 무죄로 판결)이 쫓겨나고 있다.

어느 시대가 자유민주주의 시대인가? 북한과의 관계에서도 문 정부의 2020년 전후 한국상황을 보면 한반도 평화와 종전선언을 하자며 서해안의 북방한계선NLL 지역을 무방비 상태로 만들고 북한에는 공군력이 빈약하여 한국만 불리하게 휴전선 비행을 금지, 최전방 GP철거 등 무장 해제하며 평화전술이라 하니 박정희 시대와는 반대로 북한을 이롭게 했다.

심지어 탈북어민을 안대 씌워 강제 북송하고 북한이 서해상에서 해수부 공무원을 불에 태워죽여도 문 정부는 북한 편을 들며 그 공무원이 '월북했다'라고 거짓말하고 있다. 좌익은 보통 거짓말을 하지만 어떻게 정부가 거짓말을 한단 말인가? 윤 정부는 이런 문재인을 처벌하지 않았다.

을 열심히 갚았다. 물론 빚을 갚을 힘은 10월유신의 중화학공업이 밑받침이 된 수출향상 실적이다. 왜냐하면 수출내역이 경공업에서 중화학공업으로 바뀌며 중화학공업 제품이 82%나 증가되었다.[38]

1960~70년대 군사 쿠데타가 일어났던 다른 나라들 대부분이 우리와 정반대인 빈곤하게 살고 있는데도 독재만을 비판한다. '가난 구제는 국가도 못한다'는 말은 '가난 구제는 국가가 해냈다.'로 바뀌었다. 아니 박정희가 해냈다. 국민이 그를 따라 '할 수 있다'며 열심히 일했기 때문이다.

90년대에 386세대(90년대에 30대였던 세대이고 80년대 학번이며 60년대 출생한 사람)라 일컫는 다수의 학생운동권 출신들은 유신시대 때 인혁당[39] 등 사건들은 대외적 주장과는 달리 운동권 내부에선 용공조작 容共造作(얼굴 용, 함께 공, 지을 조, 지을 작–공산주의 모습이라고 조작)으로 간주하지 않았다.

1학년 시기의 기본적인 의식화단계에서 어느 날 대학 선배가 낡은 복사물 뭉치를 한 아름 들고 들어온다. 인혁당을 비롯하여,통혁당[40] 해방전략당(남조선해방전략당), 남민전(남조선민족해방전선) 등은 4대 공안사건이다.

---

38) 1976년 중화학 공업 투자 비중은 경공업 투자의 3배(74% : 26%)에 달했으며, 이후 간격이 계속 벌어져 1979년에는 4.5배(82% : 18%, 2조 2341억 원 : 4737억 원)로 늘어났다.[출처][중화학 투자 조정과 제2차 부실기업 정리]

39) 인민혁명당을 말하며 북한의 지령을 받고 간첩 활동을 하던 도예정은 징영 4년 선고받음. 인혁당 재건을 꾀하다 사형 언도받고-병사함. (조갑제닷컴(1998),『종북 백과사전』35)

40) 통일혁명당이라고 하며1961년 전남 최영도가 남파공작원에 포섭되어 김종태를 포섭 이후 김질락과 통혁당을 조직-김질락은 사형됐다. 이 사건에 노무현정권 때 한명숙총리와 신영복이 연루됨. 신영복은 무기징역 선고 받음. (조갑제,1998.앞의 책 34)

지하조직이란 비합법적인 사회운동이나 정치운동하는 비밀조직이다. 선배의 첫마디는 이렇다. "용공조작容共造作은 없었다. 이것은 모두 사실 그대로다." "용공조작이 아니라 솔직하게 말해 분명한 좌익혁명운동이다"

그렇게 교육을 받은 학생은 1년 뒤 자신의 후배들에게 똑같은 교육을 시키며 "용공조작(간첩이 아닌데 공산주의자로 조작함)은 없었다"라고 똑같은 말을 되풀이 했다.(송복 외 9인, 2017. 『박정희 바로보기』.145~146)

2013년 공공 건물 파괴 등 국가전복 및 내란죄로 현재 감옥 복역 중인 이석기 사건이 드러났을 때 통진당 대표 이정희는 유신시대처럼 용공조작이라 했다. 이석기 사건 또한 용공조작이 아닌 실제이다.(이강호, 2020. 『박정희가 옳았다』. 149)

그리고 박정희 통치 시기인 1968년 통혁당 사건으로 주범 김질락은 사형당하고, 신영복은 무기징역을 선고받고 거짓으로 전향서를 썼는데 당국에서는 거짓 전향을 몰랐는지 알았는지 1988년 광복절에 출소시켰다. 그는 또 통혁당 사건 자체가 조작이라고 용공조작론을 반복했다.

그래서 2020년 전후에 공산주의가 우리 정부에까지 침투했다. 즉 주사파 임종석이 대통령 비서실장에 버젓이 임명되었고 문재인 대통령은 평창 올림픽 환영식에서 신영복에 대해 "존경하는 한국의 사상가"라고 말한 것 등이 증명한다. 그리고 문대통령은 베트남을 방문해서는 공산당 창시자인 호치민을 "인류의 위대한 인물"이라 했고 베트남이 공산주의 월맹에 멸망당하니 희열을 느꼈다고 자서전에서 말했다.

기타 1980년대 들어 정의구현사제단도 '국가보안법폐지', '평화' 등 북한과 똑같이 주장하고 있다. 국가보안법은 일반 국민들에게 전혀 불편을 주지 않는다. 단지 주민이 굶어죽는 북한을 찬양하는 죄가 위배되는 좌익 분들에게 늘 괴로운 법이다.

세계 역사에 평화를 외쳐서 평화로운 나라가 없었던 것처럼 요즘 2021년 전후 한국에서 대통령이 평화와 종전선언을 외치니 걱정이다.

로버트 달에 의하면 1인당 GNP가 4천~7천불의 경제가 되어야 민주주의가 확립된다는 것이다. 우리 나라의 경우 노태우 대통령 때의 6월 항쟁이 민주주의를 만든 것이 아니라 경제가 기반이 되어 민주화의 때가 된 것이다.

1960년 82달러로는 불가능했고 6,600달러를 달성했던 노태우 대통령 때 가능했다. 그 기반은 이승만, 박정희, 전두환 때 마련되었다. 전두환은 김재규,정승화 반란세력을 평정하여 정치혼란을 막으면서 빚을 거의 갚고 한국을 위기에서 탈출시켰다. 나아가 '경제성장, 물가안정, 국제수지 흑자'의 세 마리 토끼를 잡아 나라를 구했다.

즉 박정희는 일본은 물론 한국육사 미군교육(6개월)까지 두루 섭렵한 투철한 군인정신의 소유자다. 따라서 국가에 대한 충성은 물론 예절과 상무정신, 신의를 지키고, 검소한 근검절약 정신이 몸에 배어 있는 것이 그의 생활이며 신조였다. 바로 이러한 군인정신이 국민운동과 새마을운동의 기본정신에 반영되어 있으리라 본다.

그는 문무를 겸한 남다른 경력과 능력을 갖추었으며, 비상한 기억력과 세계를 내다보는 넓은 식견과 판단력을 가지고 있었다. 또한 그는 계획적이고 조직적이며 강력한 통솔력과 추진력 그리고 리더십을 갖추었기에 혁명과업을 완수할 수 있었다.(박정희대통령 기념재단, 2018.『박정희 그리고 사람』. 285)

새마을 精神

대통령 박정희

제3장
박정희 집권기간 갈급함의 시대

1. 집권초 경제개발 계획의 태동

1947년 8월 14일, 대한민국을 건국하기도 전에 우리나라에서 선발된 젊고 유능한 학생들 30명이 미국으로 여객선이 아닌 화물선을 타고 유학을 떠났다. 그들의 여권은 미 군정청이 발행한 것이었다.

그들이 유학을 떠날 수 있었던 것은 이승만 대통령의 도움이 있었기 때문이다. 이승만은 하버드대학에서 석사과정을 밟을 때 틈틈이 하버드 공대, MIT 공대 등을 찾아가 미국이라는 거대강국의 과학과 공업의 실상을 보았다.

당시 이승만은 과학이 발전해야 한다는 것을 절실히 깨달았고 후일 대통령이 되고 난 후 철강 산업, 원자력 산업을 일으키려 했다. 이승만은 워싱턴대, 하버드대, 프린스턴대 등 3개 대학에서 학사, 석사, 박사학위를 받았고 선교사들의 추천 소개로 인해 이승만의 인맥은 미국에 참으로 폭넓게 퍼져있었다.

6.25가 끝나고 먹고살기 힘든 시절 1956년 들어 이승만 대통령은 조직적으로 유학생을 파견한다. 그해 미국으로 건너간 유학생들은 여전히 미군 장교 부인회의 도움을 받았고[1] 1956년에 독일 유학생도 선발했는데 김재관은 유학생 선발시험에 합격하여 뮌헨 공대로 유학했다.

1950년대 말 취학률이 96%에 이르고 이승만 집권기에 중학생은 10배, 고등학생은 3.1배, 대학생의 수는 10만 명으로 12배로 급증했고 영국의 대학생 수와 비슷했다. 또 미국으로 간 유학 훈련 연수 등의 명목 형태로 미국에 보내진 인원은 2만여 명이었다. 이때 박정희는 준장으로 1954년에 미국에서 교육을 받았다.

즉 이승만이 뿌린 교육혁명의 씨앗이 과학기술에 갈급해 하는 박정희 정부 때 꽃을 피우기 시작한 것이다.

1961년 5 · 16 쿠데타 직후 모든 민간 지도자로 구성되는 '국가재건기획위원회'를 조직하여 조언을 받아 이승만 정부의 것을 기초로 경제개발 5개년 계획이 수립되었다. 얼마 안 되는 기업가들도 5 · 16 쿠데타 직후 부정 축재자로 지목되어 구속되었다. 그러나 박정희 의장의 결단으로 이들을 풀어주면서 5개년 계획 사업에 협조를 요청하여 '경제재건촉진회'(61년 8월 '한국경제인연합회'로 개칭하여 현재에 이름)를 구성했다. 기업가의 부정축재 환수금은 제1차 경제개발 5개년계획을 완수하고 난 후, 주식으로 내게 했다.

---

1) 미국에서 도움을 준 단체와 개인은 다수지만 한미협회에 찾아온 미군 장교 맥아더와의 인연은 이때부터인데 맥아더는 당시 소령이었다.
이승만이 조직한 한미간 우호협회는 각 도시에 지부가 있었고 기타 기독교인 친한회, 북미국민회, 재미한족연합위원회, 남한만의 총선거 추진했던 '전략회의'라는 자문기구 등이 있다.(유영익, 2020.『이승만의 건국과 비젼』.173~266)

박정희 국가재건위원회 의장은 경제기획원을 신설했는데 그 장관은 61년 7월부터 2년 10개월 동안 7명의 장관이 바뀌었다.[2)]

하지만 제 역할을 다하는 김정렴 비서실장, 오원철 경제 2수석, 김학렬 경제기획원장관, 남덕우 부총리[3)] 등의 사람들이 장기간 핵심참모 노릇을 했다.

박정희는 사람을 적재적소適材適所(맞을 적, 재목 재, 바 소-알맞은 인재를 알맞은 곳에 씀)에 일하게 하는 용인술用人術(사람을 쓰는 기술)이 뛰어났다고 할 수 있다.(김용삼, 2020. 『대한민국 근대화 대통령 박정희 혁명 1』. 299)

1961년 5월 16일 군대를 앞세워 집권한 박정희는 '하면 된다'는 의지만 확고하면 무엇이든 이룰 수 있다고 믿었다. 그렇지만 '경제'는 의욕만 갖고 되는 일이 아니었다. 실천 도중에 1차 5개년계획은 축소되었는데 그 예가 종합 제철사업을 비롯 금속, 기계공업 등 11개 사업이 축소되었다.

1차 경제개발 5개년계획이 1962년부터 추진 중이었는데 돈이 떨어진 것이다. 국내 공장을 가동하기 위해 원자재와 주요 물품은 수입해야 하는데 외국으로부터 외자[4)]外資(바깥 외, 재물 자-외국의 자본, 즉

---

2) 빈번한 장관의 자리 교체는 우리나라의 경제 사정의 혼돈을 짐작케 한다. 박 대통령은 우리 경제난을 해결하기 위해 경제 총수에 합당한 장관을 추천받았지만, 이 사람을 등용해도 안 되고 저 사람으로 바꿔도 안 풀리고, 한번 장관 경험한 사람을 다시 시켜봐도 별 뾰족한 수가 없었다.
경제기획원 장관의 권한이 약하다는 여론이 일자, 제7대 장관부터는 부총리라는 직함도 부여했다. 그러나 물가고, 인플레, 실업자 문제 등으로 민생고는 극심했고 1차 5개년계획은 부진했다.

3) 3대 악재인 물가폭등, 국제수지악화, 성장 후퇴 등을 해결하여 당시 남덕우를 빗대 유행어가 생겼다(남:남의 호주머리를, 덕:떡(덕)주무르듯, 우:우물떡 주물떡하는 사람)(홍하상, 2005. 『주식회사 대한민국 CEO박정희』. 248)

4) 혁명정부는 '정부 지급보증법'을 제정해 외자를 빌려 쓴 민간기업체가 원금이나 이자를 상환 못 하면 대한민국 정부가 책임지고 갚겠다는 보증을 섰다. 하지만 대한민국에 돈을 꾸어주는 금융기관은 세계 어느 곳에도 없었다.

차관)도 얻을 수 없었다.

박정희는 집권하며 내걸었던 공약대로 절망과 기아선상에서 허덕이는 민생고를 해결하고자 하는 열망은 강했지만 안타깝게도 '돈'이 없었다. 미국에서의 차관借款도 실패한 후 즉시 1961.11월 서독 차관단을 꾸려서 시도했다. 여의치 않아 박정희는 직접 1964년에야 서독을 방문하게 되었다.(2장. 2. 사 참조)

차관을 얻기 위해 박 대통령은 1964년 서독을 방문하여 많은 것을 보고 느꼈다. 박정희 대통령은 아우토반고속도로를 달리면서 수송 능력과 경지 정리된 농촌 풍경에 넋을 잃었다.

귀국 후 수석 비서관들은 대통령으로부터 농촌의 경지 정리, 농어촌 전화 사업, 간이 상수도 설치, 지붕 개량 등에 관하여 쉴 새 없이 많은 질문을 받았다. 대통령의 구상이 하나씩 밝혀지면서, 그것을 실천에 옮기기 위한 지시가 내려졌다.(오원철, 2006. 『박정희는 어떻게 경제강국 만들었나』. 74~75)

그리고 1960년대 서울대 교수들을 비롯한 미국까지 모두가 반대하는 획기적인 정책 변화 즉, 농업 중심의 수입대체輸入代替(보낼 수, 들 입, 대신할 대, 바꿀 책)에서 수출주도형으로 전환되었다. 수입대체 정책은 가능한 수입을 제한하여 국내 산업을 보호하는 것이었으나 수출로 방향을 돌림은 서구의 주장과는 다르게 반대되는 결정이었다. 나아가 타당성이 없다고 한 경부고속도로, 포항제철, 중화학

우리에게 원조를 주고 있는 미국에서도 차관借款(빌릴 차, 항목 관-국가 간에 돈을 빌려주고 빌려 씀)은 어렵고 아이젠하워 행정부 시절부터 이승만 정부에 권하기를 한일 국교 정상화할 것을 강력히 주문했으나 국민의 반일 감정 때문에 이승만 대통령도 완강하게 거절했다.(김용삼, 2020. 『대한민국 근대화 대통령 박정희 혁명 1』. 360)

공업 진입도 그대로 밀어붙였다.(최중경, 2012, 『청개구리 성공신화』)

수출주도형의 박정희 정책이 옳았음을 입증한 사람은 유일하게 노벨 경제학자 루카스 교수인데 그는 우선 수입대체 정책을 통해 어느 정도 산업화의 기초를 확보한 다음, 시간이 흐른 후에 수출촉진 정책으로 전환하게 된다고 했다. 그리고 여기에 인적자원(국민경제가 필요로 하는 인간의 노동력)의 필요성을 추가했다.(박정희대통령 기념재단, 2018, 『박정희 그리고 사람』, 115)

수입대체 정책이 실패한 인도나 남미와 달리 한국이 성공한 원인은 이승만 대통령 시절 한글도 모르던 국민을 교육시킨 교육혁명을 통해 풍부하고 우수한 인적자본을 갖추고 있었기 때문이다.

이런 환경에서 박정희는 돈이 없었다.

"무엇보다 자금이 필요하다. 기댈 곳은 일본뿐이다. 우리가 대일 청구권을 요구할 수 있지 않은가?"(그 청구권 내용과 과정은 본책 2장 6.3 혁명 참조) 박정희는 결국 청구권을 받아 공업 입국으로의 길을 걷고 수출만이 살길이라는 신념아래, 수출제일주의의 공업국임을 선언하였다.

1964년 초만 하더라도 시간당 노임은 일본이 미화 56센트, 한국이 16센트였다. 대만의 노임은 시간당 19센트로서 우리와 비슷했다. 인건비가 똑같은 조건으로, 우리나라보다 한발 앞서가고 있던 대만과는 도저히 경쟁할 수 없었다.[5)]

---

5) 1964년 5월 박 대통령은 일대 결단을 내렸다. 환율 1달러당 130원을 약 2배인 1달러당 255원으로 인상한 것이다. 이로써 우리나라 인력의 시간당 평균 노임은 미화 약 10센트가 되어 대만이나 태국, 필리핀보다 저렴해져 국제경쟁력을 갖게 됐다. 좌익들은 혹사했다는 말을 늘 입에 달고 있다.
요즘은 우리나라의 최저임금 등 임금이 급격히 올라 문제가 심각하지만, 당시에 경쟁이 안 될 사람값을 대폭 내린 셈인데 좌익계열학자들은 일자리가 없었던 것은 말을 안한다.

이런 값싼 인력이 우리나라 공업의 '수출 체제로의 전환'이라는 국가적 전략을 추진하는 데 있어서 유일한 자원이 되었다. 인력이 값싸지니 일자리가 늘고 산업이 발전함에 따라 임금이 자연스럽게 상승한다. 노동자를 착취했기에 분신자살했다는 전태일은 4년 만에 10배의 임금이 상승했다. 사람값 즉 임금이 이렇게 가파르게 상승한 나라가 있는가?

박대통령은 전 국력을 수출에 쏟아붓기로 했고 경제기획원장관 겸 부총리에 장기영, 상공부 장관에 박충훈을 임명했다. 1964년 5월 이 두 장관은 산업혁명으로 발전시키는 기폭제 역할을 하게 된다.(오원철, 2006.『박정희는 어떻게 경제강국 만들었나』. 80) 1964년 12월 15일 수출의날 박충훈 상공장관은 목표액을 점검할 때 12월 31일 밤 10시 수출대금이 1억 2,090만 달러를 기록했다는 보고가 올라왔다. 1964년에 1억 달러 수출목표를 달성한 신생 공업국은 우리나라를 비롯해 아이슬란드, 과테말라, 코스타리카, 튀니지 등 모두 12개국이었다. 그들도 나름대로 감격스러운 1억 달러 수출목표를 넘어 100억 달러 수출목표를 열려 했지만 1964년 1억 달러 수출목표를 한국과 함께 달성했던 나머지 11개국은 중진국 대열의 진입에 모두 실패했다.

이런 상황에 1963년 20세기 하반기 당시 한국의 사상가, 민권운동가라 일컫는 함석헌은 4 · 19 이후 혼란스러운 민주당 시대에 혁명 이외 다른 길은 없다고 평가했었다, 그러나 1963년 7월에 와서는 당시 조선일보에 대한민국을 흔들었던 칼럼을 공식 발표한다. 공식 매체에 발표된 높은 어조의 박정희 비판이다. 칼럼 제목이 그 유명한 '삼천만 앞에 울음으로 부르짖는다'[6]였다.

군사쿠데타가 당시 사회적 요구였던 것은 2장에서 말한 바와 같고 혁명이론에 관련해서는『우리 민족의 나아갈 길』만 읽어 봤어도 이러한 국가에 유익이 안 되는 말로 남을 헐뜯기만 하는 고질병을 드러내지 않았을 것이다.

2. 경제개발계획과 과학기술 5개년계획

가. 과학기술 시동

1961년 5 · 16 이후부터 과학기술은 약진했다. 그해 가을 국산 라디오 제1호를 설계했던 김해수의 증언을 빌면 당시 선글라스를 낀 작은 사나이가 왔다고 했다.

> "예고 없이 찾아와 미안합니다. 라디오 공장을 좀 보러왔습니다.
> '저 양반이 요즘 신문에 나는 박정희 의장?' 공장을 두루 살펴본 박정희는 브리핑까지 듣고 질문이 쏟아졌다.
> "기계시설은 어느 나라 것인가? 국산화율은?"
> "어떻게 하면 금성사가 살아날 수 있겠소? 무얼 도와드릴까요?" 등의 질문을 하고 답하면서 1주일 후 라디오 등 밀수품 근절에 관한 최

---

6) "박정희 님, 내가 당신을 국가재건최고회의 의장, 혹은 육군 대장이라고 부르지 않는 것을 용서하십시오. 여러분의 애국심을 인정합니다. 그러나 여러분은 여러 가지 잘못을 했습니다, 첫째 군사 쿠데타를 한 것이 잘못이고 칼만 믿었습니다."

고령이 발표되고 농어촌 라디오 보내기 운동이 전개되었다. 주문은 폭주하고 생산설비는 증설되어 여공 모집이 급하게 증가했다. (조우석, 2009. 『박정희 한국의 탄생』. 73~74)

박정희의 과학기술에 관한 관심은 유별났다. 박정희 국가재건 최고회의 의장은 1962년 1월 제1차 경제개발 5개년 계획에 착수한데 이어 그해 5월 제1차 과학기술진흥 5개년 계획을 수립했다.

1962년 1월 1일 신정 후 박정희 최고 회의 의장은 관계자에게 뜻밖의 질문을 했다. 기술 분야 문제없는지, 그리고 우리 기술로 가능한지, 대책은 무엇인지 묻고 4개월 뒤까지 계획을 수립하도록 지시했다.

한국과학기술연구소 기공식, 이 연구소는 1970년 까지 완공, 연구시설을 완비하고 330명의 과학자를 확보할 계획이었다. 1966년 1월 6일

나. 월남 파병의 선물 과학기술연구원(KIST)

1945년 2차 대전 후에 독립한 140여 개 국가 중 기술진흥 5개년 계획을 수립, 시행한 것은 대한민국이 최초라고 할 수 있다. 1965년 4월 박 대통령은 월남 파병에 보답으로 존슨의 초청을 받았다.

박정희 대통령이 1965년 5월 18일 당시 미국 존슨 대통령과 정상회담 후 12가지 의제에 대한 공동성명을 발표하는 모습.

"파병에 감사하고 선물을 주고 싶은데 뭘 원하십니까?"라는 존슨의 물음에 박 대통령은 과학연구소 설치를 요구하여 연구소 설치가 합의되었다.

월남 파병의 선물인 연구소는 다름 아닌 한국 과학기술연구원(KIST)으로 이름이 지어지고 맨땅에서 출발했다.

한국 과학기술연구원(KIST)의 설립 제안이 나온 것은 제1차 경제개발 계획이 한창 진행 중이던 60년대 초인데 돈이 없어 독일에서 차관을 들여오긴 했으나 물건 만드는 기술이 없었다.

과학기술처 개청식에 참석하여 연설하는 박 대통령, 1967년 4월 21일

최형섭 과학기술처 장관에게 "기술발전을 위해 어떻게 해야겠소?"라는 느닷없는 질문에 과학기술 계획은 재촉되었다. 1967년, 단군 이래 처음으로 과학기술의 진흥을 위한 '과학기술처'가 탄생했다.(김영섭, 2010.『과학대통령 박정희 리더십』. 265~268)

이승만 때 1959년 원자력연구소가 건립되고, 1966년 한국과학기술연구소도 설립되어 대통령의 특명으로 1967년 과학기술진흥법이 제정되었다. 과학기술연구원의(KIST) 윤여경 박사는 훗날 회고했다.[7)]

대덕 연구단지에서 연구원의 설명을 듣는 모습. 1978. 4. 19

박정희는 한국과학기술연구원(KIST)설립 이후에 대덕연구소, 전자통신연구소, 국방과학연구소 등도 설립했다.

---

7) 박정희 대통령은 과학적 지식을 필요로 하는 포병장교에 있었기 때문에 먹고 살기도 힘들었던 그 시절에 과학의 중요성을 이미 파악했다. 그리고는 과학을 발전시키기 위해 과학입국에 열을 올렸다.
박정희 대통령의 간곡한 요청에 따라 해외에서 혁혁한 성과를 내던 유능한 과학 인재들이 한국으로 들어왔다. 1967 돌아온 두뇌는 18명이었다. 미 험프리 부통령은 "과학자들이 환경 좋은 미국 마다하고 고국으로 간 나라는 한국인이 유일하다"고 했다.

다. KIST의 도약

1964년 말, 최형섭은 청와대로부터 공업과 과학에 관한 브리핑을 해달라는 지시를 받게 된다. 대통령은 그에게 KIST 설립을 지시하고 초대 소장을 맡겼다.(김영섭외 14인(2010). 『과학대통령 박정희 리더십』 177~184)

최형섭은 '한국과학기술의 개척자'이자 대한민국 과학기술 연구 체계의 기본 틀을 세운 과학행정가였다. 최형섭의 급선무는 해외에서 일하고 있는 과학자들을 유치하는 것과 연구의 자율성을 보장하기 위한 감사나 사업 승인을 받지 않게 하는 것이다.(박정희 대통령 기념재단(2018). 『박정희 그리고 사람』. 261~262)

박정희 대통령으로부터 임명장을 받는 최영섭 초대 KIST 소장

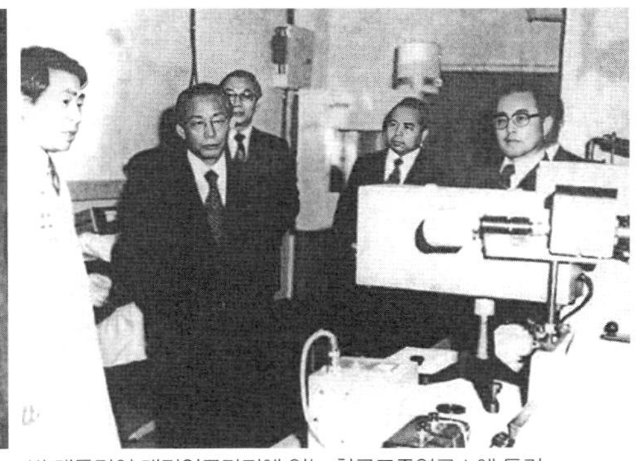

박 대통령이 대덕연구단지에 있는 한국표준연구소에 들러 표준광학 온도계에 관해 설명을 듣고 있다. 1979. 2. 22

어느 날 경제기획원의 핵심 실세 공무원이 최형섭에게 전화했다. KIST 예산 2억 원을 다른 데로 돌려야 하는데 양해를 해달라는 것이었다. 2억 원 삭감안은 박정희 대통령에게도 보고되었다.

그러자 대통령은 경제기획원의 실세에게 "KIST의 예산이 2억 원 삭감되었다는데 사실이오?"라고 물었다. 그러자 경제기획원의 실세는 "소장과 의논해서 그쪽의 양해를 얻어 삭감한 것입니다"라고 말했다.

그러자 대통령은 "다시 10억 원으로 집행하시오"라고 지시했다. 대통령이 직접 지시했으므로 그 후로 KIST의 예산은 누구도 삭감하지 못했다. 연구의 자율성이 확보되자 연구원들은 열심히 일했다. 24시간 불이 꺼진 적이 없었다.[8)]

최형섭은 미국 베텔연구소를 비롯해 여러 루트를 통해 우리 과학자들 명단과 이력서를 확보한 후 면접으로 18명이 선정되었다. 현재는 KIST 설립 이후 40년이 되면서 석박사 4000명 이상 증가하므로 전문연구소가 분가되었다.

이들 18명의 봉급은 당시 서울대 교수 월급의 3배여서 서울대 공대교수들의 반발했다. 그들이 속했던 미국의 기관에 비해서는 30% 수준이었다. 최형섭에게 봉급표를 가져오라 하여 본 후 "과연 나보다도 봉급이 많은 사람이 수두룩하군"하면서 "이대로 하시오" 하며 딱잘랐다.(조갑제, 2006.『박정희 8 철부지 학생과 반동정객』. 95)

박 대통령은 때때로 KIST 연구원들을 한정식집으로 불렀다. 그

8) 요즈음과 비교하면 쉽게 이해되고 대조된다. 즉 거대 야당 민주당은 1900억원 규모 원전 예산 삭감하여 원자력 생태계 회복을 못하도록 했다 〈경북일보2023. 11. 21.〉 또 내년도 원전예산 1820억원을 삭감해 의결했다. 원전 생태계 지원을 위한 예산 1112억원, 기술개발 사업 332억원은 물론 원전 수출 보증에 쓸 예산 250억원까지 삭감했다.
윤석열 정부 들어 親원전 정책으로 이제 막 원전 생태계가 살아나고 있는 시점에 민주당은 이날 윤 정부의 원전정책은 모조리 자른 대신 문재인 정부가 추진했던 오염심각한 신재생 에너지 관련 예산 3900억원은 전액 통과시켰다. 윤 정부의 에너지 정책을 폐기시키고 문 정부의 脫원전으로 가자는 것이다. 〈경상매일신문2023.11.21.〉
(그리고 2024년 7월 20일 연구개발(R&D) '예산 재검토'라는 윤석열 대통령 한마디에 16.6%인 5조 2천억원이나 삭감되어 과학계는 혼란스럽다.)

러나 긴장이 풀려서인지 자리에 앉기가 무섭게 코피를 쏟는 연구원들이 많았다.

열악한 환경 속에서 오랫동안 일하다 보니 쓰러지는 사망자가 많았다.[9)]

그들의 가슴 속엔 애국심뿐이었고 그들에게는 복잡한 역사가 있었다. 이승만 대통령의 배려로 6 · 25전쟁 중 대학에 들어갔고, 전쟁 중에 판자로 지어진 판자촌에서 강의를 들었다.

건설 당시에 박 대통령은 현장에 직접 나와서 연구원이나 건설 인부들에게 금일봉을 주는 등 신경을 많이 썼다.

박대통령은 윤여경 경제분석실장에게 〈수출공단 경영합리화 방안〉을 지시한 후 수개월 후 무려 3시간에 걸쳐 보고받고서 “역시 KIST가 낫구먼.”이라고 흡족하게 평가했다. 윤여경 박사는 훗날 김재관 박사를 도와 포항종합제철을 설립하는 데 중요한 역할을 하게 된다. 그리고 당시 1인당 소득이 100달러도 되지 못하고 노동력이 넘치는 가난한 나라에서 과학기술인력 양성을 중심으로 한 기술진흥계획('우리 민족의 나아갈 길' 277쪽 '과학자 우대'관련 내용도 이미 있었음)도 세웠다는 것은 놀라운 일이다.

그래서 1960년대 공업고등학교를 대폭 확충하여 시골 촌부를 산업 전사로 만들고 학생들 꿈은 과학자가 많았고 서울공대가 대학 배치표 1위에 오르면서 기술자가 우대받는 세상이 되었다.(이영훈, 2019. 『박정희 새로보기』. 191~197)

---

9) 그들 명단은 최상(기술정보실장), 장경택(금속가공실장), 현경호(원자력연구소 근무), 정원(표준연구소 부소장), 천병두 소장 등이다.

개선한 선수단이 김포공항을 출발 서울 시내까지 카 퍼레이드를 펼쳤다.

정수직업훈련소를 시찰하는 박정희 대통령과 육영수 여사

기능인 올림픽에 참가한 후 1967년이 되어서야 두 개의 금메달(양복, 제화 부문)을 딸 수 있었고 그 후 10년 후 우리나라는 처음으로 종합우승을 차지했다. 이후에도 25차례 참가해 16번 종합우승을 차지해 세계가 인정하는 기능 강국으로 부상했다.

2009년 기준 과학경쟁력 세계 3위로 성장했다. 이러한 박정희 대통령의 공헌에 과학기술계 원로들은 박정희 과학기술기념관을 건립하였다.[10)]

3. 산업혁명과 경제개발 5개년계획

19세기 후반부터 일어난 문명사의 일대 변화 중 하나는, 아마 미국 경제가 영국의 해가 지지 않는 나라인 영국을 추월한 사건이라 할 수 있을 것이다. 어떻게 이런 일이 가능했을까?

1776년에 독립한 미국이라는 사회는 영국 등 다른 서구 선진국들과는 달리 농경사회의 전통적 계급이념인 '사농공상士農工商'(선비와 벼슬아치들이 최고 계급이며 상업은 최하위)의 이념적 바탕이 없이 자본주의적인 이념이라 할 수 있는 상공농사商工農士(상업이 최고) 이념에 가깝게 출발하였다는 점이다. 우리나라도 1960년~1970대의 '전 산업이 수출화' 과정과 급격한 경제발전 과정[11)]은 '한국형 산업혁

---

10) 기념관 건립 사업을 주도하고 있는 박원훈 KIST연우회장(한국과학기술한림원 총괄부원장)은 기념관 건립은 단지 박 전 대통령에 대한 향수 때문이 아니다. 이건립은 과학기술의 중요성에 대한 한 국가지도자의 정확한 인식이 얼마나 국가발전에 이바지했는지를 이해하고, 이공계를 피하는 현 세태에서 살아있는 교육 현장의 역할을 할 수 있을 것이라며 설립 의도를 밝혔다.

11) 우리나라는 1964년에 1억 달러를 수출했으며(1억 달러 달성한 날이 12월 1일 기념하여 수출의 날 정함)이후 3억 달러를 넘고 1969년 수출의 날 기념식에 박정희는 연설했다.

명'이라고 말할 수 있을 것이다.

서구 선진국이 근대적 산업화에 성공해 날아오르는데 걸린 기간을 제시한 로스토우에 따르면 영국은 장장 1783년부터 131년이 걸렸다. 프랑스는 84년, 독일은 74년, 볼셰비키체제의 러시아는 72년, 일본도 72년이 걸렸다.(송복 외 9인, 2017.『박정희 바로보기』.100)

한국형 산업발전을 이해하려면, 박정희, 김정렴 비서실장, 오원철, 이들 삼 인의 알려지지 않은 역할을 이해하는 것이 필수적이다. 즉 박정희의 통치력, 김정렴의 경제운영, 그리고 오원철의 산업개발, 이 세 요소가 한국형 산업발전에 강력한 시너지(공동으로 함께 할 때 에너지가 높아짐)를 이뤘다.

박정희 대통령이 가장 신임했던 측근 각료이며 국보로 불렸던 오원철 씨는 20년에 걸친 한국의 정치, 사회, 경제의 전환을 통해서 세계 역사상 유례가 없는 발전을 가져오게 했다. 즉 그는 한국을 세계 강국 대열에 올려놓은 핵심 기술 관료 중의 한 사람이다.

가. 제1차 경제개발 5개년계획(1962~1966)

혁명 정부는 1961년 7월 22일 한강의 기적이 시작되는 경제기획원 신설을 공포하고 경제기획원 장관이 경제 부처를 통솔하는 제도가 생겨 제1차 경제개발계획을 수립하라는 지시에 회의가 열

"정부는 내년에 일대 고비인 10억 불 수출 목표를 기필코 달성할 것이며 싸우면서 건설합시다."라고 외침. 사실 한국 경제는 박정희가 원래 설정한 목표치를 넘어섰다. 예컨대 1970년에 10억 달러 달성, 1976년에 수출고는 총 77억1,500만 달러인데 1969년에 예상했던 수치의 두 배에 달하고(오원철, 2006.『박정희는 어떻게 경제강국 만들었나』149) 100억 달러, 1000억 달러까지 급발전했다.

렸다.[12] (조갑제, 2011.『한강의 새벽 박정희 소장은 왜 일어났는가?』. 562~563)

1962년 1월 발표한 제1차 경제개발 5개년계획의 실행에 많은 문제가 발생했다. 특히 1962년 6월 개인 소유 자금을 끌어내 기업이 빌리려고 화폐개혁을 실시했으나 국민에게 돈이 별로 없었으므로 경제 혼란만 초래하기도 했다. 그리고 '공업 입국' 신호탄인 공업단지를 조성한 것은 경공업輕工業(가벼울 경, 장인 공, 업 업-섬유, 식품 등 가벼운 제품의 공업)과 중화학공업을 위한 혁명공약의 실천이었다.

이어서 1963년 12월 17일 박정희가 대통령직에 취임한 해는 우울한 해였다. 왜냐하면, 미국이 원조를 줄이자 경제개발 5개년계획을 더 추진할 수가 없었다. 절망과 기아선상에서 허덕이는 민생고를 시급히 해결하는 공약은 어려운 일이었다.

1963년 9월 달러 총 보유고가 1억 달러에도 못 미쳤기에 우리나라의 첫 번째 외환 위기였다.[13]

경제개발 5개년계획 자체를 성장률 7.1%에서 5%로 수정하여 보완계획을 내놓았다. 결국 제1차경제개발5개년계획은 전력 석탄의 에너지원과 기간산업 확충, 사회기반시설 건설로 경제개발의 토대를 형성하여 수출 증대시키려 했다.

박정희 정부는 과거의 잘못된 농업 위주 정책을 고집하지 않았기에 수출 위주의 새 길을 발견할 수 있었다. 과거의 잘못에서 배

---

12) '시멘트 공장을 만들자. 제철소가 있어야 한다. 정유공장을 건설하자. 발전소가 모자란다. 비료공장을 세우자.' 등의 의견들이 쏟아졌다. 고속도로를 닦아야 한다는 의견도 제시됐다. 방법은 없고 목표만 내세우는 들뜬 분위기였다.(이완범, 2006.『박정희와 한강의 기적』. 211)

13) 환율이 고정환율을 유지할 수 있을 정도의 외환보유고가 없다는 의심이 드는 상황이다.

우는 학습이 새로운 창조로 이어졌다.[14)]

매년 40% 이상 수출을 증가시키는 것은 기적의 일로써, 외국의 어떤 나라에 이런 예는 없었다. 박 대통령의 지휘방법인 "기회 있을 때마다 밀어붙여라"라는 명령에 힘을 다해 따를 수밖에 없었다. 애로사항은 부지기수였다고 관리들은 말했다.

1965년 1월 16일 새해 연두교서에서 새 해 3대 목표를 증산, 수출, 건설로 설정하고 1965년부터 매월 수출확대회의를 열겠다고 선언한 후 서거 전까지 매월 참석하여 애로 사항은 즉석에서 해결했다. 수출확대회의에서는 항상 수출업자 쪽에 유리하게 결정이 났다. 박 대통령이 수출업자의 편을 들기 때문이다. 모든 사항이 공개적이라 비밀이 없었다. 정치계, 학계, 언론계도 이해하고 국민도 이해하며 오로지 수출과 우리나라의 경제발전 만을 생각하는 회의였다. 참석 인원이 늘자 청와대에서 중앙청 대회의실로 자리로 옮겨 참석 인원은 나중에 200명을 넘었다.(오원철, 2006. 『박정희는 어떻게 경제강국 만들었나』 89)

나. 제2차 경제개발 5개년계획(1967~1971)

제2차는 식량 자급화와 산림녹화, 화학, 철강, 기계공업 등의 과학기술진흥으로 고용 확대와 소득증대로 7% 경제성장률을 잡았는데 세계은행은 과도한 목표라고 고개를 저었다. 하지만 5년간

14) 이해를 돕기 위해 최근 내용과 비교한다. 대한민국의 2020년 전후 문재인 정부의 소득주도정책(나랏돈을 국민에게 분배하여 개인 소득이 늘면 소비 증가하여 경제 성장한다는 정책)으로 5년간 시행하면서 일자리 감소라는 심각한 결과를 가져와 국가 경제가 망가져도 변동이 없는 것과 쉽게 대조가 된다.

의 실적은 년평균 9.6%를 기록했다. 월남전 경기까지 발생하여 수출은 폭발적으로 증가했다. 월남전 참여로 월남 진출 기업은 79개 업체에 달했다.

무리한 정책추진으로 부작용도 발생하여 급기야 돈을 빌려 쓴 차관기업 83개 중 30개나 도산되었다. 그러면서도 수출증가율은 33.7%를 기록했다. 수출공업이 본격적으로 발전하고 새로운 공장이 증가하여 10억 달러 수출이 이루어진다.

그래서 1인당 GNP는 250달러가 된다. 경공업이 위주였지만 기초 원료 공업인 석유화학, 제철공업 건설이 시작된다. 경부고속도로나 포항제철소 건설 같은 거대한 사업은 5개년계획에 아예 없었고 박대통령 구상에 따라 갑자기 추가되었다. 경제관료들은 경제개발 5개년계획을 수시로 수정하기 때문에 참으로 바빴고 애로사항이 많았다.[15]

박 대통령은 1967년 연두교서에서. '70년대 완전고용, 수출 10억 달러 달성'이라는 목표를 제시했다. 상공부는 부랴부랴 '수출 10억 달러 계획'을 수정하여 수출확대 회의에 발표했다. 계속 40% 신장에 이어서 1969년도에도 70년 계획에 10억 달러 수출목표를 제시했으니 서울대 무역연구소조차도 10억은 무리라며 8억5천만 달러를 예측했다.

결국, 1970년 말 10억 380만 8,473달러로 집계됐다. 즉 67년의 3억 달러에서 3년 만에 10억 달러를 돌파했다. 70년 당시 우리나

---

15) '대통령 관심 사업'이라 칭하는 것도 가끔 있었기에 한 예로 삼성전자가 부처 간 격론 끝에 선정되어 69년 9월 이병철 회장은 합작투자 신청서를 제출하여 정부로부터 인가를 받은 후 70년 1월에 회사를 설립한다. 전자공업이 급신장하고 수출은 늘어갔다. 당시 신청서를 제출한 삼성이 세계적인 삼성이 될 줄을 누가 알았을까?

라 수출 진흥은 마치 군사작전과 같았다. 총사령관은 박정희 대통령이고 작전참모는 상공부, 실제 전투 임한 것은 수출연관 업체, 최전선에서 싸운 사람은 60년대에는 여자 단순 기능공이고 70년대는 남자 기능공이었다. 그리고 온 국민이 합세했다. 사실 필자를 포함한 모든 국민은 박정희의 정책을 따라온 것 아닌가?

수원 농촌진흥청 시험논에서 벼 베기하는 모습 1970년 10월 5일

박 대통령은 혁명공약에서 '기아선상에서 허덕이는 절망적인 민생고(고생 중에 첫째 먹는 것)를 시급히 해결하고 국가 자주 경제를 재건한다'라고 공약했는데, 1970년에 10억 달러를 수출함으로써 그 기초가 이루어졌다.

수출이 늘어감에 따라 일자리가 늘어났다. 비단 수출품 업체뿐 아니라 모든 경제 분야에서 활기를 띠기 시작해서, 국민 1인당 GNP도 100달러를 돌파하여 1970년에는 250달러에 달했다. 외국으로부터 원조가 종결되었는데도 국가경영을 할 수 있게 됐다.

일자리가 늘고 국민의 소득이 늘어나기 시작하자, 그리고 쌀밥을 마음대로 먹기 위해서는 100억 달러를 수출 계획을 세워 1977년까지 중단없는 전진을 부르짖었다. 필자도 쌀밥을 마음대로 먹은 것은 품종 개량한 통일벼로 인하여 1970년대 중반으로 기억한다.

다. 제3차 경제개발 5개년계획(1972~1976)

제3차는 철강, 비철금속, 기계, 조선, 전자, 화학을 6대 전략 업종으로 선정해 10년간 90억 달러를 투자했으나 업체들은 높은 사채로 부도가 나기 시작했다. 정부는 1972년 8월 3일 긴급명령이란 독재정치로 사채에 허덕이는 기업체들은 살아나고 30대 기업이 이때 생겼다. 경제개발 5개년계획을 수시로 수정하며 심한 혼선의 시작은 중화학공업이었고 100억 달러 수출, 1,000달러 소득이란 구체적 수치도 없었고 연말에 수정되었다. 더 큰 문제는 1973년에 원유값이 4배나 오르는 것이었다.[16](오원철, 2006. 『박정희는 어떻게 경제강국 만들었나』. 230~233) 당시 필자는 대학을 다닐 때 우리나라는 물가는 폭등하고 석유도 안나고 어쩔 것인지 참 암울했던 기억이 있다.

---

16) 외국 경제학자는 "우리 나라도 73년의 오일쇼크로 큰 곤경을 당했는데 당시 개발도상국이었던 한국이 이 시련을 용하게 극복했다"고 놀라워한다.그런데 우리 나라의 젊은 경제학자들의 의견은 완전히 다르다. "73년의 제1차 오일쇼크는 위기도 아니었다. 78~79년에 일어난 제 2차 오일쇼크가 진짜 위기였다"라고 한다.
많은 나라에서 마이너스 성장을 하고 있을 때 수출이 73년엔 98.6%, 74년엔 38.3% 증가했다. 물론 세계 기록이다. 그러니 누가 우리 나라를 경제위기라 말하겠는가? 한국은 에너지 위기는 없었다고 결과론적 판단이 나온다. 그러나 박 대통령 진두 지휘하에 시련을 극복하고 발전을 했다. 오원철232~298의 긴 내용의 에너지 위기 전쟁을 아래에 제목만이라도 적었다.→석유확보 긴급 작전회의와 박 대통령의 지시로 걸프, 칼텍스, 유니온 오일과에 대통령 친서와 출장, 그리고 막후 교섭이 성과를 냈다. 또 국내에선 긴급조치 3호, 영업시간 단축, 차량운행 제한 등의 대책이 시행되었다.

유류 파동 때 석유를 사려고 줄선 시민들

박정희의 핵심참모들을 살펴보면 박정희, 김정렴과 함께 중화학공업을 추진한 삼두체제의 한 명인 오원철은 부정 따위에 손대지 않았고 새로운 일 즉 중화학공업 프로그램이건 율곡사업이건 간에 나 자신이 부정한 생각이나 행동을 하지 않도록 우선 준비했다고 고백한다.

포항제철 제2고로 회입식에 참석 하여 태양열로 잡은 원화(元火)를 넣어 불을 당기는 박 대통령. 1976년 5월 31일

오원철과 박정희는 여러 가지 비난을 받는 한이 있더라도 초기 단계에서 독점을 허용하여 국제규모로 성장하도록 유도했다. 이처럼 일시적으로 독점기업 육성, 정경협력이라는 비난을 감수하고 중화학공업 건설 작전이 없었다면 현재와 같은 중화학공업은 꿈도 꾸지 못했을 것이다.

1977년 11월 30일, 수출의날 행사가 열린 광화문 세종문화회관에서 박 대통령이 외쳤다. “온 국민이 염원하던 100억 달러 수출, 1인당 국민소득 1,000달러를 달성한 날입니다” 그러자 식장 여기서 저기서 훌쩍이며 울먹이기 시작했다. 이날은 1960년 82달러에서 16년 만에 12배가 넘는 1,000달러 소득을 달성하고 수출도 2,300만 달러에서 460배인 100억 달러를 달성한 날이었다.(오원철, 2006.『박정희는 어떻게 경제강국 만들었나』.136)

창원공업기지 내 방위산업체를 시찰하는 박 대통령. 1977년 4월 13일

창원공업기지 안의 방위산업체 현 장에서. 1977년 4월 13일

박정희 시대는 질풍노도의 무한도전 시대라서 일도 많이 했고 탈도 많았다. 탈이 좀 있다 해서 모든 것을 나쁘게 평하는 사람들

이 너무 많이 존재한다. 사나이들의 세계에선 자기의 가치를 알아주는 주군主君에게 목숨을 바친다. 오원철과 박정희 대통령의 관계가 그럴 것이다. 박정희 대통령이 스스럼없이 '국보國寶'라고 불렀던 사람은 오원철 전 청와대 제2경제수석비서관이다.

앞 2장의 5번 중화학공업 관련하여 오원철의 보고를 들은 박정희 대통령은 방위산업 건설과 100억 달러 수출을 위한 중화학공업 건설계획 작성을 지시했다. 1973년 1월 박정희 대통령은 연두 기자회견에서 '중화학 공업화 선언'을 하게 된다. 오원철의 아이디어에 의해 10년의 세월과 80억~100억 달러의 대규모 투자가 요구되는 대역사의 시동이 걸린 것이다.

그것은 대한민국이란 국가의 운명을 결정지은 최고의 정책이었다. 당시 한국의 수준은 '민간 경제 부분에서 무엇을 어떻게 해야 할까'를 아는 사람이 없는 후진국이었다. 그 때문에 누군가가 방향과 방법을 제시해 줄 수밖에 없었다. 그 역할을 할 수 있는 곳은 정부 뿐이었다. 그 때문에 정부 오원철과 박정희는 지어야 할 공장을 선정하고, 우선순위를 정했으며, 공장을 지을 때 들어갈 자금도 지원해주고, 공장이 지어진 후에는 어떻게 보호를 하겠다는 계획까지 미리 알려준 다음 민간 기업에 그 임무를 맡겼다. 그렇지 않으면 당시 개인 기업체가 홀로 무엇을 할 수 있었나?

국제규모의 공장을 건설하려는 후진국 한국 처지에서 볼 때 부득이하게 한 기업에 독점을 시킬 수밖에 없었다. 이 과정에서 독점 시비, 재벌 육성, 정경유착政經癒着(정치인과 경제인이 서로 주고받으며 밀착됨) 비판이 나오게 된 것이다. 그 때문에 박정희와 오원철은 정부 역할을 각 분야 공업이 국제규모로 성장하여 국제경쟁력이 생길 때까지만 도와주게 하고, 그 후에는 민간주도 형태로 전환하도록 정했다. 이런 방식이 아니면 도저히 산업화 추진이 불가능했다.

이런 것을 보고도 야당, 언론과 좌파들은 정경유착이라고 비판했다. 비판하는 사람들은 국가의 도움 없이 허허벌판에 조선소를 세울 수 있는가? 또 자본도 기술도 없으면서 종합제철소 같은 공장을 세울 수 있는가? 박정희는 여러 가지 비난을 받는 한이 있더라도 추진하라고 명했다. 그리고 그 사업을 누구에게 맡길까 당연히 잘하는 회사에 맡기는 신상필벌이어야 했다. 정부가 이병철과 정주영 등의 기업인과 '경제협업'을 추진했던 것을 정경유착[17]이라고 비난한다.

김영삼 정부는 우리나라가 막대한 적자국임에도 불구하고 국제수지 개선에는 손을 쓰지 않고 외국에서 돈을 마구 빌려 썼다. 1996년도까지는 우리나라의 신용도가 양호할 때인지라 외채는 얼마든지 빌려올 수 있었다. 부도의 연쇄 반응이 일어났고 기아사태 등 연이으며 IMF 위기가 발생하였다. 수출만이 살길인데 박정희 대통령 시절이 그립게 되었다.

IMF 사태로 중산층이 몰락하고 도덕과 질서의 파괴, 가정의 파

---

17) 정경유착이 전성기를 구가한 것은 1980년대부터이다. 김영삼, 김대중 정부는 전두환, 노태우 전직 두 대통령과 두 김 대통령 자기 아들들과 여·야 중진 국회의원, 은행장, 전직 장관, 재벌 총수들을 함께 비리 사건으로 재판에 부쳤다.
이들에 대해 법원은 유죄 판결을 내렸다. 대통령과 그의 친인척, 고위 정부 관리, 여야 정치계, 금융계, 경제계 모두가 정경유착의 주역으로 등장했다.
이를 본 외국인들도 모두가 경악했고 한국의 이미지는 땅으로 추락했다. 이러한 정경유착의 전성시대에 기업들은 정경유착의 고리를 이용하여 기업확장에 전력투구했다. 재벌들의 논리는 기업들은 살아남기 위해서 여러 형태의 경영을 할 수밖에 없다.
기업 확장을 위해 마련된 금융 제도도 생겨나고 망국차관亡國借款(나라를 망하게 하는 그릇된 차관)과 IMF 외환 위기도 발생했다.(박정희대통령 기념재단(2018)『박정희 그리고 사람』. 107)

괴도 일어났다. 그러는 와중에 김영삼은 1996년 12월 선진국 모임인 OECD(경제협력개발기구)에 29번째로 가입했다. '유비무환', '부국강병'을 강조한 박 대통령 시대라면 어떻게 했을까? 1972년 연두 기자회견에서 박정희는 비장한 심정으로 자주국방에 대한 의지를 밝혔다.

나아가 남들이 뭐라고 비판을 하든 말든 오원철을 비롯한 국가의 핵심 인재들은 피를 말리는 심정으로 국산 무기 개발에도 전력투구했다. 이때 야당 일각에서는 무장공비 사건과 닉슨독트린을 보고서도 "예비군 설치는 국가안보를 정권 연장 수단으로 이용한다"라면서 예비군 폐지 운동을 벌였다. 그러자 박 대통령은 "김대중의 예비군 폐지 발언은 김일성 환영대회를 여는 것과 마찬가지"라면서 강력히 비판했다.

박정희의 자주국방 비유는 '자기 집에 불이 나면 무조건 그 집 식구들이 먼저 불을 꺼야 한다'는 것이었다. 한국과 같은 규모의 거대하고 종합적인 중화학공업을 추진한 나라는 제2차 세계대전 이후 독립한 후진국에서 한국이 처음이었고, 성공한 사례도 없는 전무후무 前無後無(전에도 없었고 후에도 없는)한 시도였다.

계획 자체가 워낙 대담했고, 요구되는 기술과 비결, 투자자본도 충분치 않은 상황이었다. 그 때문에 해외의 전문가들은 현실을 무시한, 장밋빛 환상에 젖은 탁상공론의 계획이라고 비판했다. 대중 경제론에 심취해 있던 국내 정치인 · 학자 · 언론들도 중화학 공업은 '무모한 발상'이니 나라 망할 일이라는 비난과 비판이 쏟아졌다.

심지어 세계무역기구(WTO)는 정부 주도의 육성정책은 "불공정

교역"이라며 금지하고 나섰다. 박정희의 계획은 한마디로 국내 외에서 모두 반대하는 것이다. 박정희 대통령은 남들이 뭐라고 하든 말든 오원철을 청와대 경제 2수석 비서관으로 임명하고, 대업을 추진했다.

그리고 1971년 11월 자주국방 정책의 일환인 방위산업 육성을 첫 임무로 맡았다.

라. 제4차 경제개발 5개년계획(1977~1981)

제4차는 공업 면에서는 구조 개편을 끝낸 단계이고 교육 의료 등 사회개발 부문이 처음 포함되고 의료보험도 1977년에 시작되었다. 제품은 고급화하고 정밀 최첨단 산업을 개척해 나가며 생산부터 설비 공장 전체를 수출하는 플랜트 수출도 시작되었다. 그래서 1000억 달러 수출에 국민소득 1만 달러를 넘는 선진국으로 가는 기틀을 마련하게 된다.

국제정책대학원(KDI) 박사들의 설득에 1973년에 국민복지연금법도 만들었으나 박 대통령은 의료보험을 먼저 선택했고 1974년에 실시키로 했던 복지연금법도 무기 연기되고 석유파동이 있었기에 1988년에 늦게 시행되었다. 2020년대의 의료보험은 미국도 부러워하는 것이 되었고 현재는 여기에 중국인들에게 혜택을 주는 의료보험을 개선하지 못하고 있는 친중 정치인들이 있음은 안타까운 현실이다.

4. 한국의 자동차와 조선업을 키운 포항제철 건설

제철공장의 시작은 1953년 전쟁 와중에 이승만 대통령은 내각에 철강산업 진흥책을 마련하라고 했다. 5개국 18개 기업으로 제철 차관단이 결성되었다.(김용삼, 2020.『대한민국 근대화 대통령 박정희 혁명 2』 129)

관련해서 이승만 대통령이 선발된 유학생들을 경무대로 일일이 불러 "열심히 공부하고 오너라. 참다운 독립국가 되려면 제철공장이 있어야 돼. 그걸 해내야 해"하며 어깨를 어루만져 주셨다. 1954년 대한중업공사 국제 입찰에 서독의 덴마크사가 공사를 시작하여 1956년에 생산에 들어갔다. 여기에 전문인력이 나중에 큰 역할을 하게 된다.(김용삼, 2020.『대한민국 근대화 대통령 박정희 혁명 2』. 121~124)

박 대통령은 제철소 건설을 위해 박태준을 청와대로 불러 수차례 부탁했으나 그런 제의를 거절했다. 그러나 설득하며 '제철소 건설'이란 특명을 내렸다. 박태준은 박정희가 육사 교수 시절 탄도학을 가르칠 때 총애하던 생도였다. 또 박정희가 5.16을 준비할 때 "임자는 이번 일에서 빠지지, 잘못되었을 때 내 가족 좀 돌봐주게" 하며 당부할 정도로 신뢰했던 사람이다.

종합제철소는 1965년 존슨 미국 대통령과 정상 회담을 위한 방문으로 시작해 1967년 10월 미국 등의 철강사로 구성된 5개국 8개사가 참여하는 대한 국제철 차관 단과 박정희 정부가 60만 톤 규모의 제철소를 건설키로 계약을 맺어 건설이 확정되었다.

그러나 미국, 서독, 영국, 프랑스, 이탈리아 협조로 수년간의 공을 들인 사업에 대해 미 수출입은행은 1969년 제철소 건설은 시기상조며 사업성 부족을 이유로 차관 제공을 거절했다. 박태준은 낙담했고 후진국의 제철소 필요성을 역설하며 재시도했지만 실패했다. 차관을 거절한 미국의 은행장은 박태준에게 하와이에 가서 쉬는 처소를 제공하며 미안함을 표시했다. 박태준은 하와이에 도착하여 너무 실망하여 해변에 벌렁 누워 중얼거렸다.

포항제철 준공식에 참석 한 뒤 박태준 사장 왼쪽과 함께 공장시설을 시찰했다.
1973년 7월 3일

"이대로 갈 순 없다.……바로 그거야 대일 일본 청구권"

박태준은 벌떡 일어나 박 대통령에게 전화를 걸었다.

"그놈들하고는 다 틀렸습니다. 우리가 속은 겁니다."

"뭔 소리야? 협상은 확실한 것으로 보았는데…무조건 제철소는 지어야 해… "

"한 가지 아이디어… 대일 청구권이 있습니다!"

"그래 자네가 기막힌 생각을 해냈군! 해보자."(홍하상, 2005, 『주식회사 대한민국 CEO박정희』, 124)

박 대통령은 즉시 수락하여 포항제철에서는 이것을 '하와이 구상'이라 부른다. 박태준은 일본으로 건너가 일본 정 · 재계 실력자 야스오카와 두 곳 제철회사 사장과 오이라 외상 등을 만나면서 6개월여 만에 기술 이전의 협력까지 약속을 받아냈다. 오원철 등의 주장으로 세계경쟁력을 키우기 위해 규모도 60만 톤이 아닌 103만 톤의 더 큰 규모로 수립했다. 철광석도 없는 나라가 철광석을 수입해 제철소를 건설한다니 국내는 물론 미국을 비롯해 세계가 비난했고 후일 포항제철 유성구 회장은 "제철소 건설보다 더 힘든 것은 국민과 언론의 반대를 이기는 것이었다."라고 회고했다.

『박정희를 넘어서』 김용복 편에서 '한강의 기적을 보면 거기에서 빛과 그림자가 있는데 빛보다 그림자가 많다는 것이다. 그리고 '한일 관계는 왜곡歪曲(기울 왜, 굽을 곡–사실과 다르게 해석하거나 그릇되게 함) 된 밀착'이라며 대일 청구 자금으로 정치 자금을 받는다고 비판했다.

포항종합제철공장 기공식에서 기공 버튼을 누르는 박태준 사장, 박 대통령, 김학렬 경제기획원 장관(왼쪽부터). 1970년 4월 1일

1970년 당시 한국의 1인당 국민소득은 242달러, 북한은 남한의 3배가 넘는 740달러였다. 북한에는 일제가 버리고 떠난 수력발전소와 제철소, 비료공장 등이 가동되고 있었다. 흥남 비료공장은 아시아 최대 질소비료 공장이었고 압록강을 막은 수풍댐 역시 아시아 최대 규모였다.

1972년 어느 날 청와대 한쪽에서 영화가 상영됐다. 그 영상은 바로 북한이 만든 것으로 북한의 공업화 현황을 색채로 제작해 과시하기 위해 만든 홍보영상이었다. 북한이 지은 최첨단 공장들의 모습이 소개되었다. 박정희 대통령이 영화를 보면서 무거운 얼굴로 담배를 뻐끔뻐끔 피웠다. 공업을 비롯해 북한의 경제력이 남한을 압도하고 있었다. 영화를 다 본 대통령의 표정은 침통했다.

1973년 7월 3일 우여곡절 끝에 조강 기준 연산 103.2만 톤 규모의 포항 종합 제철 제1기 설비 준공식이 거행되었다. 이는 박정희의 '철강은 국력'이라는 불같은 집념에 박태준의 아래 '우향우 정신'에 김학렬 부총리 등의 죽음을 각오한 기업정신의 합작품이다.

> '모두 우향우!' 바다를 향한 1968년 6월 15일 새벽 4시. 비상 소집된 새벽에 나는 요원들에게 외쳤다. "우리 선조들의 피의 대가인 대일청구권 자금으로 짓는 제철소인데 실패하면 우리 모두 저 영일만에 몸을 던져야 할 것입니다."(조우석, 2009,『박정희 한국의 탄생』,352)

이어서 1976년부터 2, 3기 제철소를 완공하였다. 1985년 최신 제철소를 건설, 1987년부터는 광양 1기, 2기, 3기를 거쳐 2080만 톤 생산에 이르렀다. 1998년에 세계 1위 철강회사의 나라가 되었다. 이를 밑바탕으로 조선 분야 세계 1위 가전 분야 세계 2위, 자동차 산업에서 세계 6위를 달리게 되었다.

울산현대조선소에 들러 정주영 현대조선 회장으로 부터 설명을 듣고 있다. 1973년 7월 3일

한국은 유신 시대로 불리는 1972~1979년에 중화학공업 건설을 본격화하면서 1인당 국민소득은 세계 상위 순위로 도약한다. 1972년에 한국은 323달러로 75위에서 한국은 현재 미국 · 중국 · 일본 · 독일에 다음 가는 5大 공업국이 되었다. 나아가 7大 수출국, 8大 무역국, 12위의 경제大國(구매력 기준 GDP)이고, 12위의 삶의 질을 자랑한다. 재래식 군사력은 8위 정도. 울산은 세계 제1의 공업 도시. 모두가 유신기維新期의 중화학공업 건설 덕분이다. 1970년대 말에 우리는 선진국으로 가는 막차를 탔다.

| 자동차 산업 |

1962년 세워진 새 나라 자동차는 일본 닛산의 부품을 수입해 '새 나라 자동차'를 조립 생산하기 시작했다. 그해 10월 김정렴 상

공부 장관의 보고를 받고 박정희는 질문을 던진다.

"한국의 자동차 산업의 발전을 위해서는 부품의 국산화가 중요한데, 그 문제는 어떻게 처리되고 있습니까?"

이 후 상공부와 기업들의 노력으로 1973년부터 1976년 사이에 한국의 자동차 부품은 90% 이상 국산품으로 바뀌게 된다.(홍하상, 2005.『주식회사 대한민국 CEO 박정희』. 95)

1975년 박정희 대통령은 자동차를 만들자고 했다. 박정희 대통령의 자동차 생산 계획 발표에 업계는 놀랐고, 교수와 지식층에선 후진국이 무슨 자동차냐고 반대 했다. 국회의원이나 장관들도 자가용을 마련하기가 수월치 않았던 그 시절에 국내에서 자동차를 개발한다는 것은 상상하기도 어려웠다. 놀랄 만한 일은 어느 나라에서도 시도하지 않았던 '고유모델 양산화 정책'을 펴서 개발하여 만든 것이 '포니'로서 75년부터 수출까지 하게 되었다.(김용삼, 2020.『대한민국 근대화 대통령 박정희 혁명 2』 147~150)

| 조선소 건설 |

박정희는 중화학공업을 활성화시켜 수출대국으로 가기 위해 일자리 많은 조선업을 구상했다.(홍하상, 2005. 『주식회사 대한민국 CEO박정희』. 84) 그것은 3차경제개발5개년계획 중 핵심이었다. 김학렬 경제기획원 장관겸 부총리는 이러한 대통령의 집념을 실현시키기 위해 고심하며 저돌적인 추진력의 정주영 사장을 생각했다.

울산의 현대미포조선, 거제의 대우옥포조선과 삼성죽도조선등은 최대 100만 톤급 이상의 선박을 건조할 수 있는 조선소이다. 이들 조선소만으로도 우리나라는 세계 제일의 조선강국으로 급부상했다.

거제 삼성조선소,

옥포 대우조선소

1970년대 중화학공업의 성패를 좌우하는 가장 중요한 핵심 사업이 조선소 건설이었다. 조선소 건설은 돈도 기술도 없이 그야말로 맨땅에 헤딩하는 격이었다.

외국에 나가 손을 벌리니 돈을 빌려주겠다는 곳이 없었고, 박정희 대통령이 정주영을 거의 강제적으로 해외로 보냈다.

대통령의 조선소 건설을 제안받은 정주영은 차관도입과 기술제휴 차 일본, 캐나다, 미국을 방문하여 몇몇 회사와 접촉을 시도했으나 한국같은 후진국은 조선소 건설할 역량이 부족하고 더구나 토목쟁이 정주영에게 차관을 해줄 수 없다는 것이다. 돈을 빌리러 갔다가 털레털레 맨손으로 귀국한 정주영은 김학렬 장관과 대통령 앞에서 조선소 건설을 포기해야겠다고 머리를 숙이며 말했다.

박대통령은 분노에 치밀어 "지금부터는 앞으로 현대가 어떤 일을 해도 일체 도움을 주거나 관심을 갖지 않겠소" 곧 담화가 오고 간 후 대통령은 미소지으며 다시 용기를 주어 정주영은 다시 조선소 건설을 위해 매진을 결심한다. 이젠 영국으로 가서 버클레이 은행장을 만나고 우여곡절 끝에 4,100만 달러 차관승인을 허락받았다.

그러나 다음 수출입은행에서 또 승인을 받아야 한다기에 대책이 없이 귀국했다. 귀국하여 박대통령을 다시 만났을 때 다시한번 추진해달라는 부드러운 부탁에 정주영은 다시 한번 몸을 던지겠다고 결심했다.[18)]

---

18) 다시 런던으로 날아가 버클레이 은행으로 가서 상담하며 거북선이 그려져 있는 500원짜리 지폐를 꺼내면서 "우리나라에서는 500년 전에 이런 배를 만들었소. 이 배 한 척으로 수백 척이나 되는 일본의 군함을 모조리 쳐부셨소." 버클레이 은행장은 찬찬히 들여다보며 처음에 기가 찼지만 그의 설득에 감화되어 "당신이 만든 배를 누군가가 사겠다는 계약서를 가지고 오시오."(홍하상, 2005.『주식회사 대한민국 CEO박정희』. 90~91)

정주영은 즉시 세계에서 배를 많이 발주하는 사람을 찾다가 그리스 해운업자 리바노스를 독대하기 위해 아테네로 갔다.

"계약서만 써주면 원하는 배를 만들어주겠다고 장담했다." 지금 황량한 바닷가에 소나무 몇 그루와 초가집 몇 채의 초라한 모래 백사장인데 정주영은 사진을 들고 해운회사들을 돌아다닌다는데 어떻게? 배를 만들 것인가? 누가 봐도 황당했다.

황당하기는 리바노스도 마찬가지였다. 리바노스는 우직해보이는 정주영이 웬지마음에 들었다. "좋소, 한 척이 아니라 두 척을 만들어 주시오" 정주영은 뛸 듯이 기뻐하며 계약서를 받아 버클레이 은행에 가서 차관을 빌려 한국으로 왔다. 박대통령의 기쁨도 이루 말할 수 없었다.

즉시 조선소 도크 DOCK(선박을 건조 수리하기 위해 세워진 시설)를 지으며 26만 톤급 유조선 두 척을 건조했다. 기술이 다소 모자라 계약기간보다 이틀이 늦어졌다. 놀라울 뿐이다. 어떻게 이런 일이 가능한지? 박정희의 '조선소 건설의 황당한 명령'[19]에 정주영의 도크 건설, 기술인력 등은 어떻게 가능했단 말인가?

---

19) 박정희 대통령의 황당한 명령! 허허벌판 모래사장에서! 결심한다고 되는 일인가? 차관 빌려온 사연도 오늘날 세계 1위 조선국이 된 것도 모두 박정희 대통령의 집념과 정주영의 추진력의 결정판이었다.
필자는 박정희의 황당한 명령과 정주영의 저돌적인 추진력의 합작품인 조선소 건설에 관해 책을 보는 것으로는 도저히 이해가 안 되어 기술 분야를 알기 위해 검색했다. 경제사령탑 태완선 부총리조차 "정주영의 현대조선소가 성공하면 내 손가락에 불을 붙이고 하늘로 올라가겠다"라고 공개석상에서 발언했다.
그 정도로 대형조선소 건설은 고난도였다. 초대형 선박 건조 경험이 없는 정주영은 덴마크 조선소 부사장으로 재직했던 세계적인 명성의 조선 전문가를 사장으로 영입했고 선진국에서 우수한 조선 기술자를 고용했다는 것으로 의문이 풀렸다.

울산현대조선소에서 열린 대형유조선 아틀란틱 바른호 명명식 치사를 통해 제2종합제철소의 착공을 서두르라고 지시한 박 대통령. 1974년 5월 28일

현대는 조선소와 선박건조를 동시 건설했는데 그런 회사는 현대조선소 뿐일 것이다. 박정희의 '할 수 있다. 정신'과 정주영의 기업가 정신'의 산물이라고 할까?

박정희는 능력 있고 열정 있는 기업인에게 신상필벌信賞必罰(믿을 수 있고 공이 있는 자에게 상을 주고 잘못한 자에게 벌을 줌)을 적용해 일을 하도록 사업을 맡겼다. 헐뜯기 좋아하는 사람들은 박정희와 기업의 '정경유착政經癒着'[20]을 말한다.

1971년 10월 현대건설은 20만 톤급 유조선의 건조 가능한 조선소를 건설한다고 발표할 때 사람들은 깜짝 놀랐다. 정주영 회장이 약간 돌아 버리지 않았나 하고 수군거렸다. 건설업이 본업인 그가 1만 톤급의 배를 건조해 본 경험도 없이 20만 톤급을 건조한다는

---

20) 요즘과 비교하면 쉽게 이해할 수 있다. 2022년 7월 세금 퍼붓는 대우조선 (산업은행 관리를 받고있음)은 왜 망해가고 있나? 가장 큰 문제는 인사실패로서 산업은행의 낙하산 인사 내용인즉 3월 대표 인사에 박두선 사장은 문재인 전 대통령의 동생 문재익의 대학 친구이다.
실력도 없는 사람을 대통령 동생 친구라고 초고속 승진시켜 사장으로 앉히니 이것이야말로 정경유착이었다.

말인가?

4천만 달러의 차관 승낙서와 유조선 2척의 수주受注(받을 수, 부을 주-주문을 받음) 서를 가지고 귀국한 정 회장을 보는 국내의 반응은 차가운 것이었다. 국내 은행들은 조선소 건설에 필요한 자금의 융자를 거절했다. 그러나 꼭 한 사람 박 대통령만은 정 회장을 믿고 적극적으로 후원하며 산업은행장에게 80억 원을 융자해 주라고 종용했다. 그래서 현대조선소는 조선소를 건설하면서 동시에 23만 톤급 유조선 2척을 건조해서 계약 기한 내에 인도해주어 많은 사람을 다시 놀라게 했다.

그때까지 우리나라에는 공과대학 조선공학과를 나온 기술자들은 많이 있었으나 일할 직장은 없었다. 그들에게 직장을 제공해 일터를 마련해 준 것이다. 그들은 영국조선소에 가서 수 개월간 현장훈련을 받고 돌아왔다. 그런데 요즘 조선업은 왜 추락했는가? 매년 민노총(전국민주노동조합총연맹)의 파업으로 임금인상이 연례행사였다. 그리고 역대 대통령들의 정경유착과 노조 관리의 책임이 클 것이다.

5. 경부고속도로

경부고속도로는 박정희 대통령의 명령으로 1968년 2월에 착공하여 1970년 7월 7일에 개통되었다.

고속도로 건설에 필요한 자금은 대일 청구권 자금으로 일본에서 받고 기타 빌린 돈은 통행료로 갚기로 했다. 박 대통령은 "이 공사는 민족의 피와 땀과 의지의 결정이며 민족적인 대예술작품"

이라고 했고, 그의 경제 참모였던 오원철은 아래와 같이 회고했다.

"경부고속도로는 박정희 대통령의 작품이다. 구상부터 계획, 감독, 검사를 거의 지시하며 혼자서 해냈다. 박 대통령은 우리나라 고속도로의 창시자요 대부이다. 경부고속도로는 역사상 박정희 고속도로로 남을 것이다"라고 평가했다.

경부고속도로 공사 현장. 1969년 8월 14일

이 공사는 단순한 건설 공사가 아닌, 군사 작전과 같이 군대식 총력 체제를 상징적으로 보여주는 공사였다. 오원철은 "고속도로 건설 동기, 추진 방법, 공사 방식이 모두 군대식이었다"라고 평가했다. 경부고속도로 건설은 원래 1971년에 개통 예정이었으나, 무려 1년을 앞당겼다.

1961년 1인당 국민소득은 82달러에 불과했지만 1979년에는 1,636달러를 기록해 연평균 18% 증가했고, 수출은 연평균 38% 증가의 기록은 고속도로 개통에 영향이 컸다. 경부고속도로 계획이 발표된 직후 월간 〈세대〉 1968년 1월호가 각계 인사 100명에게 찬반을 조사한 결과, 68%가 무조건 찬성, 27%가 조건부 찬성, 5%가 반대를 표했다.

하지만 운동권 학생들은 물론 야당의 김대중, 김영삼 중심으로 거의 모든 정치인이 결사반대[21]했고, 학자, 교수, 언론, 세계기구 사람들, 심지어 여당인 공화당 인사들도 다수가 반대했다.

이런 상황에 박대통령은 요란한 굉음의 현장 속에 찾아가 산업전사들의 흙묻은 손을 잡고 악수하며 격려했다. 공사가 늦어지면 현장에서 고민하며 물어보고 즉시 해결해주었다. (김용삼, 2020. 『대한민국 근대화 대통령 박정희 혁명 1』 129)

ㅣ고속도로 건설과 함께 YS와 DJ를 중심으로 한 야당의 강력한 반대에 부딪쳤다. 1970년 7월

21) 1968년 건설 착공현장에 당시 야당을 상징하는 김대중과 김영삼 등이 고속도로 공사장에 드러누우면서 결사반대하는 소동이 벌어지기도 했다. '당장 먹고 살기도 어렵고 차도 별로 없는 나라에 고속도로를 건설한다니 정신이 나간 것 아니냐'는 논리였다

1968년 정부는 경부고속도로를 계획하고서 IBRD(국제부흥개발은행)에 차관을 요구했으나 세계은행의 총재이던 유진 블랙은 개발도상국에는 세 가지 신화가 있다면서 거절했다.

수시로 고속도로 공사 현장에 내려와 작업 지시를 하는 박 대통령. 1968년 7월 9일

첫째는 고속도로 건설,

둘째는 종합 제철 건설이고

셋째는 국가원수의 기념비 건립인데 이런 사업에 차관을 거부한다고 말했다.(전대열, 2014. 『박정희의 기업가적 국가경영과 위기관리 리더쉽』 201) 그러나 IBRD는 1970년에 들어와 한국 경부고속도로의 성공을 자체조사 연구한 후 여러 분야에서 도움을 주겠다고 자청하여 IBRD는 차관을 제공하였다. 1970년부터 호남, 경부, 남해, 영동고속도로가 완공되어 전국이 일일생활권으로 연결되었다.

경부고속도로는 세계에서 가장 저렴한 비용으로, 최단 기간에 우리 기술로 건설하면서 수많은 신화를 창조했다. 처음 경부고속도로를 계획했을 때 즉 당시 1967년 총 국가 예산(1천 643억 원)의 2배를 초과하는 금액 예산은 3천 5백억 원이었다. 하지만 최종 건설 경비는 낮추고 낮추어서 330억 원 규모로 계획하였다.(홍하상, 2005. 『주식회사 대한민국 CEO박정희』.123~125)

전장 428km의 서울-부산 간 경부고속도로가 드디어 개통되었다.

건설 기간 박 대통령은 헬리콥터, 지프를 타고 33회나 현장을 찾아 공정을 확인하고 인부들을 격려했다. 공사비는 30% 늘어난 429억 원이 소요되었다. 일본의 1/8 수준이었다. 고속도로 건설 비화에는 박 대통령 친필의 고속도로망 구상도, 용지매수 계획에 관한 노트, 감독 지시내용, 공정 계획표, 연도 조경을 지시한 메모 등의 사본이 수록되어 있다.

태국의 고속도로 건설에 참여한 현대건설의 정주영은 폭풍우에, 그리고 한국과 다른 기초공사에 엄청난 손해를 보고 귀국했다. 박 대통령은 정주영을 불러 "정 사장, 이번에 태국의 고속도로 공사에서 손해를 많이 봤다죠?" 대통령은 미안해하며 물었다. 자신이 해외의 건설 공사에 많이 참여하라고 지시한 것 때문에 현대가 태국의 고속도로에 입찰했기 때문이다.(홍하상, 2005.『주식회사 대한민국 CEO 박정희』. 118)

정주영은 "각하, 이번에 손해를 많이 봤습니다만 대신 좋은 경험을 얻었습니다."

경부고속도로에서 가장 고전한 구간은 옥천 구간[22]이었다.

이때 우리의 토목기술이 큰 성장을 하면서 사막의 나라 중동의 다양한 건설사업에 참여할 수 있게 되었고, 이제는 세계에서 최고층 빌딩, 최고의 교량을 건설할 수 있는 건설 왕국으로 우뚝 서게 되었다.

---

22) 종일 터널을 파도 2m였다. 지질이 나쁜 날은 30cm였다. 천장이 무너지며 인부 3명이 죽고 13회의 낙반 사고로 인부들이 짐을 싸므로 중간에 품값도 두 배로 주기도 했다.
현대건설은 옥천에 600여 대의 중장비와 수천 대의 트럭을 동원해서 공사를 진척시켰다. 협곡이 많아 진입로 만들기에 임시가교를 놓으면 장마에 떠내려가는 것이 여러 차례이고 공사진척이 늦어 일반 시멘트보다 20배 빨리 굳는 조강 시멘트 공장을 인근에 만들어버렸다.

한국도로공사가 간행한 『땀과 눈물의 대서사시 고속도로 건설』의 비화悲話(슬플비, 말씀 화-슬픈 이야기)에 보면 실제로 박정희는 단군 이래 최대 토목공사를 성공으로 이끈 지휘관으로 평가된다. 어려운 토목공사 구간에 육군 공병이 투입되어 작업능률이 월등해 공사비 또한 크게 절약되어 1968년에 착공하여 세계 최단 기간인 2년 5개월 만에 완공됐다는 신화도 가능했다.

박 대통령 비서실장 김정렴의 증언에 따르면 1970년 7월 경부고속도로 준공식에 참석했을 때 대통령으로부터 공로 훈장을 받는 위관급 공사감독관들이 부동자세로 서서 소리 없이 굵은 눈물을 뚝뚝 흘렸다. 그것은 '그들은 훈장의 영광과 갖은 고생 속의 책임완수와 감동과 만감이 교차한 때문일 것이라고 나는 느꼈다'라는 게 그의 증언이다.

경부고속도로 순직 위령탑 안내판

가장 힘든 구간은 옥천휴게소 부근이다. 그래서 희생도 많아 건설 순직자 위령탑도 세워졌다. 1968년 2월 7개 구간으로 나누어 진행한 공사는 대전 – 대구 구간을 마지막으로 1970년 7월 7일 428KM가 개통되었다. 16개 건설업체와 3개 군공병단이 담당하였으며 892만 3천명이 참여했다.(홍하상, 2005. 『주식회사 대한민국 CEO 박정희』 125)

위령비에는 희생자 77명의 산업전사를 기리는 글이 있다. '세상에서 금과 옥보다 더 고귀한 것은 인간이 가진 피와 땀'이라고 쓰여 있다.(박정희대통령 기념재단, 2018. 『박정희 그리고 사람』. 251)

그리고 1968년에 원활한 도로교통을 위해 서울 전차가 폐지되었고 서울 지하철 1호선이 1971년부터 착공해 3년 후 1974년 완공되었다.

6. 최대의 모험 원자력발전소

고리원자력발전소

이승만 대통령은 자원 없는 나라에서 원자력발전의 중요성을 간파하고 1956년 미국과 한·미원자력협정을 체결했다. 이는 우리나라 과학기술을 발전시키는 결정적인 출발점이었다. 한·미원자력협정의 후속 조치로 문교부(현 교육부)에 원자력 과가 생기고 인하공대(인천, 하와이의 첫 글자)에도 우리나라 최초로 원자력과가 설치되면서 과학기술 분야의 전문 인력 237명이 국비 유학생으로 해외에 파견됐다.

그 뒤를 이어 박정희 대통령은 에너지 자원 최빈국인 대한민국이 고급 기술인력도 부족하고 자본도 없는 이 나라에서 원자력발전소 건설을 결심했다. 더 놀라운 것은 1970년대 초 정부의 1년 예산이 6,500억 원이고, 1인당 국민소득이 200달러 정도였던 당시, 고리원전 1호기 건설비가 1년 정부 예산의 1/4이었다.(박정희대통령 기념재단, 2018. 『박정희 그리고 사람』. 251) 〈참고로 2018년 1년 정부 예산으로는 100여 기의 원자로를 건설할 수 있음〉

이승만의 자유민주주의와 인재 준비의 바탕 위에 박정희는 모든 면에서 한국을 재탄생시켰다. 특히 원전은 당시 상상할 수 없는 도전이요, 무모한 모험이지만 건설을 명했다.

1977년 고리 1호기가 발전을 시작하면서 그 이후 모든 대통령이 신규 가동 원전을 2~6기씩 설치하여 이 땅에 원자력발전 시대를 열었고 2017년 현재 세계 1위 최고의 원자력 기술보유국이며 수출국이 되었다.

그러나 문재인 정부 들어서 탈원전을 하면서 세계 최고의 기술력을 가진 장인들이 뿔뿔이 흩어져 부품 중소기업들이 폭삭 망하므로 다시 원자력 회생이 어렵게 되어 안타깝다. 그러면서 문재인 정부는 북한의 원자력발전소의 건설을 돕겠다고 북한에 공문을 보냈는데 들통이 났다.

박정희 정신이 이룬 공업화와 산업화는 배고픈 국민 밥 먹이는 토대를 만들었고 역설적으로 세계 어느 나라에도 없는 귀족노조, 전교조가 만들어졌다. 이 땅에 자유민주주의의 뿌리를 내린 사람은 박정희이다. 세계 어디에도 '배고픈 민주주의'는 존재하지 않기 때문이다.

그리고 『민족중흥의 길』 1978년 박정희는 저서에서 일자리와 고용이 진짜 복지라고 언급했다. 1960년대 초반, 당시의 경제발전에 가장 필요한 물자는 쌀과 석유였다.

따라서 박정희는 식량 자급자족과 울산정유공장을 비롯한 7대 기간산업 基幹産業(터기, 줄기 간, 낳을 산, 업 업-일반 산업 관련 중요한 산업. 비료, 시멘트, 제철, 기계 등의 산업) 건설을 최우선으로 했다.

울산 정유 공장 준공(1964)
울산 정유 공장: 경제개발5개년 계획의 일환으로1962년부터 울산 공업 단지를 조성해 나가기 시작하였다.

7. 국가 안보

1969년 닉슨독트린이 발표되었는데 내용은 "이제 아시아 국가들은 당신들 자신의 힘으로 지켜라"라는 것이다. 월남에서도 서서히 미군이 철수하여 1975년에 가서 공산화되었다.(이강호, 2020. 『박정희가 옳았다』. 96~97)

미군 철수 뒤 3개월 후 중국이 늘 '제국주의 총수'라 부르는 닉슨 대통령이 중공을 방문하겠다고 발표한 것이다. 워싱턴포스트지는 "닉슨 대통령의 중공 방문은 닉슨이 달나라 가는 일보다 더 놀랍다"고 했다.

박 대통령은 남북문제를 다루는 데 있어서 앞으로는 미국에 매달릴 처지가 못 된다는 것을 인식하고 대한민국이 스스로 자주국방의 길에 나서야 한다고 판단한 후 무기 국산화에 나섰다.

1971년 11월 상공부의 오원철 차관보와 청와대 김정렴 비서실장은 병기생산을 겸하는 기계부품공장을 건설하자는 새 방안을 냈다.[23]

이즈음 주한 미군을 월남으로 보낸다는 암시도 있고 하여 박 대통령은 한국군의 월남 참전을 자청했다. 그는 1964년 겨울 눈이 펑펑 쏟아지던 날 부총리 김기영과 국방부 장관 김성은에게 미국 방문에 앞서 부탁했다.

"월남 파병이 명분도 중요하지만, 더더욱 실리를 챙기는 데 소

---

23) 인식과 발상의 대전환을 하자는 것이었다. 즉 '여하한 병기도 분해하면 부품상태가 됩니다. 이 부품은 규정된 소재를 사용해서 설계 도면대로 가공하면 생산할 수 있습니다.' 이 아이디어는 기계공업의 불모지인 한국에 충격적인 아이디어였다.(오원철, 2006. 『박정희는 어떻게 경제강국 만들었나』173)

홀해선 안 되오. 그리고 파병 규모는 5만 이상은 절대 안 되오. 이 점 명심하고 협상에 임해줬으면 좋겠소."

1964년 파병을 통한 신무기 확보와 한국군 전력 강화라는 추가적 이익과 경제 이익도 당연히 고려되었다. 한국은 베트남 참전으로 젊은이들의 가슴 아픈 희생과 아울러 1965~1972년 사이 10억 달러의 수익과 35억 달러가 넘는 차관이 확보될 수 있었다.(이완범, 2006.『박정희와 한강의 기적』. 211~212) 미국은 주한 미군을 월남에 보낼 수도 있음을 암시했고 한국은 많은 반대급부 요구를 하여 1966년 3월 4일 '브라운 각서'라는 비망록을 보내 한국이 요구하는 장비와 장병 급여를 포함한 각종 경비를 지원하고 한국군이 구매하는 물자는 최대한 한국에서 구매하겠다고 했다.(김용삼, 2020.『대한민국 근대화 대통령 박정희 혁명 1』. 397~398) 이 때 김치 통조림을 수출했는데 기술이 없어 곤혹을 치르면서 통조림 기술이 이 때 많은 발달을 했다. 나중에는 통조림을 수출하는 나라가 되었다.

한국의 월남전 파병의 중요한 의미는 6·25전쟁에서 막대한 비용과 군사를 지원한 미국에 우리 한국이 은혜를 갚은 것이다. 또한, 미국은 한국을 외교적 동반자로 생각하기 시작했다는 점이다.

무장공비 출현이 계속되면서 박정희 대통령은 우리 독자적인 능력으로 이 나라를 지킨다는 자주국방을 결심하고 250만 향토예비군을 조직했다. 그 많은 예비군을 무장시킬 무기가 필요했다.

한국도 미군 철수 방침에서 감군으로 약화하였는데 미군 철수를 면한 이유는 우리가 베트남 파병으로 미국을 도와준 것이 한몫했을 것이다.

맹호부대 환송식. 1965.10. 27

월남전 당시 최전방 전술 기지를 순시하는 채명신 장군

1966년 10월 박정희 대통령이 구엔 카오 키 수상(왼쪽 세 번째)과 함께 퀴논에 주둔하고 있는 맹호부대를 찾았다. 뒤에 채명신 사령관이 서있다. /(박정희재단 제공)

박 대통령은 1971년은 다음과 같이 경고했다.

국운을 좌우하는 중차대한 시기입니다. 세계는 피도 눈물도 없는 냉혹한 생존경쟁을 〈중략〉 굳센 결의와 분발과 단결로써 국력을 기릅시다.

〈중략〉 앞으로 2, 3년간이 또다시 6 · 25 전쟁과 같은 참화를 일으킬 국가안보상 중대한 시기가 될 것입니다. 또한 우리는 침략을 대비하여 민방공 훈련도 해야 하겠습니다.

미국은 나머지 지상군도 철수하겠다고 발표까지 했는데 야당은 이러한 상황에도 예비군을 해체를 주장하고, 박정희 대통령은 안보를 정권 연장에 이용한다며 북한과 똑같은 말을 했다.

이럴 즈음 지하철도 시작되었다.

서울지하철 기공식에 참석한 대통령 내외. 1971. 4. 12

지하철로 대피하여 실시된 민방공훈련. 1971. 12. 11

| 박 대통령의 목표 도전의 제시 능력과 카리스마, 미군 철수 |

이런 상황에서 박 대통령은 김정렴 비서실장에게

"국방부 장관과 국방과학연구소장에게 대통령 명령이니 총알이 안나가도 좋으니 일단 국산 무기를 개발하라고 하시오."라고 지시했다.(김용삼, 2020.『대한민국 근대화 대통령 박정희 혁명 2』. 260~262)

그리고 박정희는 1970년 9월 경제부총리 김학렬에게는 방위산업 육성방안을 마련토록 지시했다. 이에 따른 방위산업 진척에 따라 1971년 11월 11일 아침에 "소총, 기관총, 박격포, 고속정, 경항공기 등을 12월 말까지 즉 45일 이내에 완성하라"라는 것이었다.

고속정 학생 호는 학생들의 방위성금으로 건조되었고 간첩선도 추적해서 격침하는 전과를 올렸는데 고속정은 이전에 1970년 8월 6일에 박 대통령 명령으로 국방연구소를 창설하여 계속 노력한 그것이 밑거름된 것이다.(오원철, 2006.『박정희는 어떻게 경제강국 만들었나』. 119~120)

45일 내의 번개 사업 매우 촉박한 시간이었으나, 개발을 담당한 ADD(국방과학연구소)에서는 대통령의 명령이니 사력을 다했다. 12

월 16일 드디어 제1차 시제試製(시험제품 전시)가 완료되었다. 한 달 반 만의 일이었다. 이어서 71년 12월 24일 유도탄 개발지시가 있었고 72년 1월부터 제2차 번개사업에 들어갔다. 72년 4월에는 미사일 시험발사에도 성공했다.(세계 7위) 다시 제3차 번개사업이 4월 1일부터 시작되었다.

국방부에서는 1974년에 '전력 증강 8개년 계획'을 입안하였으며, 박정희 대통령은 이를 율곡계획이라고 이름을 지었다. 율곡계획으로 소총, 미사일, 전차 등이 국산화되었고 획기적인 자주국방 태세를 구축할 수 있었다. 박정희는 수출목표 제시로 도전을 주었지만, 무기 개발을 위해 세 차례 번개 사업 이후에도 박정희는 무

전투비행단을 방문한 박정희 대통령. 국산 '폭탄 운반 및 장착장치'를 살펴보고 있다. 1972. 2. 25

박 대통령이 F-4D팬텀기 비행부대 창설식에 참석한 뒤 도입된 팬텀기를 살피고 있다. 1969. 9. 23

대한항공 김해공장에서 500MD 헬기 동체를 제작하고 있는 모습.

학생들 방위성금으로 제작되어 실전에 베치된 PK(한국형 고속초계정)

전방부대에서 열린 국산 병기 시험발사 행사장에서 시제품을 살펴보는 모습. 1972년 4월 3일

대량생산되고 있는 신형 대공화기를 살펴보는
박 대통령. 1977년 4월 13일

기 개발의 도전을 계속 제시하였다. 1975년 말 그 몇 달 전 월남이 패망한 뒤 박정희는 현대그룹의 왕회장을 만나 대뜸 일렀다.

"탱크를 만드시오."[24)]

이후 우여곡절 끝에 탱크가 만들어지고 기관차, 각종 기차, KTX까지 만들어내지만 이후 박정희는 1979년 초 실물 크기 목제 탱크를 제작한 것까지만 탑승해 보았다.

유도탄 개발지시 후 '백곰' 유도탄 개발은 총론 등 1만 장이 넘는 분량으로 1978년 9월 26일 유도탄 시대를 열었다.(김용삼, 2020. 『대한민국 근대화 대통령 박정희 혁명 2』 291)그러나 1979년 10월 26일 김재규 부하의 배신으로 박정희 대통령은 서거했다. 이후 방위산업 대 수술이 있었는데 예산도 1/3로 축소되어 서훈과 포상받은 연구원들도 갑자기 1000여 명이 감축되고 유도탄 성능개발계획도 취소되었다.

개발종사자의 회고를 들어보자.

> "아! 우리는 결국 해냈습니다. 그 당시 우리는 젊었고 국방과학연구소도 활기가 넘칠 때였습니다. 그래서 그런지 우리는 밤낮으로 정신없이 뛰었습니다. 이것이 애국 공학도의 길이라고 믿었던 것이지요." 그러나 박정희의 서거로 활기는 꺾였다(오원철, 2006. 『박정희는 어떻게 경제강국 만들었나』 134)

24) 박정희의 한 마디 한 마디와 그의 침묵이 카리스마였다. 나폴레옹의 모스크바 진격 전 참모들과의 무언의 장면 대화에서 '침묵의 카리스마'가 생각나게 한다. 침묵도 대화일 것이다. 그는 모든 사람의 의견을 침묵으로 듣는다.

1976년에 미군 철수를 선거공약으로 내건 미국 대통령 지미 카터는 1977년에 한국에 경고하기를 5년에 걸쳐 단계적 미군을 철수하겠다고 했다. 1975에 월남이 패망했으니 다음은 한국차례라고 하면서 주한 미군 싱글러브 장군들도[25] 미군 철수를 반대했다.

카터는 방한하여 미군 철수를 주장했다. 박정희는 카터의 방문시 미국을 믿을 수 없다는 마음을 굳히고 내심 핵 개발을 결심했다.

장거리 유도탄 시험 발사장에 전시된 국산 미사일에 관한 브리핑을 듣는 모습. 1978. 9. 26

외국인 싱글러브도 한국을 지키기 위해 카터의 미군 철수에 항명抗命(명령을 거부)하는데 우리에겐 왜 싱글러브장군과 같이 직언을 하는 사람이 없는가? 문재인 정부는 2020년 전후 한국군대 무력

25) 당시 유엔 참모장 싱글 러브 육군 소장은 워싱턴 포스트 인터뷰에서 "카터 대통령이 말한 대로 주한미군을 철수하면 제2의 6·25전쟁이 발발할 것이다. 김일성 오판으로 전쟁이 확실하므로 철군은 안된다!"고 말했다.
결국, 싱글 러브의 말에 국제적으로 미 철군 문제가 큰 쟁점이 되니 카터는 싱글러브 장군을 불러 문책하며 해고했다. 해고당했지만 싱글 러브의 '미군 철수에 대한 항명抗命(겨룰 항, 목숨 명-명령에 항거함)'이 없었다면 한국은 미군 철수로 공산화되었을 것이다.

화시킨 친중 친북 정책으로 남북군사합의서에 서명했다. 그리고 비무장지대 내 감시 초소(GP) 철거, 비행제한을 했는데 한국의 송영무, 정경두 국방부 장관과 다른 어떤 장군들도 자신의 나라 일인데 누구도 저항하지 않았다.

군 당국이 강원도 철원지역 중부전선에 위치한 감시초소(GP)를 철거하고 있는 모습.(2018. 11.15)

우리나라에는 싱글러브와 같은 인물이 없는가?

알링턴 국립묘지에 안장되는 싱글러브 장군

주한미군 철수 방침에 반대하다 지미 카터 전 대통령과 갈등을 빚었지만 전역한 존 싱글러브 전 주한미군 장군은 미국 알링턴 국립묘지에 안장됐다.

미 대통령 카터가 1977년 주한미군 철수를 내세울 때 북한의 김일성은 미국에 대한 일체의 비판을 자제하고, 평화협정 공세와[26] 주한미군 철수 공약 이행을 요청했다.

| 전쟁 대비 |

박정희는 소총도 못 만들던 나라에서 중화학공업 육성으로 탱크 미사일까지 만들었지만, 주한미군 감축으로 끊임없는 공비 침투의 북한 위협에 나라 구할 핵 개발의 긴 여정이[27]시작되었다.

1974년에 인도, 파키스탄 핵무기 개발로 세계적으로 핵 개발 감시 시작되니 미국은 한국과 프랑스에 압력을 가했다. 다음해 미국 스나이더 대사는 최형섭장관에게 재처리시설 취소하지 않으면 한미원자력협정과 군사원조 어렵다고 말했다. 결국 "미국은 한국에 핵 포기시켜 놓고 카터 대통령은 4~5년 내 주한 미 지상군 모두 철수한다고 발표했다.

1976년 말 박정희는 "원자력 산업 소문 안 나도록 다시 자체 핵폭탄 제조하라" 지시하여 78년엔 핵연료 가공시설 착공하고 1979

---

26) 한국에서 2017년 이후에도 문재인과 문재인 정부의 외교특보 문정인은 미군 철수를 위한 '평화협정, 종전선언'을 김정은과 똑같이 주장함. 그러나 박정희는 평화란 적에게 평화를 구걸하는 것이 아니라, 강력한 군대를 보유하여 전쟁에 대비해야 한다는 금언을 실천했다.

27) 최형섭 과기처 장관은 박 대통령에게 '원자력발전 15년 계획'을 보고하고 핵연료 제조부터 처리를 위해 1972년 10월 한국원자력연구소와 프랑스 원자력위원회 실무접촉 협의를 개시했다.
수많은 과정을 거쳐 핵폭탄 원료 플루토늄 생산 시기는 1980년 초로 예상하고 예산 20억불 마련한 후 해외인력 205명을 스카우트했다.

년 5월 기공식을 갖을 예정이었다.

미 CIA는 요원을 파견하여 첩보활동으로 한국의 핵무기 현황을 파악하고 1978년 8월 미 국방성 장관은 "빵이냐, 핵 개발이냐 택일하라"고 하는 미국의 압력에 한국은 굴복할 수 밖에 없었다. 그러나 1978년 9월 국산 미사일 백곰 성공으로 세계 7번째로 미사일 보유국이 되었다.

후일 전前 한국국방연구원 김태우는 『북핵을 바라보며 박정희를 회상한다』에서 말한다. 만약 박대통령이 핵무장이 아닌 '농축과 재처리를 통한 핵무장 잠재력'만을 추구했더라면, 그것으로 미국의 반대는 충분이 막았을 것이다. 그러면 노태우 정부의 바보선언도 존재할 수 없었을 것이다.(김태우, 2018. 『북핵을 바라보며 박정희를 회상한다』.131)

박정희는 1979년 1월 3일 부산에서 신년 구상 중 공보비서 선우연에게 아래와 같이 발언했다.

> "나는 1981년에 대통령 그만둘거야. 1981년 전반기에 핵폭탄 완성된다고 국방과학연구소장한테서 보고받았어. 핵폭탄 완성되면 김일성이 남침 못 하지. 우린 방어용이야. 그해 국군의날 행사 부활시켜 원자탄 세계에 공개하겠어. 그리고 그 자리서 사퇴 성명 내고 물러날거야"

그후 1979년 10월 26일 박 대통령은 김재규 정보부장으로부터 저격당했다.

8. 새마을 운동

이승만 대통령이 집권하는 동안 토지개혁과 교육혁명으로 자유민주주의의 기반은 굳건해지고 6.25까지 겪으면서 미국으로부터 20억 달러 이상 무상원조를 받아내 경제복구에는 성공했지만 남한경제가 가난의 악순환에서 벗어나기에는 역부족이었다. 1959년엔 일 인당 국민소득이 83달러에 지나지 않았다. 거기에는 많은 이유가 있겠으나 전기도 안 들어가고 라디오도 귀하고 소작농이 많으며 기술지도자도 없었다.

박정희는 집권 16일 만인 1961년 6월 11일 자조 정신에 따라 향토를 내 손으로 가꾸자는 자조, 자활 운동인 재건 국민운동을 제창했다.

새마을 운동의 시작의 기운은 대통령 당선 직후인 1963년에 전개됐던 국민 재건 운동인데 이는 새마을 운동의 첫 출발이다. 그게 실현되지 못하자 제2 경제 운동(1968년)이란 구호 아래 불씨를 살리려 했다가 실패했다.

1964년 7월에는 박 대통령은 열차편 귀경 중 경북의 말라붙은 논을 보고 급히 내려서 현황을 보고받다가 소리를 질렀다.

"군수, 그 팔이 뭡니까? 도대체 칠곡군은 모심기 성적이 젤 나쁜 곳 아닙니까? 방안에서 보고 지시만 합니까?(전인권, 2006. 『박정희 평전』)

우리 농촌뿐 아니라 우리나라 경제사에서 획기적인 성과가 나타나기 시작했다. 정부 또한 자신감을 느끼게 되는 계기를 맞는다.

정부의 이러한 여러 가지 노력에도 불구하고, 무언가 하나가 빠진 듯한 느낌을 지울 수가 없었다. 그러던 중 잠자는 농촌에서 새

1976년 새마을 지도자 연수원을 찾아 연수생을 격려하는 박정희 대통령(사진제공 – 국가기록원)

박정희 대통령이 1972년 3월24일 경북 청도군 운문면 방음동 새마을 운동 현장을 시찰하는 모습 (사진제공 – 국가기록원)

마을운동이 태동하는 결정적인 계기가 생긴다.

1969년 8월 3일, 박정희 대통령이 경남 수해 지역을 직접 둘러보기 위해 전용 열차를 타고 부산방면으로 가면서 경북 청도군 청도읍 신도1리 마을주민들이 마을 안길과 제방을 복구하는 모습과 잘 단장된 집들을 차창 너머로 보고 전용 열차를 신거역에 정차시키고, 신도1리 마을을 방문한 것이다.

마을 총회의 결의로 자발적으로 협동 공사한 주민들의 이야기를 듣고 박정희 대통령은 크게 감동했다. 자발적이고 부지런하며 협동심이 강한 신도1리 마을주민들을 모범 삼아 농민들에게 근면, 자조, 협동 정신을 일깨우면 잘 살 수 있는 농촌으로 개발시킬 수 있을 것이라 기대했다.(박정희 대통령 기념재단, 2018.『박정희 그리고 사람』 298~299)

1969년 9월 농어민 소득증대 특별사업 전국경진대회 때 머슴 7년 생활로 돈을 모아 비닐하우스 농작물을 길러 부자가 된 하사용 씨 성공사례였다. 눈물로 장내가 숙연해 졌다. 단상에 오른 박정희 대통령은 원고를 꺼들떠 보지도 않고, 손을 번쩍들어 하사용 씨 쪽을 가리켰다. "저렇게 가난한 사람도 열심히 하니 성공하지 않습니까? 하면된다! 국민 여러분,우리모두 해 봅시다!"하면서 손수건을 꺼내 눈가를 닦았다. '할 수 있다'의 새마을정신, 'CAN DO SPIRIT'이 여기서 시작되었다. '하늘은 스스로 돕는자를 돕는다'는 박정희 대통령의 철학이다. 참여 농민이 스스로 10~20% 자기 돈을 투입하도록 하라는 원칙도 이때 세워졌다.

•제주도민들이 새마을 운동의 일환으로 도로확장 공사를 하는 모습. 1972년 •청도군 새마을 사업장.
•청도군 운문면 방음동 새마을사업 현장. 1972년 3월 24일 •경기도 양주군 수동면 수산 2리 새마을부락 작업현장을 찾아 부녀자들을 격려하는 육여사. 1972년 4월 28일

새마을 사업에 많은 공헌자 있지만 그중에서도 박진환 대통령 특별보좌관과 김준 새마을지도자연수원 원장의 공헌은 지대하다. 김준 원장이 과로로 몸이 몹시 쇠약해졌다. 박정희 대통령은 김준 원장이 쓰러지면 새마을운동에 큰 차질이 온다면서 남몰래 보약(補藥)을 보내 준일도 있다.(출처 : 대구신문https://www.idaegu.co.kr)

이때부터 대한민국 근대화의 초석이 된 새마을운동이 전국적으로 확산했다.

못 살고 게으른 농촌에 대한 절절한 안타까움, 그리고 소년 시절 뼈저리게 가난했던 아픔이 농촌개혁이라는 꽃으로 피어난 것이다.

조국 근대화의 행동철학인 새마을 운동은 소득증대, 정신계발, 환경개선 등 세 가지 측면으로 접근하였다.

정부가 새마을 운동을 지원하되 농민의 참여 정도와 성과에 따라 평가하여 차등 지원[28)]하고 신상필벌 형태로 농민의 참여를 적극적으로 유도했다.

1970년 3월부터 마을 단위로 지원된 시멘트와 철골로 마을 길 넓히기, 마을회관 건립, 지붕 개량이 되고 농촌의 연료가 대체되며 식수공급의 개선과 농촌의 보건진료소, 전기와 전화가 농촌 구석구석에 모두 들어가고 주택정책도 바뀌기 시작했다.(이영훈, 2019. 『박정희 새로보기』 157~167)

당시 자동차가 드나들 수 있는 마을은 30%에 불과했으나 획기적으로 바꾸어 놓았고, 농가소득 증가라는 눈부신 성과를 가져왔다. 1967년부터 8년 사이에 농가소득이 6배 이상 증가했다.

이 새마을 운동은 이후 세계 각지로 퍼져 세계 약 100여 개 나라에서 우리나라의 새마을 운동을 배우고 있고, 또 배우려 하고 있다. 사실, 이러한 새마을 운동은 우리 한류의 첫 물결이었다고 해

---

28) 박 대통령은 공평하게 나눠준 시멘트 등으로 새마을운동에 적극 참여한 마을에 더 많이 차등지원하라고 했으나 내무 장관 등은 선거를 대비해서 똑같이 지원하자고 했다. 박 대통령은 거부했으나 공화당 대표도 한 목소리로 선거 패배를 염려하여 공평분배를 요구했지만 박 대통령은 선거에 패하더라도 신상필벌해야한다고 했다.
요즘의 실태를 보면 대조되어 쉽게 이해된다. 2020년부터는 차등지원이 아니라 '코로나 지원금'이란 돈을 모든 국민에게 똑같이 뿌려대는 정부와 협조하는 야당을 보면 참으로 한심한 일이다. 2024년 7월에는 국민 1인당 25만씩 뿌리는 안이 더불어민주당 단독으로 통과되었다. 스위스는 국민투표에 부쳐 돈 뿌리는 포퓰리즘에 반대표가 많아 실시하지 못하고 있다.

도 과언이 아니다. 그만큼 해외에서는 우리나라의 새마을 운동에 주목하고 있으며, 다른 나라에서는 이러한 운동을 주도한 박정희 대통령을 칭송하고 있다.

1972년부터는 주민 지도자의 훈련과 활용 나아가 의식 계발 사업과 생산 소득 사업 등 도시와 공장의 국민정신 개혁 운동으로 종합적인 운동으로 확대되었다. 1973년에 들어서 방송 매체는 아침 저녁으로 '새마을 노래'를 내보냈다. 11월 21일 '제1차 새마을지도자대회'가 열렸고 점차 확산하였다.

박 대통령 타계로 1980년에는 민간 주도형의 운동으로 전환하려는 취지에 따라 새마을운동 중앙본부가 설립되었다. 새마을 교육과 홍보, 연구 사업 등을 실시하였으나 점차 본래의 의도를 벗어나 예산 낭비, 각종 성금 유용과 무분별한 조직이 확대되고 삐뚤어진 경영이 이루어졌다. 이러한 새마을 운동의 실상은 1988년 5공 청문회에서 폭로되었으며, 그 결과 새마을운동 중앙본부 등 관련 기구들이 대폭 정리 · 조정되기도 하였다.

경제특보 박진환은 다음과 같이 회고했다.

> "박 대통령은 독재 정치를 하였다고 하지만 그가 집권하는 동안 새마을 사업을 통해 수많은 지도자가 양성되어 풀뿌리 민주주의가 싹트고 꽃필 수 있었다는 것은 아이러니가 아닐 수 없습니다. 부산대 교수 로버트 캘리는 새마을운동의 정신에서 잘살아 보자는 열망은 리더쉽이 20%이고 팔로우쉽이 80%라고 말하며 이것이 완벽한 조화라고 했다.(김용삼, 2020. 『대한민국 근대화 대통령 박정희 혁명 2』. 57~58)
>
> 일부 정치인과 지식인들이 마음 놓고 반정부 운동을 전개할 수 있었던 것도 공산화 침략 위협을 박 대통령이 막아주었기 때문에 그런 활

동을 할 수 있었다고 봅니다. 만일 한국이 김일성 치하에 있었다면 그러한 반정부 활동을 마음 놓고 할 수 있었겠습니까? 박정희 시대의 발전과 새마을 운동은 아이러니칼하게도 국내 학계보다도 미국과 유럽 등지에서는 여러 권의 저서가 나와 있습니다."

9. 산림녹화

박 대통령은 1961년 5월 16일 혁명을 하자마자 산림을 육성하기 위한 다양한 조치들을 추진하였다. 「우리 민족의 나아갈 길」을 보노라면 박 대통령이야말로 준비된 대통령이었다. 그 책의 내용대로 모든 국가정책이 실현되었다.

먼저 산림 관계 법령을 정비하고 제1차, 제2차 경제개발 5개년 계획 기간 중 각각 55만 정보의 조림계획을 세우고 행정조직을 강화하며 손수익 경지 지사를 임명하여 1973년부터는 '치산녹화 10개년계획(1973~1982년)을 단행하였다.

1984년 임업통계요람에 의하면 한국 전체 임목 면적의 84%가 20년생 이하이다.(박정희 대통령 기념재단, 2018. 『박정희 그리고 사람』. 266)

박정희 시대를 회고할 때 떠오르는 것은 학교, 관공서, 마을회관 어디서나 볼 수 있는 포스터와 표어 생각이 난다.(표어의 예- 산 산 산 나무 나무 나무) 박정희 대통령이 산림녹화사업을 시작하면서 북미 대륙의 캐나다 지역과 더불어 한국의 산야가 동북아시아에서 손꼽는 녹색지대로 분류되는 것은 오로지 박정희의 큰 공로의 하나다.

여주 이천 사방사업 현장(1963. 5. 3)

포플러 나무를 안고 있는 모습. 박 대통령은 불가능한 일이라고 판단된 산림녹화를 밀어붙여 금수강산을 되찾았다. 1965년 3월 4일

식목일을 맞아 경기도 시흥군 의왕면 왕곡리 야산에서 나무를 심는 박 대통령과 지만 군. 1976년 4월 5일

그래서 유엔은 한국을 이스라엘과 함께 20세기의 대표적 녹화 사업 성공국가로 꼽고 있다. 박 대통령은 또 친환경적인 그린벨트 설치로 산림을 보호하여 세계 4대 조림성공국이 되었다.(박계천, 2013. 『박정희대통령이 후세에 전하는 국민대통합에 관한 메세지』315~317)

1971년 7월 30일, 건설부 고시로 서울 외곽지역에 그린벨트(개발제한구역)가 처음 지정됐다. 서울 중심부의 개발을 묶는다는 내용이었다. 도시의 무분별한 확산과 토지 투기 억제가 목적이었다.

10. 보릿고개가 없어지다(녹색혁명)

근대화과정에 내전이 없었던 나라는 없다. 5.16이 일어날 수밖에 없는 상황은 2차 대전 후 이념 전쟁 후 민주주의건 사회주의건 제발 밥 먹게 해달라는 것이 우선이었다.

먼저 '보릿고개' 노래 가사 일부를 소개한다.

아이야 뛰지 마라
배 꺼질라 가슴 시린 보릿고갯길
주린 배 잡고 물 한 바가지
배 채우시던 그 세월을 어찌 사셨소
초근목피에 그 시절 바람결에 지워져 갈 때
어머님 설움 잊고 살았던 한 많은 보릿고개여(하략)

당시 벼 품종은 재래종과 도입종이 주류를 이뤘는데 농촌진흥청은 1963년부터 1976년까지 14년간 200여 명이 넘는 인력을 투입해 통일벼를 개발 · 육성하는 데 총력을 쏟았다. 1968년부터 1980년까지 12년간 농업진흥청장을 역임한 송암 김인환 박사의 공이 컸다.

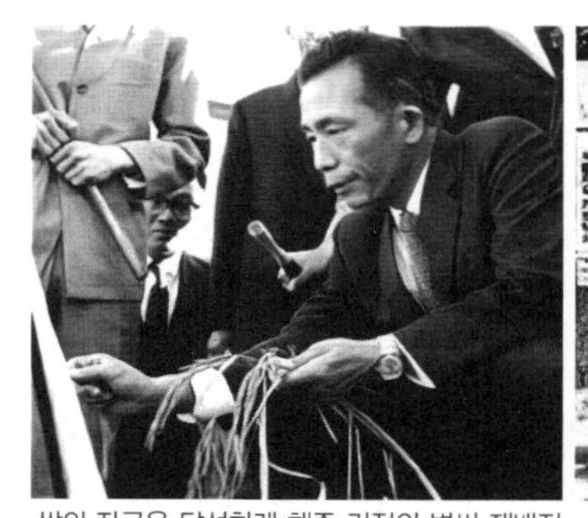

쌀의 자급을 달성하게 해준 기적의 볍씨 재배지에서 작황을 살피는 모습. 1973년 11월 15일

1970년부터는 일주일에 두 번, 수요일과 토요일에 쌀을 먹지 않는 무미일無米日을 시행하면서 박 대통령은 청와대 주방에도 무미일을 지키라고 지시했다. 일반식당에 수시로 암행단속반이 들이닥쳐 솥뚜껑을 열어보고 학교에서는 담임 교사가 혼분식을 지키는지 학생들의 도시락을 검사했다. 그러는 사이 정부가 통일벼를 개발한 지 14년 만에 쌀막걸리가 부활했고, 이는 그해 10대 뉴스에 포함됐다.(오원철, 2006. 『박정희는 어떻게 경제강국 만들었나』. 425~426)

밥에 한이 맺힌 박정희 대통령의 의지, 정부의 농업공무원의 헌신, 농민의 협조로 녹색혁명을 이뤄내고 보릿고개(보리 나오기 전 식량이 없는 시기)라는 굶주림에서 해방되었다.

개발도상국에서 식량의 자급자족을 이루면 '녹색혁명'이라고 일컫는다. 박정희 대통령 시대에는 청와대에 농업 담당과 새마을 담당 특보 등 3명의 참모가 있었는데, 그다음 정권부터는 농업 관계 특보가 단 한 명도 없었다. 1977년도 국내 10대 뉴스에는 '수출 100억 달러 초과 달성'과 함께 '쌀 대풍작과 쌀막걸리 허용 조처'가 어깨를 나란히 했다.

11. 문예 중흥

1968년 박정희대통령은 기자회견에서 다음과 같이 말했다.

> "제2 경제라는 말은 어떠한 학문적 그런 개념도 아닙니다. 내가 생각해 낸 한 단어인데 물질적인 면에 대해서 우리가 노력하는 동시에 정신적인 자세가 올 바라 야만 '경제건설, 근대화 운동이다' 하는 것이 효과적으로 촉진될 수 있습니다. 증산 수출 건설이 제1 경제라면 정신적인 면, 마음가짐 등은 문예 중흥의 제2 경제라 해볼 수도 있습니다."

이러한 제2경제는 언제 나왔나? 민생고民生苦(백성들의 가장 고통스러운 일은 먹는 것)**가 시급한 5.16 후 1962년 1월 10일에 문화재 보호법을 만든 사람이 박정희다.**(박계천, 2013. 『박정희대통령이 후세에 전하는 국민대통합에 관한 메시지』 322) **그 법 제2조에 건조물, 공예품과 연극, 음악 등의 무형문화재, 고분, 성지, 사적지史跡地**(사관 사, 발자취 적, 땅 지-역사적으로 중요한 사건이나 시설의 자취가 남아 있는 곳) **광물, 민속자료 등을 언급하고**

있다. 놀랍지 않은가? 먹고 살기도 빡빡하고 어수선한 시기 5.16 직후 문화재 관리국을 만들었고 1962년에는 판소리나 탈춤 등 무형문화재 제도(인간문화재로 생계 지원)도 만들었다. 그는 문화란 전통문화에 바탕을 두고 외화 획득에 도움이 되어야 한다고 생각했다. 박정희는 문화의 힘을 알았던 인물이다. 문화적 자립도 중요하다는 것이다.

반대하고 흠잡기 좋아하는 좌익 사람들은 딴죽을 건다. "박정희의 문화재 보호법이 일본의 법을 베꼈다." 한다. 뒤에 하면 무조건 베꼈다 하자. 일본은 독일을 베꼈고 독일은 프랑스를 베꼈다. 베낀 것은 사실이겠지만 좋은 것은 모방함이 좋은 것 아닌가?

박정희가 우리 문화에서 전승해야 할 유산들을 향약, 화랑도 정신, 서민문학, 실학 등을 전통문화의 계승과 발전에 포함했다.

당시의 모든 구호와 정책의 초점은 식량 증산에 맞추어져 있었다. 먹고 살기도 바빴던 시대였기 때문이다. 즉 문화는 정책 추진의 고려 대상이 아니었다.

늘 그렇듯이 박정희를 비판 비난하는 좌익 분들은 또 나선다. 박정희가 경제 성장시키고 민생고 해결시킨 것은 시인하나 문화 대통령이냐고 반문한다. 무식한 군인 출신으로 밀어붙이기가 특기이고 무식하게 콘크리트를 부어 만든 광화문이 그랬고 복원한답시고 불국사도 그랬지, 단청도 자기 좋아하는 색으로 칠했다며 현판은 왜 많이 썼어? 그 정도면 문화재를 망친 거지 하며 업적은 커녕 무엇이든 부정하고 나쁜 쪽으로 생각해내기 바쁘다.

고속도로 공사현장에서의 일화를 소개하면 1960년대에 고속도로를 낼 때, 대구에서 경주 구간에 고분이 많이 발견되어 시간이 걸렸다. 그 당시 경부고속도로보다 귀중한 우선 순위가 없는데도

6개월이나 공기가 지연되면서까지 문화재 보호법을 개정하여 문화재를 보호했다.

1979년에는 한국문화원을 외국에 설치해 한국 문화를 널리 알리는 데도 힘썼다. 박 대통령은 또한 국적 있는 교육을 강조하며 1968년 '국민교육헌장'을 제정하고 한국정신문화연구원을 창립했다.(박정희 대통령 기념재단, 2018. 『박정희 그리고 사람』. 286)

강화 전적지 정화사업으로 복원된 갑곶돈대(甲串墩臺)안 포각에 전시된 대형 조선포을 돌아보며 최대 사거리가600m 였다는 이병도, 이성근, 최영희 씨의 설명을 듣고 있다.
박 대통령은 같이 복원된 초지진(初地鎭), 덕진(德津鎭),광성보(廣城堡), 강화서성(江華西城) 고려궁지(高麗宮址) 등을 차례로 시찰했다. 1977년 10월 28일

박정희 대통령은 우리나라의 역사적으로 중요한 문화 유산에 대한 관리에 신경을 썼는데, 1970년대 초에 불국사 복원공사를 하면서 지금의 모습을 갖추게 되었다.

충무공 현충사 성역화 작업, 충무공인 이순신 장군의 광화문 동

상은 "일본인들이 가장 무서워할 인물의 동상을 세우라!"고 지시한 것이다. 박정희 대통령의 문화재 사랑은 유별났다. "문화재 보호는 정신문화와 국민정신을 계발하는 데 효과적"이라고 하며 창조적 계발을 강조했다.

많은 유적이 모두 박정희의 관심과 애정으로 복원되고 성역화된 사실을 아는 사람은 많지 않다.

경주 보문관광단지 건설 현장을 둘러보는 박 대통령. 1978. 12. 9

임진왜란 때 최초로 의병을 일으켜 외적을 무찌른 충익공(忠翼公) 곽재우(郭再祐) 장군과 휘하 장수 17명의 위패를 모신 경남 의령의 충의사 유적 정화사업 준공식에 참석. 분향하고 경내를 둘러보았다. 1978. 12. 22

필자는 교직에 재직시 학생들의 경주 수학여행을 인솔하면서, 또 연수시 경주보문단지에 숙박하면서도 박 대통령에 대한 고마운 마음은 전혀 없었고 박 대통령 공적이라는 홍보도 못 들었다. 나의 무지에 송구스럽다.

특히 공을 들인 부분은 항일유적과 현충사였다. 꼭 시비 거는 분들은 또 "박정희가 군사 정권의 정당성을 강조하기 위해 이순신을 위인으로 만드는 데 주력했다"라고 말하는 분들도 있다. '6.25

를 당한 지 몇 년 안 되는 때였는데 국난극복을 강조 안 하면 무얼 강조하고 싶나?' 무엇이든 흠을 잡고 본다.

1970년대 초반에 먹고 살기 힘든 시대에 박정희 대통령은 전국의 모든 문화유산을 조사하고, 그것을 가지고 문화재 관리행정의 체계를 잡으라는 지시를 통해 '전국유적총람全國遺蹟總覽'도 만들어졌다.

1974년부터 1978년까지 계속된 제1차 문예 중흥 5개년계획에 5개 부문의 제1차가 성공리에 마치면서 제2차 문예 중흥 5개년 계획에 사업비는 1차에 비해 2.8배 증가했으나 안타깝게 박 대통령은 1979년 서거하여 완결을 못 보았다. 그 후 어떤 대통령도 그 계획은 실천하지 못했다.

12. 성장과 분배의 동반성장

수출 육성정책으로 성장하는 수출제조 기업들이 정부의 적극적인 독려 하에 제약 없이 수출 수익을 국내에 투자함으로써 일자리를 만들면서, 중산층이 지속해서 확대되었고 수출육성 정책이 바로 경제 성장과 개인 분배(복지)의 동반성장同伴成長(성장과 분배가 함께 이루어지는 일)의 길을 열었다.

박대통령은 '일자리와 고용이 진짜 복지'라고 하며 아직도 유휴노동력이 많은 우리는 이들을 생산의 역군으로 돌리는 것이 복지의 출발점이라고 했다.(박정희, 남정욱 풀어 씀, 2017.『박정희 전집 09 민족중흥의 길』160~163) 나아가 동반성장이 진정 복지가 아닐까? 북한의 실정을 보면 쉽게 이해 갈 것이다.

전태일과 같이 처음 1964년 월급 1,500원에서 4년 후 15,000원으로 급상승하므로 자연스레 성장과 분배(복지)의 동반성장이 이루어진 것이다.

성장 없이 분배할 수 있을까. 이승만 대통령 때 건국 이후 '보릿고개'도 못 넘는 때에 분배는 생각할 수도 없었다. 이를테면 북한에는 분배할 것이 있는가? 전태일의 평화시장 경력과 임금상승이 착취라고 하는 학자들의 저서『조영래 평전』에 따르면 1964년 천신만고 끝에 시다(일본어로서 재단사의 전 단계)로 취직하며 월급을 1,500원 받음—1965년, 1966년 계속 증가하여 2년 만에 무려 4.6배 상승했다. 그리고 1967년에는 재단사로 15,000원 받음으로 10배가 올랐다.[29)](류석춘, 2018.『박정희는 노동자를 착취했는가』.189)

그러므로 저임금 혹사는 비난이 목적이고 물론 장시간 노동 등은 이후 점차 개선되는 과도기 過渡期(지날 과, 건널 도, 기약할 기—옛것에서 새것으로 바뀌는 시기)의 일이었다. 공무원인 경찰도 24시간 근무에 수당도 없이 일하던 때가 2000년쯤, 즉 20여 년 전이다. 더구나 50여 년 전에 어려운 시절에 근로 기준이란 것은 법에만 존재하는 것이었다. 퇴임한 경찰 본인들의 말에 따르면 아무 때고 부르면 나가는 '노예'라고 했다.

좌익의 교육을 받은 전태일은 분실자살[30)]을 당하게 되었다.(류석춘 저 앞의 책—대한민국 기능공의 탄생과 노동귀족의 기원』 47쪽~50쪽)

---

29) 같은 기간 소비자 물가 상승률이 매년 10%대 초반이었음을 고려해도 높은 상승이고 나아가 1970년 재단사로 월급 23,000원 받으니 연봉은 당시 1인당 국내총생산의 3.2배였다. 한국 평균 소득의 3배를 넘게 받은 사람이 혹사를 당했다고 한다. 1990년대 사우디아라비아의 한국 노동자는 사막의 열사에서 10시간이상을 일했다

30) 전태일은 본인이 자신 몸에 불을 붙인 것이 아니라 불을 붙여준 사람이 있다. 이름은 밝히지 않고 동료 김개남(김개남은 가명이고 왜 가명을 사용했을까?)이라고 했다. 그런데 미국에서 온 한인 이승종 목사가 전태일을 교육했다는 사실을 아는가?

당시 농촌의 유휴인력이 많아 일자리를 찾아 무작정 상경하는 경우가 많았다. 일자리를 만든 사람은 누구인가?

전태일뿐만이 아니라 여공들도 6년 만에 임금이 4.7배 올랐고 평화시장에서 6년 일하면 당시 우리 국민의 1인당 평균소득을 벌었다. 그런데 착취라고 할 수 있을까. 전태일의 죽음은 도덕적으로도 바람직하지 않고 아름답지도 않고 주위 부추김과 교육으로 불행했을 뿐이고 이용당했을 뿐이다.

1945년 해방 이후로 제1공화국에서도 공산당 세력은 늘 그래왔다. 없는 광우병도 거짓으로 촛불을 일으키고 천안함도 북의 소행이 아니라고 주장하며 받은 적 없는 뇌물죄를 씌워 죄 박근혜 불법 탄핵까지 하는 일은 같은 맥락의 사건들이다. 북한에선 광주사태에 참여하여 5.18공로로, 상을 받았다고 탈북인들은 증언했고, 국가안전기획부(현 국가정보원)의 권영해 전 안기부장은 북한의 5 · 18 광주사태 개입을 2024년 7월 처음으로 밝혔다.

하여튼 거짓말이 난무亂舞(어지러울 난, 춤출 무-옳지 않은 거짓이 나타남)해도 한국의 성장과 분배는 1980년대 후반까지 30여 년간 세계 40개국에 대한 성장과 분배에 관한 세계은행의 연구가 말한다. 연구 내용은 한국은 기간에 평균성장률이 최고일뿐만 아니라 분배 또한 가장 양호한 나라에 속하는 것으로 나타났다는 결과다. 그러나 좌익학자 서중석은『현대사 이야기』에서 세계은행 연구 결과는 잘못된 연구라고 했다. 서중석은 무조건 거짓말로 부정하고 다시 말해 한국이 세계 최고의 경제 성장과 분배의 동반성장을 실현하지 못했다고 홀로 주장한다.

13. 기타

1970년대에 중화학공업과 더불어 어렵게 기술을 익혀 도시 진출한 기능공들은 전태일 상황과 흡사하다. 그 당시엔 공고나 직업훈련원, 혹은 국졸, 중퇴의 배경으로 뛰어든 경우도 다수다. 그래서 자가용 차도 소유하고 해외여행도 하는 사람으로 변모했다. 사회주의 좌익들은 어떤 모습으로든 흠집 내고 공격을 한다.

2차대전 이후 신생 독립국 가운데 성공적인 경제 성장을 이룩한 사례로 평가되는 싱가포르나 대만, 한국의 경우는 예외 없이 서구식 자유민주주의의 길을 걷지는 않았다. 어쩌면 중화학공업의 기치를 내걸고 성공했던 유신이 아니었다면 우리는 남미와 같은 실패 사례를 걷고 있을지도 모른다. 아니 중화학공업의 발전 없이 오늘의 한국은 없다.

남덕우의 말을 들어보자.

> "개발도상국에서 가장 우선하는 인권은 실직자에게 일자리를 주는 것입니다. 즉 취업의 기회를 보장하고 이것을 확대하는 것이 최선의 인권보장입니다.
>
> 그 핵심이 자유권인데 거기에도 정치적 자유권에서부터 시작하여 경제적 자유권, 사상적 자유권 여러 가지죠. 박정희 대통령이 1974년 5월 20일에 적은 휘호인 '내 일생一生 조국祖國과 민족民族을 위爲를 위하여'라는 신념이 경제사상의 자유를 얻게 하지 않았는가?"

유신이 기본권은 억제했으나 중화학공업의 발달이 소득증대로 이어져 로버트 달의 말대로 자유민주주의를 성취하는 밑바탕이 되었다.

내一生 祖國과
民族을爲하여
1974. 5. 20.
大統領 朴正熙

박정희 대통령은 홍수와 가뭄, 환경을 대비해서 4대강 다목적 댐 준공하여, 홍수와 한해旱害(가물한, 해할 해–가뭄의 피해)를 겪으면서, 작은 강에는 보(물을 가두는 시설)를 만들었다. 어떻게 보면 이명박 대통령이 시행했던 4대강 살리기 사업의 시발점은 박정희 대통령의 4대강 유역 개발사업과 통한다고 볼 수 있다.

당시에는 이명박 대통령 때처럼 반발하는 좌익국민들보다 오히려 반가워하는 국민이 훨씬 더 많았다.

또한 친 노동 계급적인 서민을 위한 최초의 의료보험 제도도 시행했다.

우리는 흔히 박 대통령 시대를 노동자들의 인권을 억압한 독재적인 시대로만 기억하고 있다. 하지만 오히려 역설적으로 의료보험, 산재보험과 생활보장 등 소위 친 노동 계급적 성격을 가진 제도들이 박 대통령 시대 때 도입되었다. 또한, 그 계획은 예상된 것이었다.(『우리 민족의 나아갈 길』 47쪽 참조) 특히 1976년 의료보험법 개정을 통해 도입된 강제가입 방식의 의료보험제도는 정부 내 핵심 부처의 반대에도 불구하고 여기에는 박 대통령의 정치적 결단이 크게 작용했다.(전대열, 2014. 『박정희의 기업가적 국가경영과 위기관리 리더십』. 251)

미국은 사私보험에 의존하고 있어 보험 혜택을 못 받는 이들이 4700만 명에 이른다. 맹장수술비가 1만 5000달러나 되고, 안경을 맞추려면 안과 시력검사비로만 60달러를 내야 한다. 미국 시벨리우스 보건장관은 한국의 의료보험을 배우고 싶다고 할 정도로 미국은 우리나라의 의료보험제도를 시행하고 싶어 한다. 번번이 미국은 의료보험 개혁에 실패했기 때문이다.

또한 이 때 부가가치세는 1971년 남덕우 장관이 도입 필요성을 피력한 후 많은 논의를 거쳐 1977년 7월에 시행에 들어갔다.(김정렴, 1997. 『아, 박정희』.113~114)

그리고 박 대통령이 88 올림픽 유치를 위한 계획을 1977년부터 준비 작업을 해왔기에 1979년 10월에 올림픽 유치계획을 발표한다. 그런데 그 뒤에 한 달도 되지 않아 박 대통령은 서거했다. 그로부터 9년 후 서울올림픽은 성공적으로 개최되어 경제 성장의 주도 역할을 하며 막대한 경제적 이익을 주었다. 많은 발전으로 1977년 당시 한국은 20년 만에 평균 수명을 12세나 높혔다.(한수홍, 2008. 『박정희 평전』. 429)

그리고 화교 억제정책을 통해 서민들의 골목상권을 지키고 경제적인 자립과 자주성을 수호했다. 당시 우리나라는 아시아 국가에서 거의 유일하게 화교가 제대로 정착하지 못한 나라에 속한다.

그 이유는 박정희 정권 아래에서 화교들은 큰 어려움을 겪었기 때문이었다. 통화개혁이 그것이다. 화교들이 현금 소지를 선호하는 사실은 잘 알려져 있는데, 통화개혁을 통하여 화교들의 현금이 하루아침에 휴짓조각으로 변하고 말았다.

1961년 5월 16일 이후에 돈 많은 화교가 토지와 건물을 매입하므로 토지 소유 금지법으로 화교들을 통제했으나 지금은 반대다. 현재 중국인은 제주도를 비롯하여 '부동산 쇼핑'을 하고 있다. 박 대통령의 우리 국민과 나라를 살리기 위한 정책은 2020년 요즘의 대 중국정책과 쉽게 비교된다.

2021년 전후 중국인에 대한 특혜가 급격히 증가했다.[31] 외국인 유권자(주로 중국인)도 점차 증가하여 제7회 지방선거 2022년에 10만 명 이상의 외국인이 우리나라 투표에 참여하는 일이 벌어졌다.[32]

---

31) 심지어 한국정부는 한국 거주 중국인에게 출산시 비용, 휴대폰 통신비, 중국인 부모의 한국방문 시 항공료와 비자발급비, 결혼비용, 외국환 송금 수수료 등등을 지원해준다. 문재인대통령 때 한 예로 2021년 중국인 한 명이 건강보험료 30억의 혜택 등이 있어 건강보험에 적자가 발생하여 건강보험 정책심의위원회는 한국인 직장 가입 건보율을 6.99% 인상하기로 결정했다.
기타 중국인에게 투표권을 주고 한국인이 부담하는 1가구 3주택 제한도 없고 한국인과 다르게 취득세도 상속세도 없다. 대학특례입학으로 일류대와 의대를 쉽게 입학한다. 지금까지 이런 내용들은 김대중, 노무현, 문재인 정부가 만들어 왔고 민주당과 민노총 언론노조가 언론보도를 못하게 하고 있다.(출처:유튜브 뚝돌tv의 〈한국인이 낸 건보료…〉와 국대 김상현의 〈화교와 공산주의〉)

32) 요즘 한국은 중국인 유학생들에게 온갖 특혜를 주며 세계 각국에서 추방하고 있는 공자학원까지 내버려 두고 있다. 한국은 우리를 지키기 위해 사드(고고도미사일 방어체계)를 설치했는데 운영도 미루며 이를 반대하는 중국에 문재인 정부는 반항도 하지 못하고 갖은 수모를 당하고 있다.
중국인들이 와서 대한민국의 의료서비스를 이용하여 중국인들은 2020 한국 정부 정책으로 병을 고치고 성형수술하고 하고 있다.
코로나 발병 시작도 중국 우한인데 자유중국과 북한처럼 중국인 대상으로 중국인 입국 금지를 해야 했었다. 한국은 그대로 받아들여 코로나가 급속도로 퍼졌다.
문재인 대통령은 "중국은 큰 봉우리…〈중략〉"라하고 박원순 서울 시장은 "한국은 말(중국)에 붙은 파리(한국)처럼…〈중략〉" 등등 좌익들의 공산주의 나라 사랑과 사대주의는 끝이 없다.

중국은 지리적으로 가까운 한국을 자신들의 속국이라며 한반도를 탐하고 있다. 반면 지리적으로 먼 곳의 미국은 동맹을 맺어 한국을 지켜주고 있다. 한국의 친중 정치인들은 위험한 중국몽中國夢(중국인의 꿈, 희망)[33]에 놀아나고 있다.(이춘근, 2022, 미국에 당당했던 대한민국의 대통령들, 312~313)

박 대통령은 소득과 관광사업에도 관심이 많았다. 제주도에는 명물 감귤 사업을 조성하고 도로, 항만 등 국제적인 관광지로서의 입지가 구축되었는데 이러한 일들은 1961년 9월 박정희가 최고 회의 의장으로 있을 때 명한 것이다. 초도 순시차 처음으로 제주도를 방문하였을 때 계획을 시작으로 1964년 연두순시 때 제주도에 들린 박 대통령은 수익성이 높은 감귤을 적극적으로 장려하라는 특별지시를 내렸다. 1972년에 1천억 투자되고 1978년에 드디어 제주

---

33) 현재 중국 국가주석 시진핑이 2012년 공산당 총서기에 선출된 직후, '위대한 중화민족의 부흥'을 의미하는 중국몽의 실현에 나서겠다고 선언했다. 중국몽에는 국가 부강, 민족 진흥, 인민 행복 세 가지 목표를 실현하겠다는 의미가 담겨 있다고 한다.
첫째, 반드시 중국적 방식으로 한다. 즉, '중국 특색의 사회주의의 길'로 가겠다는 것인데, 공산당 중심의 현재 정치체제를 유지하겠다는 의미다.
둘째, 중국 정신을 선양하는 애국주의를 핵심으로 하는 민족정신이다. 고구려도 중국의 역사라 하는 동북공정의 억지도 같은 맥락이다.(네이버 지식백과)
2024.12월에 윤석열 대통령은 비상계엄령을 선포했는데 이유는 중국에서 한국의 부정선거에 개입했다는 내용이다. 국회는 2024. 6월 중국인이 부산항에서 미국 항공모함을 불법 촬영한 간첩행위를 처벌하려고 간첩법을 제정하려 했으나 민주당이 반대하므로 간첩법도 개정못하고 있다. 심지어 2023. 10월 민주당은 마약 수사 활동 예산을 삭감했다.(마약 사건은 5배 증가해도 별거 아니라고 함)
신문 방송은 부정선거에 별로 문제삼지 않고 다른 말만 하고 있다. 미국언론에서도 같은 이유로 중국인이 추방당했다는 기사도 있었지만 한국의 언론은 친중이고 '민주당'도 친중이므로 부정선거를 언론에서 기사화하지 않는다. '국민의 힘당'에도 친중 의원이 많다.
심지어 중국 공산당 기념식에 더불어민주당 당기가 다른 나라 공산당기와 함께있었다(매일신문 2021/ 07/ 06)는 것이다.
미국 언론에서 트럼프는 부정선거 타도에 한국과 함께 할 것이라 했는데도 한국 정치인과 언론인은 친중 중국몽에 빠져 헤어나질 못하며 이런 사람들은 북한에서 주장하는 미군철수를 주장하고 있다.

도가 우리나라의 대표적인 관광지로 조성이 되면서 관광객 100만 명을 돌파했다.

기타 대한민국 주택의 얼굴을 바꾼 아파트도 짓기 시작하여 주택난 해소에 큰 도움이 되고 있다. 허나 좌익들은 아파트의 부작용 등으로 아파트 때리기도 한다.(이영훈 외, 2017. 『박정희 새로보기』.149~151) 아파트의 좋은 점도 많을 것인데 무엇을 해야 그들의 칭찬을 받을까?

그 외 박대통령과 육영수 여사는 어린이에게 관심이 많아 어린이회관의 기공식에도 참석했다.

1969.05.05 대한민국 서울 남산 어린이회관 기공식

사회정화

축. 서울신문사 창간 24주년
1969년 11월 24일
대통령 박정희

4장
박정희의 속 얼굴

1. 박정희 정신과 박정희 리더쉽의 본질

박정희대통령의 정신은 그의 저서『박정희 전집 02 우리 민족의 나갈 길』,『박정희 전집 09 민족중흥의 길』에서 모든 것이 출발한다.[1)]

박정희 대통령의 주요 강령은 '증산 · 수출 · 건설', '중단하는 자는 승리하지 못한다', '일하면서 싸우고 싸우면서 건설하자', 근면·자조·협동의 '새마을정신', '상무尙武(무예 숭상)정신' 등으로 요약된다. 핵심은 '할 수 있다'와 '우리도 한번 잘살아보세'가 바로 그것이다. 박정희 대통령은 이러한 강령을 통해 경제적 지도력을 내세워 수천 년을 이어온 후진국의 사슬을 끊고 '한강의 기적'이라는 세계 역사상 유례가 없는 성장을 이룩해냈다.

그는 상무정신의 문무를 겸한 비상한 기억력과 세계를 내다보

1) 2017.『박정희 전집 02 우리 민족의 나갈 길』. 237~277, 2017.『박정희 전집 09 민족중흥의 길』. 8~63

는 넓은 식견과 판단력을 가지고 있었다. 또한 그는 강력한 통솔력과 리더십을 갖추었기에 혁명과업을 완수할 수 있었다.(박정희 대통령기념재단, 2018.『박정희 그리고 사람』. 285)

그의 리더십의 시작은 침묵의 카리스마이다. 박정희는 오늘날 카리스마의 대명사다 강력한 리더십을 바탕으로 한강의 기적을 이끌어냈다. 서거 후 20년이 지나도록 많은 지지자를 보유하고 있다는 점에서 별종의 카리스마다. (신용구, 2000.『박정희 정신분석 신화는 없다』64,283)

[출처]서울시 마포구 상암동 〈박정희대통령기념관〉]

침묵속에 깃든 신비로움! 박정희는 학창시절 뭔가를 골똘히 생각하는 듯한 모습이 신기해서 친구들이 호기심에 물어보면 "알 것 없다"며 질문을 닫았다고 한다.

장교 시절 그를 따르는 청년 장교들은 왜 모여들고 충성했나? 리더십의 바탕이 되어 힘을 내는 것은 그의 인간적인 면도 무시하지 못한다. 박태준소령은 '박정희소장 훈시에 강한 인상을 받고 많은 장교 속에 그 분만이 반짝반짝하며 어떤 기가 느껴지고 이 정도

자리에 있을 분이 아니구나'라는 인상을 받았다고 한다.

전 유엔 대표부 대사 한병기는 이렇게 말했다.

"그 분은 늘 꼿꼿한 자세와 태도를 빈틈없이 고쳐잡고 딱 버티고 과묵하게 있으니 도무지 헛점이 안보여요. 그 분의 침묵은 묘한 매력이 있고 브리핑을 들을 때는 듣기만 해요. 그 후 질문이 핵심입니다."(조갑제, 1998. 『박정희 1 불만과 불운의 세월』 244~246) 그는 또한 상대의 말을 귀담아 들으며 먼저 말하지 않는다. 그 후의 침묵을 깨는 조언은 리더쉽의 진수 천금과 같다. 그의 리더쉽은 뚜렷한 비젼이 있고 수치로 정확히 표현한다.

박정희는 침묵할 때를 알고 과감히 행동할 때를 구분한다.

그는 자신에게 은혜를 베푼 상관 송요찬을 '물러나라'며 부정선거에 항의하고 바른 말을 하되 어떤 한계를 알고 지키는 냉혹하고도 영리한 사람이었다. 그 한계 안에서 과감이 행동하고 동료를 감복시키며 상관들에게 만만치 않음을 보여줬다.

대구사범학교 때도 싸움 구경만하는 친구들 앞에서 으스대는 석광수의 불의를 보고 때려눕힌 것도 박정희다.

다음으로 정직과 청렴함이다.

부대의 후생사업에 공적인 자금 처리도 사적인 것을 취하지 않고 부하에게까지 공평함을 보였다. 부하사랑 얘기로는 휴가 나간 어느 부대 사병이 '배고픈 군대 안간다'고 귀대를 거부하니 당시 박정희 준장의 5사단에 가면 '배가 고프지않다'는 소문이 날 정도로 부하를 잘먹였다.

친인척 관련하여 그들의 정계입문을 막고, 누님 집에 드나드는 차량을 금했다. 매형의 청탁도 편지로 거절함은 물론 박정희장군의 참모는 박장군의 셋집이 얼마나 초라하면 박장군의 상관이던 장도영장군에게 해결을 해달라 했을까?

가족에게도 국가일에도 공사를 가리는 냉혹함의 인간 박정희! 그런 피가 어디에 흐르고 있었나? 우리나라 역사에서 이순신과 이승만[2)]외의 인물에서는 듣지를 못했다.

2부대의 후생사업에 공적인 자금 처리도 사적인 것을 취하지 않고 부하에게까지 공평함을 보였다. 부하사랑 얘기로는 휴가 나간 사병이 '배고픈 군대 안간다'고 귀대를 거부하니 박정희 준장의 5사단에 가면 '배가 고프지 않다'는 소문이 날 정도로 부하를 잘먹였다. 매형의 청탁도 편지로 거절함은 물론 장군의 셋집이 얼마나 초라하면 박장군의 참모는 박장군의 상관이던 장도영에게 해결을 바랐을까?

박정희가 2군 부사령관으로 있을 때는 박정희를 가깝게 모신 인사는 익명을 조건으로 이런 증언을 했다.

어느 겨울날 신당동 자택을 찾아가니 육영수가 가족들과 한 방

2) 이승만도 공사 분별이 확실했다. 하와이에서 이승만이 어떻게 생활비를 충당할 수 있었나(21년 11월~22년 9월)를 알려주는 동지회 3차보고서다. 22년 나머지기록은 장부〈민주국〉을 보라했다. 동지회는 이승만이 쓸 수 있는 월급조의 액수로 100$를 지원했다.

이승만의 회계수첩(1923~1924) 표지 (연세대 이승만연구원 소장)　이승만의 회계수첩 (1923~1924) 내면

동지회는 재정보고의 상세 내역은 1923~24 회계수첩에 있었다. 그것은 스마트폰 크기의 회계수첩인데 깨알같은 영문 글씨다(이덕희, 2022. 『연세대학교 이승만연구원 교양총서3 이승만의 하와이 30년』.214~221)

에 옹기종기 모여 앉아있었다. '연탄이 모자라 한 방에만 불을 넣는다'는 설명이었다. 이 장교는 다음날 연탄을 한 차 사서 신당동으로 가져갔다.

연탄을 부리고 있는데 박정희가 나타났다. 평소보다 일찍 퇴근하는 바람에 맞따뜨리게 된 것이다. 박정희는 화를 냈다.

"이 놈아, 누구한테 뇌물을 받아먹고 이런 짓을 하나. 이 돈 어디서 났어?"

이렇게 혼을 내더니 "내일 군법회의에 넘기겠어"하고 호통을 쳤다.(조갑제, 2011.『한강의 새벽 박정희 소장은 왜 일어났는가?』 101~102)

기타 청렴결백 관련 내용을 지면 관계상 필자가 감동한 글만 간단하게 소개한다. 참으로 소상하게 취재한 조갑제 기자. 박장군의 부하들 통해 부부싸움까지 적나라하게 취재했다.[3] (조갑제, 1998.『내 무덤에 침을 뱉어라』 3~4)

투철한 목표와 신속함도 그의 리더십의 하나다.

민족중흥을 이루겠다는 원대한 목표에 '밥'해결을 위한 수출진흥정책이다.

---

3) 85쪽-박환영은 눈물이 핑돌아서 이사하다 허기가 져서…
103-군인 건빵을 근혜에게 주면 군인음식이 줄어 누군가는 굶게…
112- 국정감사 있을 때 여당 자유당은 어물쩍 넘어가니 저것들이 뭔 의원인가! 꼬치꼬치 묻는 이철승의원 등 야당 의원만을 접대…
125- 대만 시찰 온 후 대통령께 의례히 인사하지만 국회의장(이기붕)에게 뭔 인사? 썩은 고목!
133- 군수기지사령관 박정희 소장이 매형에게 청탁 거절 편지
136~137 박태준은 소장 훈시에 강한 인상을 받고 많은 장교 속에 그 분만이 반짝반짝… 어떤 기가 느껴지고…이 정도 자리에 있을 분이 아니구나…
141-휴가 나간 사병이 '배고픈 군대 안간다'고 귀대를 거부… 5사단(박정희 준장 소속)에 가면 '배가 고프지않다'는 소문…
205- 박정희 소장을 조사하러 내려갔다가 의기투합해 버린 최영희중장
223-청년 장교들이 따랐던 이유는 그 분이 나라걱정을 많이…부하들을 사랑…

5.16 혁명 성공 후 참으로 신속하게 움직였다. 대낮에 춤춘 남녀나 깡패를 잡아 '나는 깡패입니다'를 붙이고 다니게 한 것, 밀수꾼을 사형에 처하고 도로보수, 거리청소, 교통캠페인, 국영기업에 질서와 명령에 익숙한 장교들을 사장으로 임명하여 체질을 개선하고 제1차 경제개발 5개년 계획으로 발전했다.

정치적으로 선거에서 손해를 보더라도 가혹한 차별정책으로 성과가 있는 마을에만 추가 지원하겠다며 신상필벌을 고집했다.(본책 4장 7 참조) 1976년 부가가치세가 선거에 불리하지만 경제 논리를 따르라고 명해 세율 10%로 하여 시행 2년 차부터 물가에 전혀 영향이 없었다. 하지만 우려했던 대로 1978년 선거에서 정부 여당이 패배했다.

〈국제신보〉주필이던 이병주는 5.16 군사 정권에 의해 옥살이를 하게 되는데 집권하기 전 박정희 모습을 실감있게 묘사했다.

대구사범 동기인 황용주가 군수품을 횡령한 죄로 군법회의에 넘어간 한 장성을 화제로 올리면서 개탄을 하니 박정희는 어깨를 펴면서 결연하게 말하더란 것이다.

"여기 도의적으로 말짱한 사람이 있어. 걱정하지 마."

박정희는 좀처럼 자신의 청렴함을 드러내거나 부하들에게 강요하지는 않으나 강한 자의식을 갖고 있음이 확실하다. 이런 자의식을 품고 있었기에 그는 많은 상급자들을 속으로 경멸하고 있었고 상관들은 금전적인 면에서 약점이 없는 박정희를 어렵게 생각하고 있었다. 박정희가 1군사 참모장일 때 그 밑에 참모로 일했던 박경원(소장 예편)은 "그 분은 총으로 혁명한 것이 아니라 인격으로 혁명

한 사람이다."라고 했다.[4)]

그의 인격은『우리 민족의 나아갈 길』의 끝 부분의 '지도자의 도'가 의미심장하다. 박정희의 '지도자의 도'에서 박정희의 도가 잘 나타나 있다.(박정희, 2017.『박정희 전집 02 우리 민족의 나갈 길-지도자의 도』,11~34)

지도자는 피지도자를 호령하는 자가 아니라 대중과 호흡을 같이하며 그들이 절실하게 원하는 것을 정확하게 파악하여 솔선수범하여 이끌고 나갈 용기를 가진 자였다. 추가하여 그는 고집센 지도자가 아니라 기자회견과 화요회 목요회 등을 통해서도 의견을 수렴하는 열린 지도자였다.

그의 리더십을 말하려니 끝이 없다. '이것이 리더십이다' 라는 정의도 없다. 하지만 말할 수 있다.

군인시절 리더쉽을 특별히 보면 첫째 실무적인 업적에서 뚜렷하다. 작전도 그리기부터 시작하여 6.25를 예측하여 보고한 것도 뛰어나다.

둘째 계몽적 태도와 개혁적 마인드이다. 박정희는 경비사 8기생과 돈독한 관계였는데 학생과 제자처럼 가부장적 리더십이자 자애로운 리더쉽이었다. 그는 부하 훈시에서 위관장교는 발로, 영관장교는 머리로 건의하고, 장군은 선택하여 배짱으로 일해야 한다고 늘 말했다. 정군운동에서도 그는 불의에는 담대한 배짱이다.

셋째 목표설정이 확실하고 현장 확인의 리더쉽이다. 현장 확인의 얘기도 많지만 경북도청의 현황보고회에서 어느 군수의 흰 팔을 보고 모내기 못한 곳이 그 군에 허다한데 방에만 있느냐고 질타

4) 월간조선, 1991년 7월호 '대통령들의 초상'

했다.[5]

관리의 리더쉽을 보면 기자회견, 초도순시, 방문순시로 현장관리가 힘을 발휘한다. 그래서 그의 리더쉽은 권위적이고 군대식 분위기이지만 개발시대는 필요하였을 것이다. 그의 리더쉽은 목표달성을 위한 수단과 방법을 가리지 않는 마키아벨리적 특성을 지닌다. 목표를 위해 계엄령과 긴급조치는 불가피했다. 목표지향적이어서 중간에 계획도 수정이 많아 참모들은 힘들었다.

박정희의 단점을 말하라면 교사적인 조급한 계몽주의랄까 성취를 위한 권력욕이란 측면에서도 누구보다 더했다.[6]

기타 박통령의 정신에서 특별한 내용을 살펴본다.

가. '할 수 있다', '하면 된다'

요즘엔 과거 '대통령들의 정신을 많이 얘기하는데 무슨 정신인지 알 수가 없다. 죄짓고 자살한 분이나 북쪽에 돈 퍼주고 핵 만들게 한 분의 '대통령 정신'이 무슨 정신인지 정말 궁금하다.

우리나라는 1987년이 되어서야 1인당 GNP는 3,500$ 이 되어 민주화는 가능했기에 박정희의 '할 수 있다, 하면 된다' 정신이 경제성장과 민주주의의 토대를 이루는데 바탕을 이루었다고 볼 수 있다.

'할 수 있다'라는 정신은 빈곤타파를 위해 '중단없는 전진'으로 이어졌다. 결국 '선 경제성장, 후 민주화'라는 순차적 근대화를 이

5) 전인권, 2006. 『박정희 평전』.146~155

6) 전인권, 2006. 앞의 책.356~458

룩하게 되어 한국 국민에게 '배고픔으로부터의 자유'를 가져다 주었고 훗날 한국 민주주의에 물질적 기반[7]을 제공했다.

박정희 대통령은 고귀한 땀과 도전이 수출 결과라고 하며 '오징어부터 유조선까지 팔 수 있는 건 다 내다 팔자'고 외쳤다.(고산 고정일, 2012.『불굴혼 박정희 6 역사』.166~167) 모든 국민의 가슴을 뜨겁게 하며 이 때'수출은 눈물의 씨앗'이라는 유행어가 나오고 '우리는 할 수 있다'고 했다.

정치사학자 마틴 립셋이 말한 '민주화는 경제발전의 산물'이라는 공식도 입증되었고(이춘근, 2022. 미국에 당당했던 대한민국의 대통령들, 233) 새뮤얼 헌팅턴도 "경제 번영과 민주화를 동시에 이룬 국가는 없고 사실 한개 국가 뿐인데 바로 한국이다."라고 했다.(박정희대통령 기념재단, 2018.『박정희 그리고 사람』. 148)

지방의 공사현장을 시찰하며 지시를 내리는 모습.

남해안고속도로를 공중 시찰한 뒤, 공업단지 예정지인 광양만 일대를 배로 시찰하면서 선상에서 작업 지시를 내리는 박 대통령.

---

7) 그 물질적 기반이 풍부한 지금 2020년에는 경기도 성남시의 '대장동 사건'과 박원순 서울시장 재직 시 서울시가 국민 세금으로 '시민단체 운영'이란 명목으로 인건비를 지급하여 세금을 불법으로 유용하는 등 민주화를 말로만 부르짖는 좌익들 부패의 온상이 됨은 아이러니하다. 교통방송 등을 봉쇄 못하고 국민 인기에만 따르는 우파라는 오세훈이나 좌파나 자유롭지는 못할 것이다. 예산을 갈취할 곳도 없고 굶어 죽는 북한에서는 있을 수 없는 일이다.

'할수 있다'라는 한 예로서 상처받은 민족혼을 일깨운 새마을 노래이다. 우리 국민이 새마을 노래를 새벽부터 얼마나 열심히 부르며 일터에 나가 땀을 흘렸는가?(박정희대통령 기념재단, 2018. 앞의 책, 142)

새벽종이 울렸네! 새 아침이 밝았네
너도나도 일어나 새 마을을 가꾸세
살기 좋은 내 마을 우리 힘으로 만드세

땀 흘려 일하는 노동 예찬은 박정희 대통령의 중요한 시대정신의 하나다. '이등 객차에서 프랑스 시집을 읽는
소녀야'라는 시가 그 증거다.

땀을 흘려가며
돌아가는 기계소리를
노래로 듣고
이등 객차에서
프랑스 시집을 읽는
소녀야
나는 고운 네 손이 밉더라

(박정희, 2017. 『박정희 전집 01박정희 시집』. 25)

실제 고운 손이나 시 읽는 소녀가 미울 수 없겠으나 굶주림과 빈곤, 보릿고개라는 현실에서 흙 묻혀 일하지 않는 손에 미움을 표시했다. 대신 땀 흘려 일하는 손을 귀하게 본 것이다. 이런 정신이 수백 년 된 사농공상士農工商시대를 허물고 한반도에 상공업 시대

와 무역 국가를 만들어 내는 기초가 된다.

박정희 대구사범학교 때 '대자연'이란 시에서 노동과 생산을 찬양하고 있다.(본 책 35쪽) 투자하고 땀흘린 사람에게 몫이 돌아가는 사회를 만들겠다는 이런 의지는 곳곳에 나타난다.

박정희 때 증산 · 수출 · 건설을 구호로 보릿고개를 넘기고 수출입국을 세우면서 세계 10위권의 무역 대국을 이루었다. 조선시대 순조 때 2년간 450만이 굶어 죽고 북한에서 1990년대 300만이 굶어 죽는 고난의 행군은 있었지만 누가 '잘살아보세'라는 절규를 누가 외쳐본 적이라도 있는가? 아니면 누가 해결하였나? 답은 '박정희'다.

5.16거사 직전 5월 15일에 쓴 박정희의 두 편의 시에 그의 각오가 잘 나타나 있다.

♣ 국민에게

횡파에 시달리는 삼천만 우리 동포,
언제나 구름 개이고 태양이 빛나리
천추의 한이 되는 조국질서 못 잡으면
선혈 바쳐 넋이 되어 통곡하리라.
영남에 솟은 영봉 금오산 잘 있어라.
세 번째 이룬 성공 이룰 날 있으리라
대장부 일편단심一片丹心 흥국일념興國一念
소원성취 못 하오면 돌아오지 아니하리라

♣ 향토 선배에게

영남에 솟은 영봉 금오산아 잘 있거라.
이 나라 이 겨레를 지키는 큰 별이여
임께서 일어선 새벽 태양은 빛났소
무궁화 다시 피고 금수강산 겨레들이
복되는 날 영광이여 영원하리라.

(정운현, 2004.『군인 박정희』. 65)

나. 전체주의 全體主義

(온전할 온, 몸 체, 임금 주, 옳을 의-개인보다 사회 집단, 국가가 중요함을 강조)

박정희 정신의 큰 부분은 자유 시장주의로 표현할 수 있으나 반대되는 전체주의全體主義적 독재성향도 있음을 알 수 있다. 전체주의란 집단의 뜻을 이루기 위해 개인의 권리를 무시하는 경우다. 예를 들면 은행 국유화, 한일협정을 위한 계엄령, 8 · 3 사채동결, 유신 때 긴급조치, 기업공개 명령제 등이다.

1970년대 초 세계적 불황이 밀어닥쳤고 기업들은 부도 위기에 직면했다. 은행 빚은 정부가 연기해주면 됐지만, 사채가 문제였다. 기업을 살리기 위해 박정희는 사채를 동결해서 3년 후에 갚게 했다.(2장 4번 참조) 이는 시장경제를 전면 부인하는 전체주의였다.

도시계획과 도시확장을 막기 위한 그린벨트 설정도 그렇다.

국민 모두의 의료보험도 박정희로부터 시작되었다. 보험 자체가 전체주의적인 것은 아니나 부자는 많이 내고 저소득층은 적게 내도록 하고 의료 가격을 통제한 것 등은 전체주의적 성격이다.(박정희대통령 기념재단, 2018.『박정희 그리고 사람』,156) 그러나 담당자가 말하길 '다수의 국민을 위해서 만든 것이다'라고 주장하는데 각자 판단해 볼 일이다.

물론 우리나라 고소득층에게는 불리하지만, 미국보다 한국의 의료보험제도가 훨씬 편리하다고 한다. 미국 인구조사국에 따르면 건강보험이 없는 미국 시민은 2007년 인구의 15.3%이다. 미국 맹장수술비 평균 3만 3천달러…최고 18만 달러인데 ([메디칼타임즈=] 충수절제술, 엄청난 가격에 놀라게 한다. 김용범 원장. 발행날짜: 2012-04-25) 미화 3만달러면 한화3500만원 정도이다. 한국에선 맹장 수술비 크게 걱정을 하는가?

다. 근대문화에서 가능했던 돌진적 근대화

1960~70년대의 활력은 전에 없던 긍정적 의미의 군사문화 요소를 바탕에 깐 개발독재, 돌진적 근대화가 있었기에 가능했다.

1970년대 말 벌써 신흥공업국이라는 말을 들었다. 타임스지, 뉴스위크지 등에서 다투어 '한국이 몰려온다'라는 커버스토리를 장식했다.

필자 기억으로도 1980년대 초부터 삼성 비트 메모리의 기록 경신이 방송에 나왔고 1985년 256bit 메모리를 개발함은 세계 세 번째 기록이라는데 세계기록을 계속 경신하는 방송을 청취하며 당시 감동했던 기억이 있다. 반도체야말로 한국의 압축성장을 상

징했다.[8)]

일본을 포함하여 서방의 나라들은 근대적 산업화에 성공해 날아오르는 기간이 70년 이상 걸렸지만 한국은 1960년대에 출발하여 20년 만에 성공했다.(송복 외 9인, 2017. 『박정희 바로보기』.100)

박정희 정신세계는 사대주의 역사와 현실에 불만이 컸고, 자주정신, 게으름 명예심등의 결여를 증오했다. 18년간 일련의 개발정책을 혁명의 연속으로 정당화하고 개발정책에 반대하는 대중경제론 등의 비판세력을 불신했다.(이영훈, 2016. 『대한민국 역사』. 392~394) 구한말 선교사들은 게으르고 더럽다던 한국인들에게서 느끼는 표현으로 '쓰레기 더미의 장미꽃을 기대함과 같다'고 했는데 한국은 완전히 바뀌었다. 세계 10위권의 경제 대국! 그 힘의 상당 부분은 박정희의 정신으로 대표되는 '하면 된다 밀어붙여'라는 군사문화, 병영문화의 힘이 아닐까? 물론 현대에서는 우리가 군사문화를 그대로 받아들일 수는 없고 타협과 조정이 필요하다. (당시 1960년대 군에서는 거의 타자를 사용했고 일반행정 기관에서는 펜으로 썼다.)

박정희는 꿈 도전 열정과 애국심의 마음으로 1961년 5 · 16 한 차례만 쿠데타를 한 것이 아니다. 1964년 전 국민이 반대하는 한일 수교를 성공시키기 위해 6 · 3 계엄령을 감행했고, 8 · 3조치로 기업들을 구하는 독재에 이어 1972년에는 중화학공업과 방위산업을 성공시키기 위해 10월 유신 쿠데타를 일으켰다. 또한, 경부고

8) 그 후 애플과 경쟁하는 세계적 삼성을 목격하게 되었다. 하지만 2020년대 초 모두 공평하게 살아야 한다는 공산주의 이념을 가진 좌익 정권의 심한 박해로 대기업은 침체하고 해외로 나가는 경향이다. 거대한 민주당은 기업들에게 주52시간 만 일하라고 법에 정해놓고 상속세율도 OECD 최고 수준을 수정하지 않는다. 국민의 힘도 민주당에 적극 반대하지 않는다. 결국 2024년 삼성은 7일간 52시간만 일하므로 매일 24시간을 연구하는 대만의 반도체 기업 TSMC에게 추월당했다.

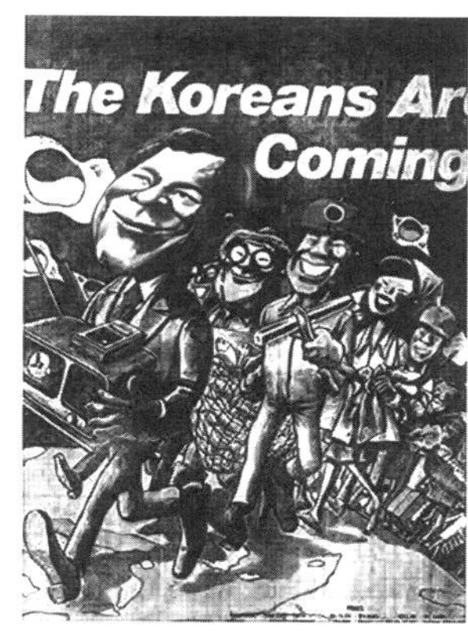

미국 시사주간지 뉴스위크는, 한국인이 몰려온다 (The Koreans are coming)는 특집기사를 통해 한국인은 미국이나 일본과 같은 공업주조와 국민생활을 누리기 위해 열심히 일하고 있다며 일본인을 게으른 사람으로 보는 세계 유일의 국민이라고 보도했다. (1977년 6월 6일)

속도로 건설을 위해서도 민주적 절차 아닌 독재를 택했다. 이처럼 단계마다 혁명의 리더십이 아니었다면 우리나라 국민이 오늘과 같은 물질적 혜택, 즉 누구도 실행하지 못했던 국가 근대화의 대업이 가능했겠는가? 박정희는 국민의 심한 반대와 불만에 "정 억울하면 내 무덤에 침을 뱉어라"라고 답했다.

라. '폭력정치'라는 것의 실상

"앞으로 중앙정보부장을 맡아줘야겠소!"

"각하, 저는 재목이 못 됩니다. 다른 일이라면 몰라도……."

"알고 시키는 거요. 김형욱처럼 사람을 패지 말고 한번 해봐요."

1969년 10월 청와대, 막 불려온 김계원에게 박정희가 새 임무를 주고 있었다. 며칠 전 육군참모총장 자리에서 물러난 직후다. 거칠지 않은 기질을 가진 그를 정보부장으로 앉힌 인사이다.

김계원 신임 정보부장이 보고하는 자리에서 박정희는

"군 수사기관 요원들이 사람을 팬다는데 그런 사람들을 쓰지 말라고 했다. 할 수 있다면 공채 출신을 쓸 수 없을까?"라고 부탁을 겸해 간곡하게 지시했다.(조우석, 2009. 『박정희 한국의 탄생』.143)

과거보다 현재의 지도자는 지도자의 자격에서 동지의식, 선견지명, 목표에 대한 확신, 강권발동과 한계, 등등 리더로서 이런 내용은[9] 박정희의 군인시절부터 보여준 내용이다.

군인시절 리더쉽은 첫째 실무적인 업적에서 뚜렷하다. 작전도 그리기부터 시작하여 6.25를 예측하여 보고한 것도 뛰어나다.

둘째 계몽적 태도와 개혁적 마인드이다. 박정희는 경비사 8기생과 돈독한 관계였는데 학생과 제자처럼 가부장적 리더쉽이자 자애로운 리더쉽이었다. 그는 부하 훈시에서 위관장교는 발로, 영관장교는 머리로 건의하고, 장군은 선택하여 배짱으로 일해야 한다고 늘 말했다. 5.16 전의 박정희가 송요찬에게서 은혜를 입었는데 그를 보고 군의 부정선거에 '책임지고 물러나라' 한 정군운동의 한 부분이지만 그는 불의에 대해서는 담대한 배짱이다.

셋째 목표설정이 확실하고 현장 확인의 리더쉽이다. 현장 확인의 얘기도 많지만 하나만 예를 들면 경북에서 어느 군수의 흰 팔을 보고 모내기 못한 곳이 허다한데 방에만 있느냐고 질타했다.(전인권, 2006.『박정희 평전』. 146~155)

관리의 리더쉽을 보면 기자회견, 초도순시, 방문순시로 현장관리가 힘을 발휘한다. 그래서 그의 리더쉽은 권위적이고 군대식 분위기지만 개발시대는 적절하였을 것이다. 그의 리더쉽은 목표 달성을 위한 수단과 방법을 가리지 않는 마키아벨리적 리더쉽이다. 목표를 위해 계엄령과 긴급조치는 불가피했다.

---

9) 박정희, 2017.『박정희 전집 02 우리 민족의 나갈 길-지도자의 도』.11~34

구태여 단점을 말하라면 목표지향적이어서 중간에 계획도 수정이 많아 참모들은 힘들었다. 부의 고도성장을 위해 최선을 다하니 자본주의가 초래하는 갈등의 이해가 부족했다. 또한 교사적인 조급한 계몽주의이며 권력욕이란 측면에서도 누구보다 더했다.(전인권, 2006. 앞의 책. 356~458)

♣ 박정희의 리더십

박정희의 '할 수 있다' 리더십엔
신념과 자신감과 정의감이 있고
추진력의 바탕엔 청렴함이 있다.
현장을 확인하는 솔선함, 부하사랑의 배려, 용기가 있고.
의견을 수렴하며 열린 마음도 있다.
청렴에 관한 이런 말이 되는지 모르지만, 청렴결벽증?
연탄 한 장으로 버티는 박장군의 가족이 안타까워 연탄배달하니
뇌물이라며 군법회의 넘기겠다니?
우리 역사에도 없는 일, 황희정승[10]이 청렴하다고?
황희의 청렴은 꾸며낸 조선 역사의 왜곡!
부친의 '황금을 돌같이 하라'는 말씀을 쫒은 최영장군[11]에 비견할까?
이순신 장군도 떠올리게 한다.

---

10) 황희정승은 매우 청빈한 정승으로 알려져 있지만 조선실록의 기록은 그렇지 않다. 황희는 살인 사건 등 여러 비리에 연루된 적이 있고 자식들의 부정부패도 심했다. 세종은 다 알면서도 그나마 청렴하고 능력이 탁월하다는 판단에 따른 것이다.
(박영규, 2023.『조선왕들은 왜』 98~103)

11) 고려시대 홍산싸움의 최영장군은 바닷가에서 왜구의 대군을 물리친 공적이 컸다. 그는 깨끗하고 곧은 성품이어서 나라에서 주는 논과 밭도 사양하고 누추한 집에서 살기를 꺼려하지 않았다. 최영의 무덤은 그의 유언대로 잔디를 입혀도 풀이 나지않아 오랫동안 붉은 무덤이라 불렀다.
(최재형, 2016.『동국영웅 최영장군』 그린문화사, 106~107,
백석기, 1998,『웅진위인전기 8 최영』 웅진출판주식회사, 110~111)

군부대에서 담요 숫자를 보고하라는 공문에 담요 가져간 적이 없는 박정희는 "없는대로 숫자 보고하라"고 지시했다.

국방차관 순시에 의례적이던 밴드도 "하지마",
차관이 떠날 때는 담배 한 갑이 전부!
젖을 먹여주던 누님한테까지,
친척에게도,
박대통령이 속한 공화당에도 냉혈한冷血漢?(찰 냉,피 혈, 한수 한-따뜻한 인정이나 감정이 없는 냉혹한 사람)
그의 전체주의도 돌진적 상무주의도 결국 애국의 마음이 아닌가?
그의 거칠 것 없는 리더십과 용기 배짱은 어디서 나오나?
정의의 사나이! 그의 피는 어디서 흘러온 건지 알수 없는 DNA정체?
박정희! 그는 우리 역사에서 키는 작지만 딴딴한 다이아몬드다.

물론 모두 긍정적일 수는 없다. 반대의 예 하나만 들더라도 10월 유신에서 유정회 국회의원 구성은 민주주의와는 참으로 거리가 먼 제도라 본다. 왜 그랬을까? 무엇이든 반대만 하는 야당 때문이었나? 그런데 세계 어느 곳에도 100% 합리적이고 누구나 만족하는 제도는 없지 않은가. 링컨이 독재자인 것처럼 누구든 부정적인 면이 존재한다. 우리 속담에 적절한 말 '구더기 무서워 장 못담근다'는 말이 있는데 다수의 '구더기'를 감수하더라도 민족중흥이란 대의의 '장'을 맛있게 담그어야 하지않을까?

오늘날 같이 혼탁한 세상 민주화를 앞세우며 온갖 독재와 반국가적인 입법활동을 벌이는 민주당에 그것을 막지못하는 국힘의 무력함 앞에 필자는 외치고 싶다. 득실대는 역겨운 여야의 친중파들의 독재, 사대주의자들을 보노라면 유신의 리더쉽이 다시 오면 어떨까? 단 박정희 정책처럼 국익에 도움이 된다면, 유신의 리더십이여 다시 오소서!

2. 눈물의 사나이

박정희는 말이 없고 언제봐도 뚝뚝한 모습으로 보이나 그는 눈물의 사나이였다. 대통령직 수행과 삶의 고비에서 눈물을 쏟는 일이 잦았고 통곡까지 살펴야 참모습이 보인다.

미국을 찾아갔을 때 케네디는 우리에게 원조를 거부하여 빈손으로 돌아왔을 때 박정희는 고민을 했다. 그래서 어디로 갈 것인가? 박정희 의장이 마지막 결심을 하며 서독을 선택하여 차관을 빌리러 갔다. 그때부터인가 눈물이 자주 보였다.

가. 서독의 광부, 간호사와 함께 흘린 눈물

1964년 당시 서독을 공식 방문한 다음 날 그는 루르지방 함보른 탄광회사로 향했다. 강당에서 브라스밴드가 애국가를 연주할 때부터 눈물을 훔치기 시작하던 박정희는 연단의 원고를 밀어낸 뒤 즉석연설을 시작했다. “광부 여

함보른 탄광을 방문하여 한국인 광부와 간호원들을 위로하는 박 대통령.

러분, 간호사 여러분, 가족이나 고향 생각에 괴로움이 많을 줄 알지만, 비록 우리 생전에는 이룩하지 못하더라도 후손을 위하여 번영의 터전만이라도…….”

울음으로 더 연설하지 못했다.

나. 실업학교 개교와 졸업식, 공사 졸업식

1970년대 초반 그가 마산의 한일 합섬 공장을 시찰했다. 기능공 모습을 지켜보는 것은 흐뭇한 보람이었다. 대통령을 맞는 나이 어린 여공들이야 말할 것도 없었다. 시찰하던 박정희는 10대 어린 여공에게 다가가 소원을 물었다.

“저도 영어 공부를 하고 싶습니다. 영어를 잘 모르니까 감독님 말씀을 잘 알아들을 수가 없어서요.”

박대통령은 한국수출산업 공단 산하 기업체 소년 소녀 근로자들이 공부하는 영등포 여상과 대방여자중학교를 방문하여 애로사항을 묻고 학생과 교직원들을 격려했다. 1977년 4월 19일

순간적으로 대통령이 울컥했다. 그렇게 보였다. 수행했던 사람들이 기억한다. 표정부터 그랬지만 이내 눈에 눈물이 맺혔다. 대통령 체면에 잠시 고개를 젖히는 등 애써 눈물을 숨기려 했다. 이윽고 입을 열고 옆의 김한수 사장에게 "이들이 공부할 수 있는 길은 없습니까?"하고 하소연하듯이 물었고, 사장은 "곧 야간학교를 만들겠습니다"라고 화답했다.(조우석, 2009. 『박정희 한국의 탄생』.111~112)

그가 보였던 눈물은 1974년 산업체 부설 야간실업 학교 1호인 한일여자실업고 개교로 나타났다. 졸업식은 1977년 초 대통령은 졸업식에 참석은 못 했지만, 슬라이드를 구해오라고 지시한 후 시청하면서 눈시울을 적셨다. 이듬해 그는 "나이 어린 여공인 학생들을 부디 잘 대해주고 잘 먹여달라"는 친서를 학교장에게 보냈다.

그리고 1971년 초 공군사관학교 졸업식장에서 흘린 눈물도 그렇다. 그 날은 공사의 군종장교 김선도 목사가 축도했다. "역사를 주관하시는 하느님! 사관생도들이 이제 할퀴고 찢긴 이 조국을 지키러 나갑니다. 이들을 보호해주시고 국군 통수권자이신 대통령이 외롭지 않도록 살펴주십시오. 솔로몬의 지혜와 다윗의 용기를 부어주십시오."

축도를 끝낸 김선도 목사가 대통령에게 인사를 드리려고 고개를 돌렸더니 그는 벌겋게 충혈된 두 눈을 손수건으로 가리고 있었다.

졸업식 행사가 무사히 끝난 뒤 대통령은 김 목사 쪽으로 성큼성큼 걸어왔다. 그의 두 손을 잡더니만 "좋은 기도, 정말 고맙습니다."라는 인사를 전해왔다.(조갑제, 1998. 내무덤에 침을 뱉어라 제1권: 361~362)

다. 국립묘지 앞에서

1963년 12월 17일 제3공화국 대통령으로 취임해 맞았던 새해 첫날, 검은 양복 차림의 박정희와 두루마기 차림의 육영수는 대통령 내외의 신분으로 국립묘지 호국영령 앞에 예를 갖췄다. 분향 뒤 묵념을 올렸다. 그렇게 1분여 육 여사가 살며시 실눈을 뜬 채 남편 쪽을 힐끗 바라봤다. 혹시 너무 빠르거나 너무 늦게 고개를 드는 것은 아닐까 싶어 조심스럽기 때문인데, 이게 무슨 일? 순간적으로 가슴이 멍해 왔다. 남편의 양 볼을 타고 눈물이 흘러내리고 있지 않은가? 못 먹고 못 사는 나라를 떠맡은 과제 생각이었나?

육영수는 그날의 장면과 느낌을 자신의 문학 선생님인 박목월에게 털어놓았다

라. 휘하 장수를 잃고서

박정희는 사랑하는 휘하의 장수를 잃었을 때 대성통곡했다. 김학렬 경제부총리가 그다. 행정고시 제1회 수석 합격의 실력에 펄펄 끓는 가슴을 가졌던 김학렬은 박정희의 보배다. "김학렬은 나의 경제 과외선생"이라고 치켜세우며 밤에도 수시로 김학렬 집을 방문하며 아이디어를 짜내고 격정을 쏟던 사이였다.

김학렬은 부총리로 취임할 때 칠판에 '종합 제철 건설'이라는 커다란 글씨를 써놓고는 자기가 퇴임할 때까지 지우지 말라고 명령했던 열정과 기개氣槪(기운 기, 대개 개─씩씩한 기상과 절개)로 밤낮 나라 경제만을 생각했고, 그걸 끝내 구현하려 했던 김학렬이다. 당시 공

직자의 대표적 모형이라 추앙받는 그는 틈만 나면 부하들에게 업무상의 통계 숫자도 자주 질문하며 부하들을 족쳤다.

> "네 놈 가문의 영광이니 다른 일은 일절 생각할 필요가 없어. 알간? 해가 떠도 종합 제철, 달이 떠도 종합 제철만 생각하다 일이 안 되면 한강에 빠져 죽어!" 혼이 나간 부하 직원이 당황해 물러나며 출입문을 나간다는 것이 캐비넷 문을 열고 나가려고 했던 일은 당시 화제가 되었다.(조우석, 2009.『박정희 한국의 탄생』.115~116)

이런 김학렬이 어느 날 갑자기 어깨가 축 쳐졌다. 암투병 중이어서 시름시름 앓았다. 집무실에서 담요를 덮은 채 쉬는 날이 늘어갔다. 김학렬이 심혈을 기울였던 제2차경제개발5개년계획의 종합 평가회 자리에 대통령에게 '김학렬 부총리 별세' 메모 한 장이 전해졌고 박정희는 조용히 회의장을 빠져나왔다. 화장실에 들어간 그는 슬프게 울었다.

"임자, 미안해! 내가 임자를 죽였어."

다음 날 고인의 상가에서 미망인의 손을 잡은 대통령은 체통이고 뭐고 없었다. 자기가 너무 혹사시켰고, 집까지 방문하여 술도 많이 먹이는 바람에 …

이듬해인 1973년 7월 꿈의 프로젝트인 포항제철 준공식에서 대통령은 산업시대를 이끌었던 위대한 장수 한 사람의 이름을 떠 올렸다.

"재작년 봄 지금은 고인이 된 김학렬 부총리, 박태준 사장과 함께 기공식 버튼을 눌렀었습니다."

그리고 청와대 비서관 김두영은 "박대통령을 평하기를 '작게 치면 작게' '크게 치면 크게' 울리는 큰북 같다. 박대통령은 담대해야 할 때는 무섭게 담대했고, 자상해야 할 때는 자상했으며, 슬플 때는 누구보다 눈물이 많았던 분이었다."라고 언급했다.

이런 박정희는 비통함에 몸부림쳤다. 아내 육영수가 돌아간 직후 청와대 빈소에서 문상객이 끊기면서 영전에서 쓰러진 채 목놓아 통곡했다.

울음소리가 맹수의 울부짖음을 연상케 했을 정도였다.

3. 박정희의 예술 감각

그는 틈나는 대로 스케치를 즐겼던 사람이고 실력으로 치면 아마추어 화가 그 이상이다. 박정희는 서예에도 일가견이 있었고 특히 그의 서예는 역대 대통령의 휘호 중 가장 비싸게 거래된다. 그뿐인가. '새마을 노래'와 '나의 조국'을 작사, 작곡했을 정도다.

시에서도 출중하여 10대 시절 알려진 것이 '금강산' '대자연' 두 편(1장 참조)이고, 나머지 대부분은 아내에게 바쳐진 서정시다. 이중 '금강산'은 일제하 조숙했던 소년의 내면을 보여준다.

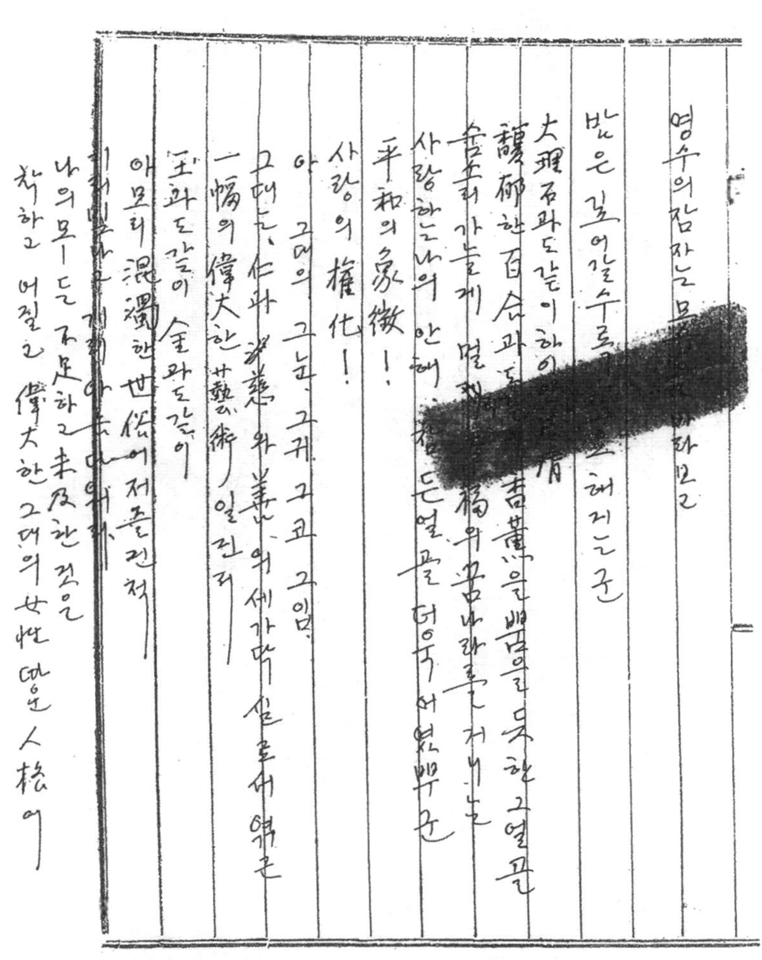

영수의 잠자는 모[illegible] 바라보고
밤은 깊어갈수록 [illegible] 해지는군
大理石과도 같이 하이[illegible] 淸
馥郁한 百合과도 [illegible] 香薰을 뿜으로 듯한 그얼굴
숨소리 가늘게 멀[illegible] 福의 꿈나라로 거니는
사랑하는 나의 안해, 착[illegible] 든 얼굴 더욱 [illegible]뿐군
平和의 象徵!
사랑의 權化!
아 그대의 그 눈, 그 귀 그 코 그 입
그대는 仁과 慈와 善의 세가닥 실로서 엮은
一幅의 偉大한 藝術일진저
玉과도 같이 金과도 같이
아모리 混濁한 世俗에 저즐진저
티끌만치도 [illegible] 않으리라.
나의 모-든 不足하고 未及한 것은
착하고 어질고 偉大한 그대의 女性다운 人格이

(박정희, 2017.『박정희 전집 01박정희 시집』. 46)

박 대통령은 다음의 시로 애정어린 고백을 섬세한 시어로 아내에게 바친다.

아내 사랑은 아래 '춘삼월 소묘'에도 나타나 있다. 문학적 완성도만으로는 박정희 시작 중 최고에 속한다. 조선조의 정형시를 연상케 한다.

- 벚꽃은 지고 갈매기 너울너울
  거울 같은 호수에 나룻배 하나
  경포대 난간에 기대인 나와 영英(꽃부리영—육영수의 영)
- 노송은 상 · 하의 청색 정자는 우뚝
  복숭아꽃 수를 놓아 그림이고야
  여기가 경포대냐 고인도 찾더라니
- 거기가 동해냐 여기가 경포대냐
  백사장 푸른 솔밭 갈매기 나르도다
  춘삼월 긴긴날에 때 가는 줄 모르나니
- 바람은 솔솔 호수는 잔잔
  저 건너봄 사장에 갈매기 떼 희롱하네
  우리도 노를 저며 누벼 볼거나

(박정희, 2017, 『박정희 전집 01박정희 시집』, 45)

4. 그분이 땅 있어요, 돈 있어요?

그의 주변 환경에서 그리고 그와 만난 사람들 속에서 검소는 몸에 밴 습관이며 또한 서민적임을 느낀다. 정주영 현대그룹 회장의 말을 빌린다.

"그분이 땅이 있습니까? 돈이 있습니까? 장기 집권할수록 부패하기 쉬운데 우리는 정반대의 경우를 그분에게서 보았고 아울러 통치자가 청렴결백할수록 나라는 더욱 부강해진다는 것도 배웠습니다.

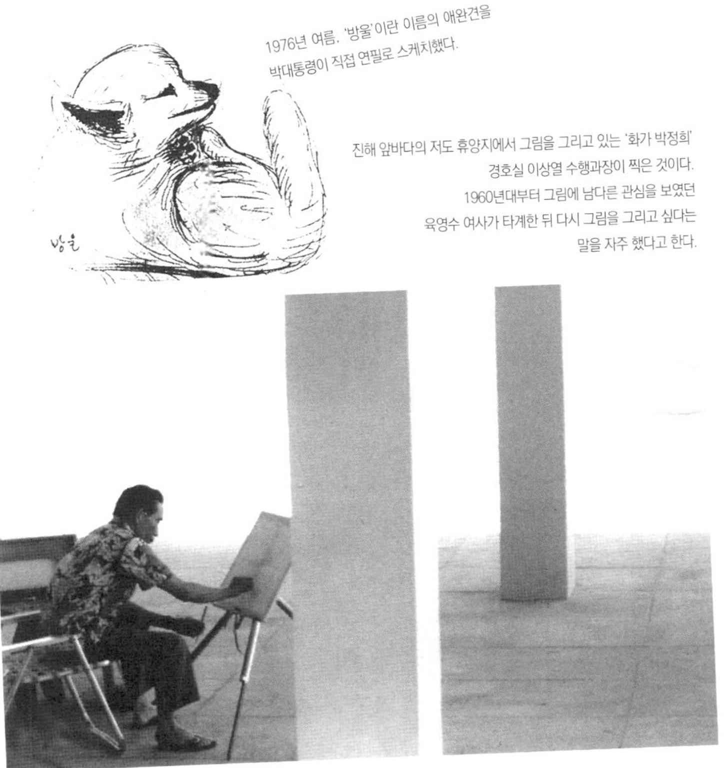

1976년 여름, '방울'이란 이름의 애완견을 박대통령이 직접 연필로 스케치했다.

진해 앞바다의 저도 휴양지에서 그림을 그리고 있는 '화가 박정희' 경호실 이상열 수행과장이 찍은 것이다. 1960년대부터 그림에 남다른 관심을 보였던 육영수 여사가 타계한 뒤 다시 그림을 그리고 싶다는 말을 자주 했다고 한다.

그리고 1969년 경부고속도로 건설이 한창이던 무렵 업무차 이루어진 대통령과의 독대에서 정주영이 그만 꾸벅꾸벅 조는 사건이 벌어졌다.

대통령 말씀 중에 상대방이 5분여를 내처 곯아떨어졌으니 야단날 지경이었다.

> "아마 태어나 엿새 동안 양말을 못 갈아 신은 것이 그때가 처음일 거예요. 그 정도로 날밤을 새우곤 했는데 호출되어 불려가긴 했는데, 막상 그 앞에서 나도 모르게 깜빡한 거지요. 코를 골며 졸다가 번쩍 깼다. 큰일 났다 싶었는데 그 와중에도 어찌나 맛있게 잤든지 그렇게 개운할 수가 없었지요. 대통령이 기가 막혔을 거 아니야? 각하, 너무 죄송합니다. 하니 정 사장, 이거 내가 피곤한 사람에게 말을 시켜서 원 내가 미안하구먼. 하는 거예요. 정말 감동했지요."

상대방 실수를 눈감아주며 다독여주던 대통령…… 그때 배운 것을 정주영도 종종 써먹었다. 정주영은 현장을 순시하다 가끔 직원들이 졸고 있으면 화를 버럭 내던 습관을 바꿔 다른 곳을 돌고 왔다. 나름대로 인내심을 발휘했다. 그런 뒤에도 계속 자고 있으면 깨우며 한마디를 했다.

"이거, 원 내가 미안하구먼."(김태광, 2022, 『박정희 리더십』, 78)

또한 '한강의 기적'의 견인차 역할을 했던 정주영에 대한 시가 있다.

♣ 빈대의 교훈

고향을 탈출 인천에서 막노동을 할 때의 일이다.

빈대를 피해서 밥상 위에서 잠을 잤다.

빈대는 밥상 다리를 타고 올라와 사람을 물었다.

이번에는 밥상 네 다리에 물을 담은 양재기

하나씩을 고여놓고 잤다.

빈대가 다시 괴롭혔다. 이상하여 살펴보았다.

이번에는 빈대가 벽을 타고 천장으로 올라가 떨어졌다.

(정주영은 생각했다.)

빈대도 목적을 위해서는 저토록 머리를 쓰는데

"나는 빈대가 아닌 사람이다."

최선의 노력을 하면 성공 못할 게 무엇이냐?

(김제방, 2021. 『박정희 100년 시대』 30)

육영수여사의 남을 배려하는 마음도 전해진다.

의장공관에서 이사 하던 날 육 여사는 이삿짐을 하나도 빠짐없이 챙겼는데 쌀과 연탄을 배달시켜 쌀 독을 채우고 연탄광을 채웠다. 누군가 육여사에게 물었다.

"곧 떠나시는데 무엇에 쓰시려고요?"

그러자 육 여사는 "새로 들어와 살 사람들을 위해서요."

박정희 못지않게 육 여사의 따뜻한 마음이 그대로 드러난다.(김태광, 2022. 앞의 책 99~100)

땅과 돈이 아니라 박대통령이 근무하는 곳은 어떠한가? 대구사범 동기 김병희는 회고록에서 다음과 같이 회고했다.

"내가 의장실에 들어갔을 때 첫인상은 초라한 방이었다. 의자는 구두닦이의 의자 같고 그가 피던 담배는 국산 아리랑에 식사는 냄비 우동 10원짜리와 노랑무였다. 나는 최고 담배 청자에 500원짜리 고급식사를 마치고 온 터라 양심의 가책을 받았다."(조갑제, 2006, 『박정희의 결정적 순간들』, 212~213)

박목월 시인의 방문 소감도 있다.

"비서의 안내를 받아 필자가 방문한 대통령 집무실은 너무나 간소했다. 회의용 테이블 하나와 중앙에 박 대통령의 테이블이 놓여 있고 그 테이블에는 화병 하나 놓이지 않았다. 그리고 그것이 전부였다. 이 단조한 사무실에서 국가의 여러 가지 크고 작은 문제들이 처리된다고 하니 가슴이 벅차오르는 감동 같은 그것을 느꼈다."

곽상훈 전 국회의장은 회고했다.

"세계 어느 나라 지도자의 생활이 그처럼 검소할 수 있을까 하고 생각해보기도 한다. 혹 기회가 있어 청와대 가면 식사가 기대되는데, 대개 점심에는 국수며, 저녁에는 된장찌개 정도의 소찬이다."

또 공보실 비서의 얘기다. "박 대통령은 인품이 워낙 소박 담백하여 홍보 상 불가피한 연출에도 선뜻 응하지 않고 실천 불가능한 정책 내용을 담지 않게 지시하여 공보실의 작업은 참으로 어려운 일이었다."라고 회고했다.

그리고 그의 절약정신은 상상을 초월한다. 대통령의 국장이 끝난 뒤 집무실을 청소하며 특이한 물품이 있었다. 바로 선풍기와 파리채, 그리고 부채였다. 박정희는 전기를 아끼기 위해 일정 온도가 아니면 에어컨을 못 틀게 했다.

박정희가 준장 시절 서울의 셋방에 와본 이타관 운전수는 난감했다. 싸구려 셋방을 얻어 솥을 걸만한 곳도 없었고 방에는 불도 들지 않고 물이 흘러 판초 우의를 깔고 잠을 청했다고 전한다. 청와대에 들어와서도 박대통령은 기름을 아끼고 전기를 아끼기 위해 에어컨을 떼버렸다. 비서관들이 가져온 선풍기도 사양했다.

그의 유품을 보노라면 더욱 우리의 마음을 강타한다.

1982년 박정희 유품을 정리한 탤런트 나한일은 유품을 인수해 분류했다. 가장 인상적인 유품이 종이 두루마리였다. 스케치 그림이 들어있는 1m 50cm의 종이 수백 장을 둘둘 쌓아놓아 놓으면 높이만 60cm다. 경부고속도로 설계도였다. 서울-부산 사이의 휴게소, 인터체인지 그리고 항공사진을 테이프로 정성껏 붙여놓았다. 모월 모일 어디서 어떻게 한 거라는 메모가 있었다. 정말 섬세하게 그림을 그렸다.

그의 화장실 변기통엔 물 절약을 위한 벽돌이 들어 있었고 병원에선 금박 칠이 벗겨진 세이코 손목시계를 의사가 보고 그가 대통령인 줄 몰랐다고 한다. 그리고 담배 파이프, 중절모에서 몇천 권에 이르는 책이 유품의 전부였다.(박정희대통령 기념재단, 2018. 『박정희 그리고 사람』. 233)

5. 화요회, 목요회 의견

박정희는 겉보기에 평생 독재를 했다. 그러나 그는 의견 수렴을 위하여 1965년 7월 국무총리 산하의 기구로 발족한 평가교수단 14명으로 출발하여 1970년 90명으로 늘렸다.

민간인들의 의견을 수렴하는 수요회가 있었는데 여기서는 남북대화 촉진을 건의했다. 건의를 받아들여 모든 북한과의 회담 결과 북한 대표는 수첩에 쓰여 있는 대로 인사말까지 낭독하는 것을 보고 공산주의자들에게는 대화보다 힘이 중요함을 느꼈다.

평가 교수단 제도 외에도 '**화요회**'(대학교수 그룹) '**목요회**'(언론인 그룹)라고 하는 비공식 자문그룹을 두었는데 좌파들은 평가교수단의 역할을 정권 옹호라고 판단하며 삐딱한 시선으로만 바라본다.

심지어 지식인의 영혼을 팔아먹은 행위라고 욕을 하는 이도 간혹 있다. 그 점을 진솔하게 털어놓은 화요멤버 구범모의 고백은 경청할 만하다.

> "나는 5 · 16 당시 서울대에서 전임강사로 정치학을 가르치고 있었는데 다른 학자와 마찬가지로 1963년 대선 때 윤보선씨를 지지했다.
>
> 1963년 풀브라이트 교환교수로 1년 반 있었는데 당시 근대화론이 미국 사회과학 연구의 새로운 주류였다. 어떻게 후진국을 근대화로 몰고 갈 수 있느냐는 것이다. 그걸 배우면서 생각이 바뀌었다. 당시 중남미는 아무리 돈을 투자해도 근대화가 안 됐다. 밑 빠진 독에 물 붓기나 마찬가지였다. 한국도 어떻게 하면 그 고비를 넘겨서 근대화에 성공하느냐를 고민했다.

1964년 말에 돌아오니 정책 구호가 근대화다. 내 생각과 같았다. 근대화 정책을 추구하는 정부에서도 조언해 줄 사람을 찾았고 그런 연고로 내가 정책 자문에 응했다."

그리고 기타 박정희에 대한 긍정적 시각의 교수로는 연대 함병춘 교수, 철학자 박종홍에 이어 철학자 김영효는 민족주의와 반공주의에 토대를 두면서 '힘 있는 민족' '힘 있는 국가'를 강조한다. 그는 '백의민족'을 운운하고 '평화애호민족'을 강조하는 것은 거짓이다. 우리 역사에 부족한 무인정신을 새롭게 받아들일 것을 제안했다.

그런 김영효에게 5 · 16이란 "기술과 윤리 그리고 정신적 힘과 경제적 힘이 잘 조화된 운동"이며, 새마을운동 역시 강한 백성, 강한 국가를 만드는 프로젝트라고 평가했다. 그는 생전에 한 번도 박정희를 만난 적이 없다. 당대 현실에 대한 발언은 너무도 자연스러웠으나 세상은 그를 인정해주지 않았다.

지금 보면 외국에서조차 칭송하는 옳은 목소리임에도 세상은 인정해주지 않았다. 가족에게 협박 전화도 많이 왔다고 한다. 민주국가에서 의견은 자유고 다양성이라지만 당시 민주화를 빙자한 주사파 세력이 확대되는 대학가는 박정희 대통령을 완전히 배척하는 분위기였다.

기타 1976년 부가가치세는 6년 반의 시간이 흘렀지만, 의견 대립이 심각해지자 박정희는 직접 경제장관회의를 주재했고 선거에 불리하므로 실시를 보류하자는 의견이 다수였다. 하지만 박정희는 정치적으로 불리해도 경제 논리를 따르라고 명해 세율 10%로 하여 시행 2년 차부터 물가에 전혀 영향이 없었다. 하지만 우려했던 대로 1978년 선거에서 정부 여당이 패배했다. 그래서 비서실장 자리에서 경제를 총지휘해 오던 김정렴을 비롯해 경제기획원 장관 남덕우 등이 교체되는 수밖에 없었다.

6. 그 차가 니 차냐?

대구사범 동기인 김병희 전 인하대 학장의 증언이다.

장교 시절 어느 날 운전병이 근혜양을 등교 시켜 준 사실을 알고서 박정희는 근혜양을 불러다 앉혀 놓고 말했다

"그 차가 네 차냐, 아버지 차냐?" 울고 있는 딸에게 "그 차는 나라 차야. 나라 차를 감히 니가 등교용으로 쓸 수 있는가 말이다."

– 박근혜 등교 관련하여

근혜가 중학교 다닐 때 대통령의 딸이 전차를 타고 다닌다는 소문을 들은 차장이 근혜에게 물었습니다.

"학생이 다니는 학교에 대통령 따님이 다닌다는데 혹시 본 일이 있어?"

"예" 근혜는 웃음을 참으며 말했습니다.

"그 학생 어떻게 생겼어? 키는 얼만해?"

"꼬~옥, 저만해요."

그 날, 청와대 저녁시간에 한바탕 웃음 바다가 되었습니다.(변성희, 2005.『대통령 박정희』 어린이 인물전기』. 113~115)

이러한 박 대통령의 청렴결백과 관련한 인척관리를 누가 쫓아갈 수 있을까?

박정희가 7사단장으로 있을 때의 일이다. 육군참모총장이 '모포

재고량을 조사해서 보고하라'라는 지시를 내렸다. 이즈음 지휘관들이 군수품들을 내다 팔았기 때문에 장부상으로 늘 맞게 해놓았다. 사단장들은 이를 잘 알아도 문책을 받기에 '이상이 없음'을 보고했다.

그러나 박정희는 모포가 부족하다고 정확히 보고했다. 자신이 모포를 내다 판 적이 없기 때문이다. 박정희는 상부의 지시라도 이치에 맞지 않거나 국익에 도움이 안 되면 거부하는 일이 많았다. 그래서 필자 또한 마음에 부끄럽고 거북한 것이 있다. 초등학교 시절 큰형님께서 군부대에서 모포를 가져와 죄의식 없이 사용했기 때문이다.

정치와 정부의 부패 기록들을 보면 다른 어느 정권보다 비교가 되지 않는다. 친인척 관리 면에 대해서는 1978년 국회의원 선거를 두고 박 대통령 친인척 한 사람이 공화당 공천을 받아 입후보하려고 당의 내정자와 심하게 경합하고 있었다.

당의 난처한 처지를 보고받은 박 대통령은 한마디로 당의 내정자를 선택했다. 이 친척은 다음번엔 무소속으로 출마하여 박 대통령과의 관계를 말하며 본인이 박 대통령의 진짜 의중의 후보라며 선거운동을 했다. 박대통령은 자진해서 출마 포기토록 하라는 엄명이 떨어졌다.[12)]

박정희와 함께 9년 3개월을 숨쉰 역대 최장수 비서실장 김정렴의 증언을 보자.

---

12) 2022년 문재인대통령의 친구 송철호를 울산시장으로 불법 당선시킨 일 들을 박 대통령 당시와 비교하면 쉽게 대조되어 이해가 쉽다.

—정치자금 관련 아끼고 쪼개 썼던 예를 들면 박 대통령은 공화당 지부도 축소하며 절약했다. "앞으로는 비서실장이 정치자금 전담하시오" 라고 명했다.

나중엔 정치자금 관련해서는 검찰 총장이 엘리트 검사에게 철저한 조사를 사안별로 하라고 4명에게 명했다. 나는 매일 조사를 받았으며 사안마다 상부 지시라 하면 책임이 가벼워진다고 말하면 마무리되는 것을 알고 있었다. 그러나 나는 구속될망정 모든 것을 내 판단 내 책임으로 기안 결재받은 것으로 했다. 조사는 3개월 이상 계속되었으나 구속할 만한 비위가 없어 구속을 면했다. 그러나 조사 기간 수사받느라 말할 수 없는 고생을 했다.

나는 많은 생각이 들었는데 민주주의는 중산층이 형성되고 경제가 어느 정도 발전되어야 제대로 작동된다고 학자들의 말을 신뢰하게 되었다. 또 정치자금은 필요악의 자금인데 돈이 들지 않는 선거가 이루어져야 한다고 생각했다.

> '정치자금 받는 원칙은 반대급부가 따르는 돈은 받지 않고 기업이 마음대로 쓸 수 있는 판공비 일부를 1년에 두 번 지원받으며 1천만 원에서 1억 원 범위에서 기업 형편에 따라 지원받는다. 그리고 대상은 경영이 건전하고 기업주가 성실하며, 국민의 구설에 오르지 않고 농어민의 생업과 관련이 없는 기업을 대상으로 한다.'

나의 보고를 박 대통령은 전적으로 찬성해주었다. 박 대통령에게 정치자금 소요액을 물었더니 당 운영비가 한 달에 1억 2~3천만 원, 추석 때 촌지, 수고하는 공무원이나 일선 장병, 현장시찰 시 격려금으로 연간 30억~40억 원 정도였다.

성금은 청와대 본관 사무실에서 받았는데 그 이유는 기업주가 찾아온 시간과 돌아간 시간 등이 경비소에 상세히 기록되어 있어 마음만 먹으면 중앙정보부나 보안사령부가 성금 전달한 업체가 얼마를 전달했고 그 외 비서실장에게 전한 것이 있는지를 확인할 수 있도록 정확하게 처리할 수 있게 했다.

김정렴 비서실장은 이런 보고를 했다.

"경제가 어려워지는 주된 원인이 선거 때 마구 뿌려지는 정치자금 때문입니다. 선거 때 생긴 경제 주름살을 펴려면 2년이 걸립니다."

"그럼 선거 안 하는 방법 좀 짜내 봐"

1960년대 말 박 대통령은 두 가지 압박에 시달리고 있었다. 경제건설과 국가안보라는 딜레마였다. 김일성 집단의 위협에서 벗어나기 위해 휴전선과 해안선을 봉쇄하는 것이 아니라, 빈곤층을 없애 공산주의 이념의 침투를 막고 중화학공업을 육성하는 그것으로 생각한 것이다. 그렇게 생각한 것이 새마을운동과 중화학공업을 육성해 자주국방이 가능한 체력을 만들겠다는 것이었다.

– 김정렴은 선거 관련해서도 언급했다.

"박 대통령께서는 체육관에서 추대받는 식의 대통령 선출방식은 원하지도 않으셨고 지시하지도 않으셨습니다.

박대통령은 군중을 동원하는 위험천만한 유세보다 평화로운 선거운동 방법은 없겠느냐고 하여 신문 방송을 통해 선거유세를 하는 방법을 생각하기 시작했죠. 그렇다면 간접선거제를 채택하는 것이 어떻겠냐는 사견을 말한 적이 있습니다.

이것을 받아서 CIA가 남북대화의 경험과 간접선거제의 매력을 가미해 생각해 낸 것이 통일주체국민회의 선출방식이었습니다. 이것을 보고 받으시고 대통령께서는 "이것이 어디 선거냐, 이것은 추대다"라며 반대했습니다.

– 기타 김정렴의 업무 중 비서실의 인사 개편 등은 실장에게 일임했기에 청와대를 빙자하는 일을 없애고자 비서실 직원에게 청와대 근무를 표시하는 명함 작성을 금지 시켰다.(김정렴, 1997. 『아, 박정희』. 43~48)

박 대통령은 친인척들의 이권 개입 뿐 아니라 분수에 맞지 않는 이와 같은 처사도 엄히 다스렸다. 누나의 집까지 드나드는 차를 조사토록 하여 출입을 막았다.

박정희는 혁명적인 철학을 갖추고 유교적인 가치관으로 자신이 가난에 찌든 농촌 출신임에도 불구하고, 자신의 가족과 친척들의 금전적 이익에는 냉철하고 청렴하게 대처했다.

그 뒤의 대통령들처럼 자신이나 측근 또는 가족과 친척에게 금전적 도움 등을 준 부정부패가 전혀 없었다. 그리고 세상을 시끄럽게 하는 가신家臣(집 가, 신하 신–높은 벼슬아치에 딸려 있으면서 벼슬아치를 받드는 사람)은 하나도 없었다.

– 전 문공부장관 김성진은 회고했다.

"지금도 기억합니다만 박 대통령께서는 돈이 들지 않는 민주주의를 해보자고 무던히 노력했지요. 경제발전에 쓸 돈도 모자라는데 그 알량한 정치 한답시고 돈 낭비하는 것에 몹시 언짢아하셨거든요. 워낙 박대통령은 정치자금을 아껴 썼으며 나도 또한 기업부담을 최소한 줄여야 한다는 신조이므로 추가 후원 제의를 거절했습니다."

박 대통령 서거 후 1996년 1년 내내 재판이 진행되었는데 1979년 당시 비서실장실의 금고에 있던 정치자금은 9억 원이었다. 이는 유족 생계비 조로 유족에게 전달 되었는데 그 돈 중 3억 원을 김재규 사건의 수사 격려금 조로 전두환 보안사령관에게 보내왔던 것으로 판명되었다.

그 후에 전두환, 노태우 전 대통령의 정치자금 재판과정에서 두 대통령 모두 2천억여 원의 쓰다남은 정치자금이 있었다는 것도 판명되었다. 박 대통령의 9억 원과 차이가 크다.(노무현의 뇌물 받음으로 인한 자살, 김대중의 아들 재산 싸움, 전두환, 노태우, 김영삼 등과 비교가 됨)

– 1971년 3월 13일 미국의 대표적인 무기 제조업체인 콜트사는 중역인 데이비드 심슨을 청와대로 보내 한국과의 M–16소총 공급계약 체결에 감사하는 인사를 전한다. 이때 봉투를 건네는데 그 안에는 100만 달러가 들어있었다. 봉투를 열어 본 대통령은 미소를 지었다.

"내 봉급으로는 3대가 일해도 만져 보기 힘든 큰 돈이구려."

"자, 이 100만 달러는 내 돈이 되었으니, 이제 이 돈의 값어치만큼 총을 더 가져다주시오." 심슨은 당황할 수밖에 없었다. "이 돈은 당신 돈도 내 돈도 아니오. 이 돈은 저 멀리 월남에서 피를 흘리며 싸우고 있는 내 형제, 내 자식들의 땀과 피와 바꾼 것이오. 그런 것을 어찌 한 나라의 아버지로서 자기 배를 채우겠소. 이 돈은 가져가고 돈 만큼의 총을 우리에게 더 주시오"

– 언젠가 상부로부터 군의 기동연습을 위해 나무를 베라는 명령에 박정희는 “우리 국군이 할 일은 나무를 베는 것이 아니라 심는 것이다”라면서 지시를 거부했다. 이순신 장군이 ‘관사 내 오동나무를 베어 올리라’는 상부 지시를 따르지 않은 사실을 연상케 한다.

– 광주 포병학교장 박정희 준장은 최출렬 대위의 주례를 섰다. 최 대위에 따르면 박 교장은 미군으로부터 오는 시레이션 식사를 식량으로 만들어 장교들에게 만들어 제공했다고 한다. 타 부대와 마찬가지로 포병학교도 후생사업으로 벌목업자에게 트럭을 빌려주고 수입을 올렸다. 이 수입을 공개적으로 아주 공정하게 나누었다.

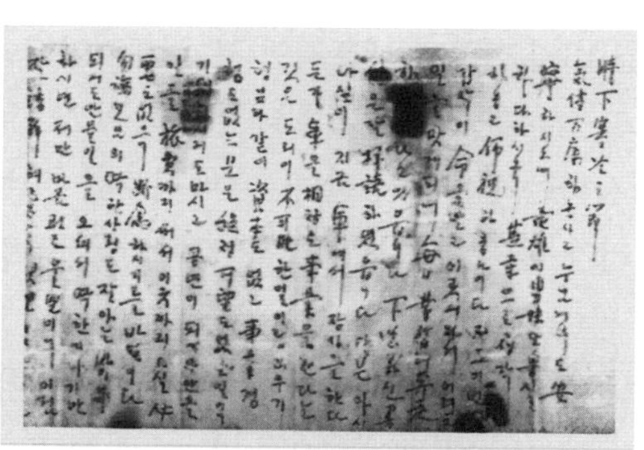

군수기지사령관 박정희 소장이 매형에게 보낸 청탁 거절의 편지

박정희는 포병학교에서 그 뒤 25년간 동반자가 될 박환영 일병과 운전병 이타관 상병을 만났다. 박환영은 “말을 건네기가 힘들 정도로 무섭게 보이던 그 분이 그렇게 자상하고 따뜻한 사람이라는데 놀랐다”고 한다.(조갑제, 1998.『내 무덤에 침을 뱉어라 3』. 80~81)

–박정희는 부하들이 부정사건에 연루되면 처벌을 가볍에 하여 재기의 기회를 주려고 애썼다. 이는 부하들의 가정의 어려움을 알고 부정을 저지른 것 사정을 알기 때문이다. 포병학교에서 박정희는 5.16거사에 한 축을 이루는 이낙선 전 상공장관 외 7명의 포병 인맥과 인연을 맺는다.

7. 핵무기 공개 후 하야하겠소(국민과 나라 위한 고뇌)

청와대 전 공보비서관 선우 연의 증언을 보면 대통령 직이 자신의 사욕이 아니라 나라 위한 그의 고뇌를 알 수 있다.

"이건 나 혼자 결정한 비밀사항인데, 2년 뒤 1981년 10월에 그만둘 생각이야. 10월 1일 국군의 날 기념식 때 핵무기를 내외內外(안 내, 바깥 외–국내와 국외)에 공개한 뒤에 그 자리에서 하야 성명을 내겠어. 그러면 김일성도 남침 못 할 거야."

비슷한 심경을 1979년 10월 어느 일요일 밤 중진 언론인을 불러 저녁 식사를 하면서 속마음을 털어놓았다.

"이만하면 나도 나라 위해 할 만큼 했다고 생각해. 아들 딸 시집장가보내고 손주 재롱에 푹 빠져 쉴 때가 됐지 않았겠는가. 과년의 근혜일도 바쁘고…."(당시 박근혜는 27세)

다른 증언 하나 박정희는 비서실장 김정렴에게 말했다.

"내 임기 전에 하야하여 좀 쉬고 싶은데 국무총리에 김종필을 다시 불러야겠어. 임자 생각은 어떻소."

그 밖에 영남대 좌승희 석좌교수의 증언에 의하면 최초 국무회의에 3만여 개 마을에 300포씩 시멘트를 지급한 다음 연도인 제 2차연도에도 모든 마을에 동일하게 지원하기로 했다. 하지만 박대통령은 가혹한 차별정책으로 성과가 있는 마을에만 추가 지원하겠다며 신상필벌信賞必罰(믿을 신, 상줄 상, 반드시 필, 죄벌)을 고집했다.

고집을 꺾기 위해 공화당 길 정식 총장과 내무장관이 대통령을 설득하려다 실패하고 심지어 공화당 핵심인물들이 찾아가 "선거 망하게 생겼습니다. 차기 총선이 위험합니다"라고 무차별 지원이 옳다며 설득하였고 박대통령은 "정권을 내주는 한이 있어도 차별 지원을 해야 한다"며 고집을 꺾지 않았다. 그래서 1970년대 초 여당인 공화당은 새마을 지도자들에게 당원가입증을 나눠주는 방안을 추진했다. 그러나 박정희는 "단 한 사람이라도 새마을운동 지도자를 신입 당원으로 가입시켜서는 안 된다"라며 정치와 선을 그었다. 지금까지 우리 역사에 이런 대통령이나 국회의원 한 사람이라도 있었나?

박정희 그는 깨끗했다. 독재를 휘둘러 영달을 꿰차지 않았다. 18년 장기집권에 땅 한 평 있었던가. 일가 친인척 비리 헛소문인들 들어본 적 있는가. 그래서 어제의 비판자들도 오늘은 이렇게 부른다. 심성 반듯한 '착한 독재자'라고.

8. 대통령이기에 육영수 살인범 문세광을 용서하는 겉얼굴

박 대통령 고뇌의 극치라고 할까? '손을 떨면서' 개인으로서는 문세광을 용서 못하나 대통령이기에 나라 위해 조총련계 재일동포 모국방문단의 입국을 추진하라 명했다. 1진 1백62명이 추석 성묘를 위해 9일金浦공항을 통해 입국했다.[13)]

13) 1975년 봄 어느날 박대통령은 청와대로 정보부장과 국장 신직수, 김영광, 내무부장관 등을 불렀다. 국수를 먹으며 아무 말도 않고 듣기만 하는 김영광에게도 말을 시켰다. "김국장, 좋은 생각이 있으면 얘기해 봐요." 기어이 지명이 떨어지자 김영광은 한마디 안할 수 없게 되었다.
"각하, 작년의 문세광 사건 이후 조총련 문제를 보다 적극적으로 … 발전상을 보이고 각하의 영도력을…
金의 말이 끝나기도 전에 박대통령은 손끝을 부르르 떨었다.
남산에 돌아온 신직수 부장은 김국장을 질책했다. "왜 각하께 조심하지 않고 그런 말을 불쑥하오. 조총련은 영부인을 살해한 가해자인데 '가해자의 손을 잡고 각하 가슴에 품으시라'고?"
김영광은 "책임지고 사표를 내겠습니다."
며칠 후 신부장은 말했다. "각하께서 김국장 의견을 세부 계획까지 짜서 보고하라고 하십니다." 박대통령은 그걸 결심하면서 "근혜도 반대했어. 하지만 내가 대통령이기에 결심한 거야.조직적이고 계획적으로 해서 좋은 성과를 얻어야 해"하고 말했다.
서울에선 공작적 냄새를 없애기 위해 박순천국회의원에게 환영사를 하도록 기획했다. 그리고 조총련 동포 700명이 9월15일 제1차(6차까지 계속됨)로 방문하자 환영사에서 말했다.
"몽매에도 그리워하던 고국에 오신 동포 여러분! 일본으로 돌아가실 땐 고국의 흙 한줌씩을 봉투에 담아가셔서 이 땅을 생각하고 일본에 묻힐 땐 그 흙과 함께" 라며 심금을 울렸다. 김희갑의 애절한 노래 〈불효자는 웁니다〉가 히트한 것도 그때였다.
초총련의 쓰라린 사건이 박정희 고뇌의 결정으로 조총련 와해에 크게 기여했다는 평가다. 유골을 갖고 왔으나 고국에 연고가 없는 경우, 천안휴게소 부근에 조성한 '망향의 동산'에 안치토록 했다.
1975년 조총련 모국방문은 국정원이 자랑하는 중앙정보부의 대표적 성과 중의 하나다."중앙정보부는 근대화 혁명의 숨은 일꾼이어야 한다. 응달에서 묵묵히 일하는 걸 몰라줘도 좋다. (김종필 증언록, '소이부답' 15)

추석을 맞아 성묘와 친지 방문을 위해 입국하는 조총련계 재일동포 모국 방문단 일행

중앙청 제1회의실에서 윤달용 전 민단단장 등 70여 명에게 국민훈장 무궁화장 등 훈장을 수여하고 다과를 베풀며 환담했다.
이자리엔 근혜 양이 함께 했다. 1976. 9. 17

근혜 양이 시흥군 의왕면 오전리에 세워진 한국나병연구원 준공식에 참석하여 연구원을 둘러보았다. 근혜 양은 이어 원장실에서 한국 나병퇴치 사업을 위해 1억2천만 엔을 기증한 일본보건협력재단의 사사카와(笹川良一) 회장과 환담을 나누었다. 1976. 9. 24

9. 박 대통령 서거

박정희 대통령은 1979년 10월 26일 중앙정보부장 김재규에 의해 공관에서 저격 당했다. 공관 옆에 있던 참모총장 정승화는 총소리를 듣고도 그곳으로 가지않았다. 그 둘은 함께 모의했음을 숨길 수 없다.

가. 박대통령을 시해한 10.26 반란과 12.12 사태

김재규와 정승화는 동향출신이고 박정희에게 정승화를 육군참모총장으로 추천한 사람이 김재규였기에 함께 정권탈취의 거사를 꾸밈이 드러났다.

합수부장 전두환은 12월 12일 정승화를 체포함으로써 군사반란을 평정하였다. 영화 〈서울의 봄〉은 반란자를 전두광(전두환)으로 표현했는데 2024년 11월 현재 이를 학교에서까지 상영케 하여 아이들까지 세뇌시키고 있으니 학생들은 '왜 내가 좌익 세력이 되었는가?'를 알지 못한다.

실제의 음모자, 반란자 김재규와 정승화가 정권을 잡았더라면 한국은 쿠데타의 나라 반란의 나라가 되었을 것이다. 쿠데타 모의세력인 김재규, 정승화측을 체포한 12.12로 하여금 대한민국의 역사는 안정을 가져왔다.

다행히 전두환은 대통령이 되어 경제적 제2의 부흥을 이루고 국민생활을 안정시켰고 국민생활을 편리하게 해주고 긴축재정으로 인플레이션도 잡고 외채를 거의 갚았다

10.26 김재규는 박 대통령을 시해했고 12.12는 정승화는 혁명

정부를 세우려는 계획을 함께했다고 '내란 사건'을 종결한 것이다. (지만원, 2022.『전두환 리더십』. 282~294)

나. 5.17과 5.18 광주 민주화 운동의 실상

1980.5.17. 김대중이 5.19일 10시까지 신현확총리의 퇴진, 비상계엄 즉각해제를 요구하고 요구를 들어주지 않으면 5.22일에 전국적인 민중봉기를 일으키겠다고 최규하정부를 협박하자 최규하대통령은 비상계엄을 전국계엄으로 확대하는 계엄령을 발표함. ([출처] '5.18 정신'? 이 것이 5.18의 正體! 5.17일 부터 5.27일 까지 北이 주도한 광주사태의 팩트! 작성자 김양중)

5 · 18 광주 민주화 운동이란 사실상 김대중의 내란사건이다. 재야 세력이 말하는 '서울의 봄'은 김대중이 신민당에서 뛰쳐나와 학생세력과 노동자세력을 결집시켜 '국민연합'이라는 혁명부대를 결성하고 폭력시위를 지휘했다. 그는 폭력 시위로 국가 전복 계획을 수립하고 김대중의 예비혁명내각을 작성했다. 5.16일에 학생 시위를 주동하며 국가를 향해 선전포고를 했다. 전달 4월 25일부터는 20일 동안에는 무려 987건의 노사 분규가 발생했다. '계엄해제하라', '배고파 못살겠다.' '같이 죽자' 등 정치 구호가 난무했다. 이런 노사 분규는 거물 간첩 김용규가 그의 저서『소리없는 전쟁』에서 말했듯이 남한의 소요는 예외없이 북한의 공작이었다고 폭로했다.[14)]

---

14) 영화내용이 사실을 왜곡하여 김재규,정승화의 반란을 전두환의 쿠데타 등으로 표현함. 어느 영화에도 북한군의 개입을 다룬 영화는 없다. 이것은 문화계가 좌익에 넘어간 대한민국의 현주소다.

재야 세력은 1980년 5월 18일부터 5월 28일까지 광주시민과 전라남도민이 중심이 되어, 조속한 민주정부 수립, 전두환 보안사령관을 비롯한 신군부세력의 퇴진 및 계엄령철폐 등을 요구한 것을 '대한민국의민주화 운동'이라고 말한다. 5.18 때 광주 전남 지역의 무기고를 4시간만에 동시에 42곳에서 무기를 탈취했는데 '광주민주화운동'이라고 주장하는 분들은 이를 폭도들이 했다는 것이다. 이는 북한 개입의 많은 증거 중의 하나다.

이 사건을 중심으로 하여 만들어진 영화로 〈꽃잎〉,〈화려한 휴가〉,〈택시 운전사〉등이 있으며, 2024년 대한민국 최초로 노벨 문학상을 받은 한강작가의 소설『소년이 온다』도 이 사건을 다루고 있다. [15](위키 백과사전)

5.17 자정을 기해 이른바 김대중 내각을 구상했던 김대중, 김상현 등 24명의 내란 음모자들을 체포하고 학생들을 구속하기 시작했다. 1980. 9. 11.에 재판부는 김대중에게 내란음모, 국가보안법 등을 적용되어 사형을 선고했으나 전두환 대통령은 12명 전원에게 감형조치를 취했다.

---

15) 광주 사태에 예상과 달리 광주 시민들은 총을 받으려 하지않고 북한군을 의심의 눈으로 바라보니 다급한 북한 특수군이 북에 sos를 쳤다. 신속히 김일성 지령이 내려왔는데 교도소를 공격하여 2700명의 수용자를 해방시키라는 것이 계엄 당국에 감청되어 북한군을 사살할 수 있었다.
북한은 1980년에 제작된 5.18기록 영화와 4가지 문헌들을 통해 475명이 떼 죽음을 당했다며 분노를 표출했다. 저자 지만원은 증거자료로 475명 중 430명이 청주에 가매장되었음을 정리해 놓았다. (지만원, 2022.『전두환 리더십』. 304~305)

| 폭동이 민주화 운동으로 뒤바뀐 과정 |

1981년 1월 23일 당시의 대법원은 5.18을 김대중이 배우 조종한 내란 폭동이었다고 판결했다. 이후 1988년 4월 1일 노태우 대통령은 광주사태를 민주화 운동으로 공식 규정했다. 6공 노태우정권을 5공 정권의 모태라 하니 노태우는 그런 공격을 피하기 위해 전두환을 짓밟고 눈이 먼 반국가 행위를 했다.

아래는 최보식 기자와 5.18 분석을 위한 대담인데 계엄사령관으로 5.18 시위를 진압했던 총사령관이었던 이희성의 말을 들어보자.

이희성: "…지휘 계통을 정말 모르고 하는 소리요. 전두환 보안사령관은 5.18과는 무관하오. 그는 12.12와 상관 있지만 5.18과는 아무런 관계가 없소"

최:…그러면 왜 전두환을 지목했나요?

이: 광주가 수습되고 3개월 뒤 그가 대통령이 됐기 때문이오.

광주사태 정확한 분석은 최규하가 가로막았고 김영삼 대통령 때 1995년 12월 21일 국회를 통과한 사실상 위헌 법률인 5.18 특별법을 이용해 전두환과 노태우를 감옥에 넣으니 그들을 뒤집어 씌울 것을 만들어야 했다. 안기부장 권영해는 육사 동기 15회 권정달을 포섭해 전두환이 미리부터 대통령이 되려고 집권 시나리오가 있었다고 조작했다. 조작에는 홍준표도 가세했다. 그래서 김영삼 대통령은 1997년 4월 17일 김대중의 내란을 전두환의 내란으로 바꾸었다.[16)]

---

16) 지만원(2022), 『전두환 리더십』306~316

김영삼대통령에 이어 거짓 역사는 계속된다. 광주법원과 5월 단체들은 '광주 사망자 154명이 이 나라 우매한 국민을 위해 예수님처럼 피흘려주신 의인'이라 했다. 5.18유공자의 수가 해마다 늘어 2019년 5,801명이라 보도 되었고 국가보훈처는 공무원 시험에서 유공자 가산점으로 본인과 전사 · 순직 유족은 10%, 국가유공자 가족은 5% 가산점이 적용된다고 발표했다.[출처] 대한민국 정책브리핑(www.korea.kr)

그리고 북한에서는 5.18 전사자를 기리고 교과서에도 전사 묘를 실었으며 광주 금남로 옥상을 점령한 북괴군이 대량학살 주범이었다.(지만원, 2023. 『5.18 작전 북이 수행한 결정적 증거 42개』 154~161)

북한 함경북도 청진에 있는 '인민군 영웅들의 렬사묘비'.
권영해(87·權寧海·사진) 전 안기부장은 최근 스카이데일리와 만나 "정보기관장 재직 시절 북한의 5·18 개입을 우리 정부가 직접 확인했다"고 폭로했다

5.18은 민주화 운동인가? 북한의 침공 내란인가? 규명하지 않는 것은 종북 주사파 의원들 때문인지 알 수는 없으나 그것을 바로 말하지 못하는 나라가 대한민국의 현주소다.

10. 서거 후 화해를 희망하는 마음

박 대통령의 속얼굴인 마음과 진실되게 화해하려면 18년 간 그의 말과 행동의 반복을 검토해보면 금새 드러난다. 물론 경제발전을 위해 5개년 계획을 발표한 후 진행도중에 말이 바뀌면서 수정되어 참모들을 힘들게 했지만 그의 철학은 정신혁명과 함께 경제발전으로 나라살리는 애국이 그의 마음이었다. 아래 세 부류의 사람들이 마음을 함께 했으면 한다.

가. 화해한 사람들

한국사회는 좌 · 우가 극렬하게 갈려있으니 우리가 언제까지 진영논리에서 빠져있어야 하는가?

『숨결이 혁명 될 때』의 저자 주동식의 말을 되새기며 '화해'를 음미해 본다.

> "나는 광주에서 태어났다. 고등학교에서 박정희를 독재자로 배웠다. 나는 김근태 의장의 민주화 운동 청년연합회의 회원으로 박정희를 거부하며 그의 서거에 축배를 들었다. 왜 전라도 사람들이 근대화에 반대하나? 우리는 10월 유신을 이해해야 한다.

좌파세력으로부터 5.18역사를 되찾아야 우파가 승리한다.

호남세력은 이승만, 박정희의 우파관점에서 근대화 세력의 투쟁이란 면에서 접근해야 한다. 그래서 반대한민국 반일 친종북의 반근대화 세력과 투쟁을 거친 후 대한민국의 반민족사적 정통성을 누구도 부인할 수 없게 만드는 것이다. 이것이 내가 박정희를 다시 만날 이유이다."

○ 송의달 기자가 만난 사람 이강호와의 일문일답이다.

– 박정희를 원래 조금이라도 좋아했었나?

"정반대이다. 부산에서 초중고교를 모두 다녔는데, 1960년대부터 민주당 신파 청년당원으로서 김대중의 동교동계에 활동한 아버지 영향으로 박정희에 대한 긍정적 생각은 단 한 개라도 입력될 틈이 없었다. 대학입학 후에도 유신을 적대시하고 비판하는 운동권 논리에 흠뻑 빠져 있었다."

– 그런데 어떤 계기로 전향했나?

"1989년 베를린 장벽 붕괴와 소련 해체 후 마르크스, 레닌주의 연구에 몰두했다. 아무리 공부해도 사회주의, 공산주의는 지속 가능한 경제가 아니란 걸 깨닫게 됐다. 그러다가 이상 국가 만들기 위한 사회공학에 몰두했으나 모든 결론이 전체주의로 가는 것을 알았다.

그러다가 1992년 초 10년의 운동권 생활을 마감하고 1993년부터 청와대 공보비서실에서 근무했다. 대통령 연설문에 참조하기 위해 들여다본 주요한 자료들이 운동권 시절 대자보와 관련 공문 등의 유인물이 사실과 반대이거나 다른 것을 확인하면서 박정희에 대한 생각이 달라지기 시작했다.

국가보안법을 폐기하려던 386운동권들과 논쟁을 벌이며 완전히 헤어졌다. 많은 인간관계가 끊어지면서 외로움과 어려움이 찾아왔다. 마르크스, 레닌주의자에서 우파로의 전향은 새로운 언어를 배우는 것 같았다. 15년쯤 걸린 것 같다. 지금 나에게 박정희는 '영웅'이다."

○ 유신체제 아래에서 독재반대를 외치다 옥살이를 한 김지하 시인이 젊은이들에게 "박대통령은 세종대왕보다 더 존경받아야 하는 지도자, 정치꾼이 아닌 진정한 지도자"라고 극찬한 것은 후대를 위한 진심 어린 평가이다. 그 이후 박근혜대통령 후보시절 그 진영에서 활동을 했다는데 박정희와 완전히 화해했는지는 모른다.

○ 일리노이대 김상기 교수는 박정희와 화해하고 싶다고 했다.

"영웅이 많지 않은 우리 역사에서 박정희는 풍운아요 영웅이었다. 박정희는 찬연히 빛나는 큰 별이 되어 특히 제삼 세계에서 계속 추앙을 받을 날이 올 것이다. 박정희를 이토록 높이 평가하는 필자의 마음 바닥에는 그에게 허심탄회하게 진심으로 사과하고 싶고 화해하고 싶어서이다.

1961년부터 그는 지식인, 언론, 학자들, 혹은 학생들이 해서는 안 될 일들을 계엄령을 선포하면서까지 무서운 집념으로 추진하여 번번이 성공시킴으로써 지식인들을 부끄럽게 하였다. 교과서를 읽고 원칙만 맹신하는 선비, 수신제가를 즐기는 군자, 서구식 민주화를 맹종하는 지식인, 이미 유럽에서 내버린 좌익이론에 중독되어 빠져있는 사람들을 철저히 무시하고, 박정희는 오로지 박력 있게 경제개발을 이끌어갔다.

16을 이후 혁명정부는 만연한 부패 무능한 정치에 무질서, 낙후된 경제, 피폐한 정신, 끝없는 빈곤으로부터 탈출하여 '우리도 할 수 있다'라는 자신감으로 국민정신을 일깨워 '조국 근대화'를 실현했다.

바라건대, 굶어죽는 북한이 하루속히 독재라고 하는 유신체제를 선택해서라도 잘살았으면 하는 바람이다. 배고픔을 체험할 수 없는 사람들은 남의 체험을 통해서라도 알려고 노력해야 한다. 아직도 인류의 삼 분의 일이 굶주리고 있지 않은가?"

나. 화해할 사람들

위 몇 사람들이 화해한 것처럼 다음 3부류의 사람들이 거짓과 사기의 '백년전쟁'과 같은 류의 영화를 청취하지말고 사실관계를 바르게 공부하고 마음을 같이 한다면 한국은 '진정한 의미의 선진국'이 되리라 믿는다.

1부류 | 박정희의 최측근에서 늘 고뇌했던 참모들 |

실로 많은 참모들이 한강의 기적을 이루는데 공헌했지만 여기서는 5명에 한정했다.

○ 대통령이 '국보'라고 칭한 경제수석 오원철은

"내가 어떻게 부정 따위에 손대지 않았는지 궁금할 것이다. 나는 구식 한국인이고 징고이스트(맹목적 애국주의자)여서 '부정탄다'는 말을 믿었다. 그때마다 새로운 일을 시작할 때마다, 그것이 중화학공업 프로그램이건 율곡사업이건 간에 나 자신이 부정한 생각이나 행동을 하지 않도록 우선 준비했다. 뇌물을 받는다든가, 술을 마시는 일, 가정의 일 등까지 피했다. 조국을 위해 실패하지 않는 것이 내 사명이었다."

○ 청와대 비서실장 김정렴은 유교적인 예절과 함께 널리 존경받았던 온건한 성격과는 달리 공무를 수행하는 데는 대단히 강직했는데 거의 냉혹할 정도였다. 점심시간 중에도 업무를 계속하기 위해 비서실장 임기 내내 청와대 밖에 나가서 점심을 먹어본 적이 없었다고 한다. 청와대 공식 오찬에 참석할 경우를 제외하고는 늘 김정렴의 점심은 국수였다. 박정희 대통령이 국수를 좋아해서 청와

대 국수는 유명했다. 김정렴의 보좌관인 김용환은 매일 점심으로 국수를 먹는 것이 '고역 중의 고역'이었다고 회고했다.

이처럼 극도로 자신을 절제하는 자세로 김정렴은 박정희의 고도로 중앙집권화된 청와대 비서실뿐만 아니라 모든 경제 부처를 1969년 12월부터 1978년까지 9년 넘게 운영했다.(이 기간에 부총리– 김학렬, 태완선, 남덕우) 그리고 정치자금을 박 대통령 대신해서 받았다.

최장수 비서실장 김정렴은 상공부장관 시절, 한국의 수출 진흥과 화학공업의 태동에 앞장섰으며 포항종합제철과 울산 석유화학단지의 건설을 책임진 주무 장관이었고 1964년부터 '수출진흥 종합시책'을 마련 후 추진했다.

○ 대통령을 보필한 경제부총리 김학렬이 '종합 제철'을 벽에 붙여놓고 부하들에게 "못 이루면 한강에 빠져 죽으라"한 말에 대해 그 절박함과 간절한 열정의 표현에 우리는 욕할 수 있을까?

○ 박태준은 비상 소집된 건설 요원들 앞 현장 건설 사무소 아래 오른쪽으로 영일만의 파도가 일렁이던 1968년 6월 15일 새벽 4시에 외쳤다.(본책 159p 참조)

○ 살림꾼 재무장관 남덕우는 한국의 수출을 위해 1974년부터 4년여 동안 수출업계에 강력한 지원은 물론 후일 부총리 재임 시 원유 도입값이 3배 이상 폭등하여 한국경제는 부도 직전에 내몰렸던 석유파동을 극복했다.

나아가 중화학공업 육성, 수출 100억 달러의 견인차 구실을 했고 부가가치세 도입을 주도하였으며 최장수 재무장관(4년 11개월), 최장수 경제부총리(4년 3개월) 타이틀을 지녔다. 그는 1960년대 초기의 장기영, 이후 김학렬과 더불어 박정희 시대 한국의 경제 건설기를 대표하는 경제관료로 평가받는다.

2부류 | 당시에 이름도 없이 성실히 일한 사람들 |

이름 모를 수많은 국민이 박정희의 '할 수 있다' 정신에 몸을 던져 산업화와 근대화에 진정한 공로자가 되었다.

○ 서독 광부와 간호사들, KIST의 수많은 연구원, 과로사한 과학자들까지.

○ 60년대 어린 여공들, 공고를 졸업한 산업 전사와 기능공들,

○ 저돌적인 추진력의 대기업 총수들, 경부고속도로의 산업 전사들과 정주영, 열사의 나라 중동에서 피땀 흘린 분들.

○ 보릿고개를 면케 한 볍씨 개량의 연구원들,

○ 박 대통령 서거 전까지 국산 무기화와 원자핵 무기 관련 연구하던 1000여 명의 과학자와 군인들,

○ 무조건 반박정희로 나갔던 당시 풍조에 반하여 소신 있게 보필했던 함병춘, 박종홍을 비롯해 나아가 평생에 박정희를 못 만났어도 올곧은 목소리를 내던 철학자 김영효.

○ 산림녹화사업에 헌신했던 손수익 청장과 공무원들, 할 수 있다는 신념으로 새벽부터 일한 새마을 지도자와 국민과 관계 공무원들,

○ 박정희의 인간됨을 보고 5.16에 목숨 건 군인들, 무장공비와 싸우다 목숨 바친 군인들과 예비군들, 월남전에서 몸 바친 이름 없는 용사들과 일반 군인들,

○ 전투나 다름없는 수출 전선에서 땀 흘린 담당 공무원들과 수출 전사들.

○ 기타 성실히 자신업무를 수행한 사람들

3부류 | 박정희의 일에 모든 것을 반대했던 사람들 |

학자들, 학생들, 언론인들 나아가 3선개헌과 유신을 반대한 애

국의 순수한 마음이거나 종북수준의 행동을 한 수많은 사람, 특히 간첩 김질락을 희생양이라고 안타까워한 천정환, 김질락의 간첩 동지 신영복을 '선생'이라며 존경했던 문재인 대통령과 아래의 책을 기술한 수많은 학자와 박사들을 보자.

○ 강만길 (2002). 『20세기 우리 역사』. 창작과 비평사 206

– 이승만과 명분상으로나 현실적으로나 친일파 숙청이 선결조건이었던 좌익 세력 사이에 좌우합작이 실패.

☞ 이승만의 내각은 거의 90% 이상이 독립운동가이고 김일성의 내각은 거의가 친일파인 것을 아는지 모르는지 친일파 숙청이 선결조건이라고 말한다.

○ 강만길 (2002). 『역사는 이상의 현실화 과정이다』. 창작과 비평사 180–181

– 남북이 지금 지향하고 있는 화해, 협력, 평화 통일 과정에서 1950년 전쟁을 침략전쟁으로만 봐야할까?

☞ 북한이 화해, 협력, 평화를 외치는 그 말을 믿는다는 것인가?

○ 강만길 외(2002). 『한국사 속 진실을 찾아가는 우리역사 속 왜』. 서해문집 263

○ 군사 정변 후 비상계엄령을 선포하여 학생운동을 탄압한 것은 당연한 수순이었다.

☞ 6.3계엄을 왜 일으켰는지 내용도 없이 학생운동 탄압을 비판한 저자

에게 할 말을 잊음

○ 강만길(1985). 『한국현대사』창작과 비평사나 한길사의 『해방전후의 인식』 시리즈

○ 강만길은 1980년대 말 금서 목록에서 해제된 마르크스 · 레닌주의를 바탕에 깔면서 민중의식을 전파했다. 강만길은 김대중 노무현 좌익 정권하에서 통일고문을 했고 그는 북한 세습 독재를 비호하고 평생모은 책도 북에 기증했다. 강만길의 책을 다수의 교과서가 참고했다. 극좌 서중석과 더불어 많이 알려진 좌익역사학자다.박헌영을 너무 사랑해서 임헌영이라고 이름지은 민족문제연구소장은 2023민족일보 조용수언론상도 받았다. 이러한 민족문제연구소 창립 고문을 맡았었고 친일인명사전편찬위원회 지도위원인 강만길의 책을 많은 학생들이 보고 있으니 두렵다.

○ 강준만(2004).『한국 현대사 산책』. 인물과 사상사

– 5.16을 '기회주의의 향연'이라하고 '부패의 국유화'라고 혹평한다

○ 공제욱(2013). 『국가와 일상 박정희시대』. 한울아카데미

– 모방으로서의 근대화란 일본을 흉내내는 따라잡기이고 근대화는 서구를 모방하고 성공한 일본을 다시 모방하는 이중의 모방이다.(『국가와 일상 박정희시대』 11~13)

☞ 모방은 인류의 역사가 아닌가? 서구와 일본을 모방함이 문제라면 북한을 모방해야 할까?

○ 권보드레 외3인(2015). 『박정희 모더니즘』. 천년의 상상

– 유신시대에 많은 부작용을 나열하면 바보상자에 갇힌 대중, 기능올림픽, 패자 부활의 잔혹, 총기사건, 발굴의시대에 왜 하필 경주, 돈의 맛이 욕망하는 농민을 생산, 돈 안 쓰고 시작한 의료보험, 유신시대 한국의 자살, 전태일과 열사 등 모든 것을 부정하며 잘한 일은 거의 없다

○ 김삼웅(2017). 『박정희 개발독재자 평전』. 앤 길.

– 추천서에서 정치학자 전인권은 "박정희는 민주주의가 뭔지 모르고 관심도 없다"

○ 김삼웅 『반동적 근대주의자 박정희』

– 당시의 경제성장이 박정희 정권의 힘만으로 이루어진 것이 아니라 세계 최장시간의 노동과 최악의 노동조건에 시달린 노동자들의 희생이 없었다면 성장은 없었을 것이다. 경제성장의 공을 박정희 정권에게만 돌리는 것은 역사적 왜곡이다.

☞ '땀, 한숨, 고생, 눈물' 없이 얌전하게 산업화를 이룬 나라가 어디 있나? 편히 앉아서 산업화를 이루고 배고픔을 해결하려 했나?

○ 김삼웅 독립기념관장 4년 역임, 『노무현평전』, 『김대중평전』, 『독부 이승만평전』 등을 저술

– 『박정희 개발독재자 평전』에서 박정희 출생은 비극, 희극, 절망이라고 함.(이승만을 독부라 하고 박정희를 개발독재자로 제목을 붙임

☞ 제목만 봐도 그분들의 의도를 쉽게 파악할 수 있고 이런 분들은 김일성을 독재자라고 말하지 않는다. 더군다나 김대중이 4억5000만 달러

를 대북 송금했기에 북한이 핵폭탄을 제조한 내용 등은 언급 않음

– "경제발전은 박정희가 이룬 게 아닙니다. 경제개발계획은 장면 정부가 만들어 놓은 것이고, 정작 일한 것은 당신들 부모님입니다.

☞ 일자리를 만든 사람은?

○ 김재홍(2012).『누가 박정희를 용서했는가』(주)책으로 보는 세상

– 남로당프락치 활동, 5.16군사쿠데타, 유신쿠데타의 반란 3관왕이라 칭하며 친일로 배신하여 일본장교로, 남로당프락치로, 국군 장교로, 반공주의자로 변신했다고 주장한다.(302~312)

○ 오마이뉴스의 논설주간 김재홍(2012).『박정희이 후예들』.(주)책으로 보는 세상

– 박정희가 키운 것이 12.12사태 군사반란이다.

☞ 김재규 일당이 총기 난사할 때에 정승화는 가까운 곳에서 총성을 듣고 왜 가지않았나. 김재규 정승화 등 살인자들의 쿠데타가 성공했더라면 나라가 어떻게 되었을까?

○ 김원(2011). 『박정희 시대의 유령들』. 현실문화연구

– 어느 민중이든 산업사회를 원했다는 증거는 없다(66). 국민교육헌장 등을 내세워 민족담론의 전면화를 꾀했다(81). 1970년대에 한 해 200여명이 막장에서 목숨을 잃었다.(194)

– 빨치산 중대장이며 김대중의 대중경제론을 주창한 박현채를 옹호함(238~271)

– 판자촌 철거와 와우아파트 사고를 비판(344,356)

박근호(2017). 『박정희 경제 신화해부 정책없는 고도성장』회화나무

– '한강의 기적은 박정희 때문이 아니다'라는 서강대 교수 손호철의 추천사에 이어 '정책없는 고도성장'인데도 미국이 지원한 KIST 때문이다.

☞ KIST는 누가 제일 사랑했고 누가 키웠나? 한 예로 KIST 연구원들을 누가 극진히 모셨고 봉급은 누가 정했을까?

○ 박태균(2021). 유튜버 '케네데스피치'

– "1970년대 경제위기 다 박정희 때문이다."

☞ 1970년대 소득향상은 누구 때문인가?

○ 박현채(1994). 『청년을 위한 한국현대사1』. 소나무

– 종속경제와 군사 파시즘, 한일경제 유착

○ 백무현(2005). 『만화 박정희』. 시대의 창–〈백년전쟁〉의 제작자인 민족문제연구소 소장 극좌의 임헌영과 한뿌리.

– "친일파에 의해 과거가 청산되지 않았고 '박정희의 경제발전 신화'가 터무니없는 환상인 것을 낱낱이 밝히고 어린 세대에게 바른 역사 교훈을 주고자 한다."고 서문에서 밝히고 박정희를 비롯해 참모들 얼굴을 깡패 두목 연상케 하는 이미지로 그림

○ 서중석 박사와 오마이뉴스 기자 역임한 김덕련의 현대사 이야기(8권)

– "이승만의 정읍 발언으로 남북분단의 발단되었다." 그리고 이승

만 대통령의 건국을 부정하고 미군은 점령군이고 박정희는 창씨 개명한 친일파이며 그의 남로당 가입과 한일협정 비난 등에 피를 토하듯 비판한다.

☞ 2장,2 '해방 전후 대한민국 탄생과정과 6.25' 참조

○ 서중석(2015). 『현대사 이야기 7』. 오월의 봄.

- 문제투성이 한 · 일 6 · 3 협정에 분노했고 한일 협정 시 박정희와 일본 우익의 검은돈 거래(정치자금)가 있었다고 언급함
- 장도영 장군을 반혁명이라는 무시무시한 낙인을 찍은 채 배신했다.

☞ 장도영이 5 · 16 쿠데타에 대하여 오락가락하고 우유부단한 태도를 보인 것은 말하지 않는다.

- "우리에게는 '역사의 죄인'이 있다. 이승만을 존경하는 사람들에는 세 유형이 있다. 즉 친일파, 분단 세력, 독재 협력 세력이다"

☞ 서중석은 서울대학교 대학원에서 박사, 역사문제연구소 이사장, 아시아 평화와 역사교육 공동대표를 한 분으로 최고의 지식인인데 이승만 내각은 임정의 애국 투사들이고 김일성 내각은 거의 친일파인 것을 아는지 모르는지 말하지 않음.

○ 서중석(2015). 『현대사이야기1』. 오월의 봄.

- 자유는 미국이 준 선물이 아니라 그들은 점령군이었다.

○ 서중석(2015). 『현대사 이야기 7』. 오월의 봄.

– 왜 역사전쟁에서 이승만을 띄우는가. 이승만을 왜 건국의 아버지 국부라 하는가(7~8)

– 한국인의 대다수가 박정희의 창씨개명을 알지 못하고 남로당의 프락치였다는 사실조차 모른다.(12)

대한민국 초대 이승만 정권의 독립운동가 출신 주요 인사		북한 김일성 정권의 친일파 출신 주요 인사	
부통령 이시영	상해임시정부 재무총장	김영주	북한 부주석, 북한 내 당시 서열2위, 김일성 동생(일제 헌병보조원)
국회의장 신익희	임시정부의 내무총장	장헌근	북한 임시인민위원회 사법부장, 당시 서열 10위(일제 중추원 참의)
대법원장 김병로	항일변호사	강양욱	북한 인민위원회 상임위원장, 당시 서열 11위(일제하 도의원)
국무총리 이범석	광복군 참모장	이승엽	남조선 로동당 서열2위 (일제 식량수탈기관인 '식량영단' 이사)
외무장관 장택상	청구구락부 사건으로 투옥	정국은	북한 문화선전성 부부상 (아사히 서울지국 기자, 친일밀정, 일본간첩출신)
내무장관 윤치영	흥업구락부 사건으로 투옥	김정제	북한 보위성 부상(일제하 양주 군수)
재무장관 김도연	2·8 독립선언을 주도하여 투옥	조일명	북한 문화선전성 부상 (친일단체 '대화숙' 출신, 학도병 지원유세 주도)
법무장관 이인	항일변호사	홍명희	북한 부수상(일제 임전대책협의회 가입활동)
농림장관 조봉암	공산주의 독립운동가	이활	북한 인민군 초대 공군사령관 (일제 일본군 나고야 항공학교 정예출신)
상공장관 임영신	독립운동가 교육자	허민국	북한 인민군 9사단장 (일제 일본군 나고야 항공학교 정예출신)
사회장관 전진한	노동운동가	강치우	북한 인민군 기술 부사단장 (일제 일본군 나고야 항공학교 정예 출신)
교통장관 민희식	교통전문가	최승희	일제하 친일단체 예술인 총연맹 회원
체신장관 윤석구	교육 사회운동가	김달삼	조선로동당 4·3사건 주동자(일제 소위)
무임소장관 이청천	광복군 총사령관	박팔양	북한 노동신문 편집부장 (친일기관지 만선일보 편집부장, 문화부장)
무임소장관 이윤영	북한에서 항일 기독교 목사로 일함	한낙규	북한 김일성대 교수(일제하 검찰총장)
국회부의장 김동원	수양동우회 사건으로 투옥	정준택	북한 행정10국 산업국장 (일제하 광산지배인 출신, 일본군 복무)
국회부의장- 김약수	사회주의 독립운동가	한희진	북한 임시인민위원회 교통국장 (일제 함흥철도 국장)

– (한국은)한국 전쟁 후에 일어난 학살 중 북측에만 초점을 맞춰 일방적으로 왜 강조하는가. 6.25사변에 북한군이 선량한 시민을 학살과 만행을 강조해서 가르침으로 북괴에 대해 민족적 감정을 굳게한다. 이승복 사살을 홍보하여 국민들 가슴 속에 원한의 못을 박았다.(60~65)

☞ 미루나무 절단으로 인한 살인 사건에 대해 북의 잘못을 말하지 않음. 제주 4.3사건의 원인에 대해서는 침묵하고 양민학살이라 비판한다.

☞ 김일성, 정전협정 후 유감 표명함(214~216):유감 표명했으니 잘했다는 말인가? 북한 편을 드는 빨갱이인가?

○ 서중석(2015).『현대사이야기13』.

– 이승복의 비극을 활용해 아이들에게 증오심을 불어넣었다.

– 판문점 미루나무 사건으로 박대통령의 공격 준비로 한국이 잿더미로 변할 뻔했다.

☞ 이승복의 가해자, 미루나무 관련 사살자에 대해서는 모른 체하고 말하지 않는다.

○ 박헌주(미국 버클리대 정치학박사)

– 박정희 시대 경제는 '왜곡된 통제경제 체제'이면서 비민주적 절차와 재벌 중심체제이다.

○ 박세길(1989).『민중이론을 주창하는 이들』

– "박정희의 국가 발전 정책, 특히 유신체제는 정권유지를 위한 정부의 결사적 의지로서 비록 경제발전은 가져왔지만, 국내의

반공산주의를 심화하는 것 외에는 아무것도 제공하지 못했다"

○ 신동면(경희대 교수) 복지 없는 성장 · 소득의 불평등 심화

○ 이병천(2003). 『개발독재와 박정희 시대』. 창비

– 국제적으로 한국의 개발 모델은 고도 성장 모델이며 분배 또한 양호하다고 평가받고 있다고 말한 후에, 0이정우는 자유로서의 발전을 희생했다고 비난했다. 성수대교, 삼풍백화점의 붕괴로 개발을 우롱하며 소득분배에 있어서도 인간적, 민주적이 아닌 극단적 방법을 썼다. 0홍성태는 개발과 파괴, 고성장과 고위험이 서구보다 위험하다. 향토예비군 창설, 군사교련으로 학교를 반공병영화 등을 비난하는 주장 등을 했는데 끝으로 0이병천은 (박 정권은) "북한을 적으로 삼아 이 적을 제압하는 것을 목표로 삼은 적을 닮아가는 대결체제이자 영구집권으로 활용하는 반동체제라 했다.

☞ 본 책에서 주장한 세 분은 참으로 이상적인 민주주의의를 실현할 분들이다. 특히 이병천의 '박정권의 목표' 비판은 간첩 수준이다.

○ 민족문제연구소 동영상 〈백년전쟁〉의 저자는 민족문제연구소 소장 임헌영(본명 임준열)1941.1.15일 경북출생, 서울디지털대학교 교수 본명 임준열은 조선남로당의 박헌영을 존경하여 이름을 임헌영으로 사용

– 임헌영(본명 임준열)은 1974년 1월 '문인간첩단사건'에 연루돼 반공법 위반으로 입건

1976년 7월 대법원으로부터 징역 1년에 집행유예 2년을 선고 받은 후 남민전(남조선민족해방전선준비위원회)에서 활동하여 대법원으

로부터 징역 5년을 선고받았다.

검거 당시 남한에서 사회주의혁명이 성공할 경우 남한 내에 게양할 붉은 별이 그려진 대형 전선기 까지 만들어 놓았다.

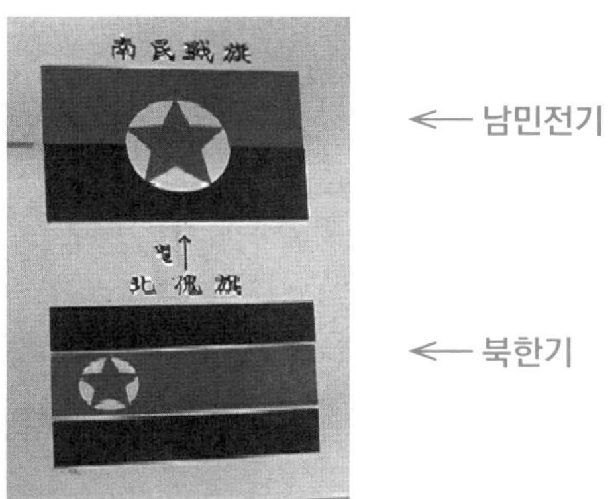

- 2013년 서울행정법원 행정14부는 사회적 쟁점이나 이해관계가 첨예하게 대립된 사안을 다루면서 공정성과 균형성을 유지하지 못했다며 불복하는 좌익 무리들에게 패소를 안겼다. 재판부는 "이승만을 '악질 친일파, A급 민족반역자, PLAY BOY, 하와이 깡패, 돌 대가리' 등 저속하게 표현하기도 했다"고 지적했다. 이어 "박정희의 경우 동료들을 밀고해 살아 남았다거나 무고한 언론인을 재판을 통해 살해한 것처럼 구성했다"며 "박정희를 'SNAKE PARK'으로 표현하면서 뱀 사진과 나란히 편집하고 꼭두각시 인형으로 표시했다.
- 유튜브 조회수 250만을 넘었을 만큼 화제다. 공작금을 마련키 위해 혜성대라는 조직을 만들어 재벌집(동아건설 최원석 전 회장 자택) 강도행위를 자행했다.

☞ 악의가 가득하여 답을 할 가치가 없다. 2006년 노무현 대통령은 이들을 민주화 투사로 인정하여 석방 및 피해보상금을 주었다. 임준렬 부친은 보도연맹으로 죽은 골수 빨갱이 집안이어서 그의 생각을 고칠 수는 없다. 북한기처럼 남민전 깃발을 만든 그는 박정희 대통령의 말대로 "미친개에 몽둥이가 약이다."라는 말을 생각나게 한다.

○ 오인환(2023). 『박정희의 시간들』. 나남

– 일본 자금 빨리 얻으려 국교재개 서둘러

○ 유종일은 (2011). 『박정희의 맨얼굴』. (주)참언론시사N북

– 주종환(동국대 명예교수 참여 사회연구소 명예 이사장)은 추천의 말에서 박정희의 경제개발 5개년 계획은 민주당의 경제개발 3개년계획을 가로챈 것 뿐이다. 보릿고개 극복도 윤보선의 이중곡가제를 채택하지 않았으면 어림없는 일이었다.

– 저자 유종일은 세계은행에서 〈동아시아의 기적〉이란 보고서에 '한국이 동반성장을 했다'(박정희대통령 기념재단, 2018. 『박정희 그리고 사람』.15) 라고 칭찬한 글이 크게 잘못되었다고 논평했다.

– 발간사에서 유종일은 '박정희는 양극화와 재벌독재를 만들었다. 민족을 배반하고 일본에 아부한 친일 매국노이다.'

☞ 세계은행에서도 긍정하는 '동아시아 기적 한국'을 유종일은 홀로 부정한다.

○ 윤진호(서울대 경제학 박사) 저임금 장시간 노동으로 쌓아 올린 수출입국

○ 이수일(전국교직원노동조합 위원장)

– 박정희는 역사에 짙은(나쁜) 그림자를 드리우고 있다,

○ 이상우(2012). 『박정희 시대–개혁과 반동사이 박정희 제자리 찾아주기』. 도서출판 중원문화

– 5 · 16은 쿠데타, 6 · 3계엄 부정, 10월 유신 등 박정희의 모든 것을 부정하였다.

○ 전재호(2002). 『반동적 근대주의자 박정희』. 책 세상.

전재호(2018). 『박정희대 박정희』. 책 세상.

– 박정희가 없었으면 한국은 계속 후진국에 머물러 있었을까? 물론 그렇지 않다고 단언한다. 왜냐하면 미국이 이승만 때부터 미국의 협조로 부흥3개년 계획을 만들고 장면 내각도 경제개발계획을 입안했기 때문이다. 미국은 제1차 경제개발5개년계획의 종잣돈을 제공한 한일국교가 정상화되도록 압력을 넣고 한국에 최혜국 대우를 해주었다.

☞ 장면 내각에서 제대로 실천을 못하고 미국에서도 제철소 건립 등을 반대함. 본책 3장, 4번 참조

○ 정운현(이낙연 전 국무총리의 비서실장이고 진보성향 매체인 오마이뉴스편집국장)(2004). 『군인 박정희』. 개마고원

– 친일파 조명에 앞장섰는데 '독립군 토벌설'에 대해 "너무 과장되었다"고 그의 시각을 밝혔다.

☞ 독립군 토벌설은 너무 과장이 아닌 좌파들의 날조였다. 또한 '박정희가 독립군이 되려고 만주군관학교에 입학했다'는 아부의 글 또한 역사 날조였다. 박정희는 당시대에 선택할 수 있는 최선의 선택으로 만주

군관학교에 군인이 되고 싶어 "큰 칼을 차고 싶었다"는 그의 말이 전부다.

- "…일본군 장교가 된 것은 박정희의 극렬한 친일성향을 보여준다…"
- 박정희는 애국심이 없다, 혁명동지를 토사구팽했다. 묵묵히 참고 견딘 노동자에게 돌아온 것은 보상은커녕 '분신자살'인가?(220쪽) ☞ 본책 3장 12번 참조

○ 조희연(2010). 『동원된 근대화─박정희 개발동원체제의 정치사회적 이중성)』. 후마니타스(주)9~17

- 박정희시대의 반공주의적 · 개발주의적 동원과 강압의 철권통치로 상징되며 폭압성과 수탈로 표현하고 있다.

☞ 박정희 정책이 흠이 있고 모두 합리적일 수는 없지만 6.3한일 협정을 비롯 8.3사채 동결 등 독재 7가지 중 하나라도 없었다면 현재 한국은 없다. 좌익들은 한 가지라도 찬성한 적이 있는가?

☞ 새마을 운동의 실제 시작은 스스로 자체적으로 성공함부터 불붙기 시작함, 본책 3장8번 참조

○ 조희연(2007). 『박정희와 개발 독재 시대』. 역사문제연구소

- 영구집권을 위한 유신체제를 비판, 잘살아보세와 새마을운동의 명암에 대해서 논함.

☞ 모든 일에 명암이 있는데 암이 없어야한다는 조희연의 논리!

○ 천정환 · 권보드래(2012). 『1960년을 묻다』. 천년의 상상

– '김질락 : 용서받지 못한 희생양, 그토록 수많은 간첩, 미국없이는 존재할 수 없었던 나라' 등의 주제로 기술했다.

☞ 간첩 김질락을 희생양이라고 보는 이런 분들은 간첩과 동일 수준이다.

○ 최상천(2007). 『알몸 박정희』. 인물과 사상사

– 머리말에서 출세, 권력, 욕구 위해 가족 외면, 친구 패기, 민족배신, 헌법 파괴, 충성 혈서를 씀. 새끼 박정희들은 탈세는 기본이고 미국인에게 굽실대고 중국동포는 짓밟고 돈과 승리만 추구함. 일급 친일파, 독재자이다.

☞ 박정희 비판자는 북한, 중국을 늘 옹호함,

○ 표학렬(2019). 『유신의 추억』. 앨피

– 60년대는 전 세계적 경제 성장기이고 엄청난 무역적자였다.

☞ 무엇을 해도 비판하고 부정하는 좌익 교사. 나중에 무역흑자가 된 것은 누구 힘? 나중에 수출의 80%이상이 중화학 공업 제품!

– 가정의례준칙 비판, 노동 착취로 일군 중동 특수

– 일단 전쟁이 일어나면 북한군은 터널이 필요했다(100쪽), 한국이 북진통일에 대한 작전계획을 갖고 있어 논란이 되었다. (101쪽), 땅굴 등 북한 도발을 정권 위기 모면하는데 이용!(199쪽), 콩나물 교실은 박정희 정책의 부산물(220쪽), 모택동 찬양하는 리영희를

옹호(244쪽)

☞ 북한 쪽, 그들 편에서만 생각하는 완전 간첩수준의 생각!

○ 한상범(2001). 『박정희, 역사법정에 세우다』.도서출판 푸른세상
○ 한상범(2006). 『박정희와 친일파 유령들』.도서출판 푸른세상
 – 조봉암을 빨갱이로 몰아 감

☞ 김일성이 1956년 남한 대통령 선거에 출마한 조봉암 후보 측에 자금을 지원.

– 좌익작가 조정래와 한국전쟁을 민족해방전선이라고 기술한 최장집을 옹호함.
– 이승만의 죄과를 똑바로 보자. 친일파를 정치적 기반으로 삼았다.
– 박정희는 사기꾼과 모리배가 판을 치게 하여 정직한 사람을 못살게 하는 세상을 만들었다.

○ 함세웅 신부(민주화운동기념사업회 이사장)는
 – "…박정희 치적은 빈부격차와 정경유착에 의한 부정부패…"
 – 함세웅은 박정희는 혈서를 쓰고 항일독립군을 토벌하고 창씨개명으로 스스로 일본 일임을 자인하였고 전태일 분신은 비참한 실상이다.

☞ 마이 카 마이 홈을 갖고 해외 여행하는 중산층 양산은 누가 했나?

○ 한홍구(2014). 『유신』, (주)한겨레엔

– 박정희는 헌정 파괴자이며 헌법위의 한사람, 조국근대화의 그늘, 베트남 파병이 남긴 것, 유신의 다른 이름이 새마을운동이고 통일벼와 식량증산정책도 비판.

– 저자 한홍구는 송건호 언론상도 받게 되었는데 장준하, 송건호[17] 리영희[18] 같은 거룩한 이름들을 이야기하며 유신시대의 암흑기를 그분들이 어떻게 지내셨는가를 회고했다고 했다. '유신의 민모습은 민주화와 산업화를 이룩했다는 것이 한국사회에도 아직 남아있다' 고 했다.(7,10쪽)

○ 홍근수목사(박정희기념관 반대 국민연대 공동대표)

– "…박정희를 세종 이래로 가장 존경받는 인물로 평가함이 안타깝다."

○ 홍세화(한겨레신문기획위원)

– "…'경제개발 신화'라는 허상과 인권탄압, 헌정 유린 등 그의 유산을 철저히 규명해야 한다…"

○ 홍성태(2007). 『개발주의를 비판한다』 도서출판 당대

– 공업문명은 산업화로 반자연적 생태위기로 몰락할 처지이며 자연의 훼손으로 공해강산의 상태이다.

---

17) 송건호는 월간 『말』지를 발행하고 한겨레신문 창간에 관여한 사람이다. 한겨레 산하의 '한겨레통일문화재단'은 북한 3대 세습을 찬양하고 북한을 미화한 '재미종북' 신은미에게 통일문화상을 수여했다. 한겨레신문재단 측은 "(신은미를)오마이뉴스 등의 많은 시민단체가 추천했다"고 밝힘.
또한 북한 정권을 교묘히 옹호한 신은미 책이 '우수 도서'로 전국의 공공 기관에 깔려 있다.(채널a 2015/7/17일 방송)

18) 리영희는 한양대 교수를 지냈고 중공 모택동을 미화하고 북한체제를 찬양한 사람이다. 그가 쓴 '전환시대의 논리'에서 마오쩌둥(모택동)의 문화혁명을 중국 정신문화의 개조를 시도한 혁명으로 추어올린다.
'전환시대의 논리'에 나타난 리 전 교수의 시각은 미국의 개입으로 한반도 적화통일을 실현하지 못한 것을 '통한의 한'으로 여긴다.(뉴데일리 2023. 03. 23. 조광형 기자)

☞ 이런 좌익 분들은 중국의 미세먼지와 서해바닷가의 중국의 원자력발전소에 대해서는 일체 언급하지않고 항의도 하지 않는다.

이상의 반 박정희 저자들을 보면서 일일이 대꾸할 가치조차 없고 반박을 한다고 되는 일이 아닌 듯하다 앞뒤 가릴 것 없이 무조건 부정하는 분들은 광기적인 정신장애가 있지 않을까? 그래도 우리는 그들의 말을 이해하려고 노력해야 하고 귀 기울이면서 함께 가야한다.

끝으로 의문 사항이 있다. 국민을 굶어 죽이는 북한의 김정일을 왜 비판하지 않는지 이분들에게 정말 물어보고 싶다. 유신을 해서라도 그들을 굶어죽지 말았으면 하는 소망이 있다. 또 반 박정희 분들은 이승만이 좌우합작에 반대하여 자유민주주의를 세우지 않았다면 그 분들은 지금 누구의 통치 아래서 마음대로 비판하며 살까?

반 박정희 주장에 열을 올리는 좌익들 중에서 독재를 그리워하는 사람은 별로 없을 것이다. 그리워하는 것은 그의 강력한 리더쉽이다. 목표를 향해 흔들림 없이 앞으로 나가는 리더로서 그것이 절실하게 필요할 때마다 그의 이름은 되살아난다.

그는 분명히 무언가 다른 독재자였다. 동서고금을 막론하고 독재자들은 축재에 열을 올린다. 허나 박정희는 어떤가?

독재자가 죽으면 뒷말이 무성하다. 박정희의 경우 부하들이 챙기는 것은 눈감아 주었어도 그 자신이 뭔가를 챙겼다는 것은 없다. 그는 적어도 자신을 위해 독재한 것은 아니었다. 잘살아보자고 외치며 발버둥치다가 삶을 마감했다.

많은 반 박정희 글에 지쳐 반론을 펴고 싶지않다. 그러나 욕할 건 욕하더라도 잘한 덕목이 있다면 평가해 줄만큼 우리 사회가 지금은 성숙해진 바로 그 때가 아닌가?

열정적으로 밀어 붙이는 리더 그에게는 언제나 신념과 활기가 있었다. 성장과 분배의 조화라는 측면에서 성장에만 크게 치우쳤고 그 병폐는 사회 곳곳에 남아있다. 그런 과오는 어디나 있을 수 있으나 그때는 활기 넘치고 잘살아보자는 열망이 넘쳤고 마침내 이루었다. (홍하상, 2005.『주식회사 대한민국 CEO박정희』 7~8)

그는 참으로 특이하게도 청렴한 독재자이다. 아들도 읽으면서 청렴한 사람이 어디 있나요. 사례를 열거해도 그럴 수 없다는 것! 참으로 우리 역사와 사회에 그런 인물을 보기 어렵다. 청렴이란 말 믿기 어렵다. 조선의 황희 정승도 거짓 청렴[19]인 것이다.

참으로 많은 박정희 대통령의 책을 접하면서 정말 어떻게 이런 분이 우리의 통치자였을까? 우리는 행복한 나라의 행복한 세대로구나. 물론 억울함을 피력할 사람도 많으리라. 나도 나름대로 성실히 살았다지만 나도 모르게 그 동안 질풍노도와 도전의 시대에 밀려 여기까지 왔다. 이젠 마이카, 마이홈, 쌀밥과 고기를 마다하고 세계 여행지에 북적거리는 한국인이 되어 있다. 반 박정희의 교사, 학자들의 시각은 참으로 놀랍다. "땅굴도 전쟁이 일어나면 북

---

19) 세종이 결국 황희를 택한 것은 지금껏 정승을 지낸 다른 사람들에 비해 그나마 청렴하고 일처리 능력이 탁월하다는 판단에 따른 것이었다. 황희는 어떤 문제든지 계책이 남달랐고, 상황과 사건에 따라 적절한 처방을 내놓을 줄아는 능력이 있었다.
또 몇 번 뇌물을 받았으나 다른 신하에 비해 가난하게 살았고, 인정이 많고 마음이 유순하여 노비들에게도 모질게 대하지 않는 위인이었다. 세종은 그런 그의 자질과 능력을 높이 평가하여 여러 가지 부정부패를 인지하였음에도 그를 계속 기용한 것이다.(박영규, 2023.『조선 왕들은 왜?』 옥당북스)

한군이 필요했을 것이다" 라는 것 등의 의견은 아무리 귀를 기울여 생각해도 거의 100% 반 박정희 주장하는 분들의 신념, 확신은 병적인 듯하다. 알면서도 거짓을 꾸며내는 정신세계에 무엇을 기대할까마는 북한의 체제를 비판하지 않으니 한번 북으로 가서 체험을 하면 어떨까? 아니 박 대통령 긍정은 아니라도 함께 살아야 하니 이해하고 함께 갔으면 한다.

다. 오해와 용서 그리고 다양한 시각

일제 암흑시대에 대부분의 사람들은 창씨개명을 하고 소시민으로 면서기도 하고 경위로 근무하기도 했다. 반면 독립투사들은 가족과 생명도 버리고 조국독립을 위해 싸웠는데 자랑스러운 애국자이다. 보통 백성들은 조선에서 일제로 통치세력이 바뀐 시대에 하루하루 살며 질긴 목숨을 이어갔다.

이런 시대에 조선인이 갈 수 있는 학교는 모두 일본 학교 뿐이었는데 박정희는 무엇을 할 수 있었나? 군인 되고픈 꿈으로 만주 군관학교과 일본 사관학교에서 배웠고 해방 후 일본에서 돈을 빌려야 했다.

프랑스와 독일 국민의 감정적 관계도 그러하지만 우리도 지리적으로 가까운 나라 일본이 감정적 적국일 수는 있다. 필자도 역시 70 · 80년대 수입품의 로얄티를 말하며 일제 물품을 안 쓰던 알량한 애국 반일[20]을 했다.

---

20) 로얄티 관련 지금은 국제화 시대에 감정적 편견을 수치스럽게 생각한다. 60년대에도 일본이 싫은 것과 별개로 일본이 한국의 경제, 안보, 외교상의 파트너라는 것을 인정하고 있었다. 현재의 문정부는 공산주의 북한 중국을 옹호하고 자유민주주의의 미국 일본은 배격한다.

일본계 미국 역사학자인 프란시스 후쿠야마는 박 대통령의 정책 이외에 군대와 기독교의 긍정적인 역할을 꼽았다. 군대는 젊은이들에게 사회화의 기회를 제공하고 한국의 기독교, 특히 신교도들은 근면하고 성실하여 박 대통령의 리더쉽과 기업가 정신으로 대규모 산업체를 창출해 낼 수 있음을 보여준다.(한국경제신문 번역판, 구승희 옮김)

그의 리더쉽은 엄격하고 절제된 생활양식과 부패를 허용않는데서 출발한다. 개인적으로 돈을 낭비하지않았고 기업인들이 스위스의 별장에서 휴가를 즐기는 데 돈을 쓰지 못하게 했다. 다른 사람이 그와 같은 강력한 권한을 가졌더라면 아마도 대재앙을 초래했을 것이다.(조갑제, 2011.『한강의 새벽 박정희 소장은 왜 일어났는가?』 644~646)

또한 북한의 귀순자 황장엽은 "박정희를 독재자라고 깎아내리는 자는 나쁜(...)들이다, 물에 빠지러 가는 아이는 때려서 끌어내야 한다. 끌어내오는 것이 뭐가 나쁩니까?"(4.19 이후 혼란한 정치에) 비상사태 수습이 경제발전보다 더 큰 공로이다. 우리 민족적 자랑으로 선전해야 할 사람이다.(조갑제, 2011.『한강의 새벽 박정희 소장은 왜 일어났는가?』 638~641)라고 했다.

근대화와 산업화를 이루고 자유민주주의를 누릴 수 있는 바탕의 진정 진보를 준 박정희에게 친일과 독재의 올가미를 씌운 포퓰리즘과 진보를 앞세운 좌익들이 '역사 바로세우기' 명목을 내세워 오히려 역사를 거꾸로 세웠다. '민주화 운동'이란 선동의 단어를

대한민국의 '친일'은 보수나 우익성향의 인사들을 공격하는 데 쓰인다. 나아가 토착왜구라고 한다. 문재인 정부에서 유행하는 '토착 왜구'는 우리 사회에 있지도 않은 적 친일파를 만들어 그 적과 싸운다. 좌익들이 말하는 친일의 뜻이라면 문재인 대통령의 아버지 문용형은 흥남에서 농업 계장을 역임한 친일파의 후손이다. 여러 가지 사건에서 문 정부 때는 세계 언론에 '내로남불'단어가 오르게 되었다.

앞세운 문민정부와 국민정부,[21]참여정부 등 화려한 수식어로 이 나라를 다시 혼란으로 몰아넣으려 한다.(고산고정일, 2012.『불굴혼 박정희』, 5) 현대에 가까운 문재인 정부를 들면 쉽게 이해가 간다.[22]

『한국 국민에게 고함』의 편집인 고정일은 이 책은 정신차리라는 서릿발 채찍이라며 민주투쟁, 민족통일, 민족발전을 말로 내세우는 자들 즉 김일성 주체사상과 마르크시즘을 부르짖는 자들에 대한 경고라 했다. 한 대권주자가 박정희를 평하여, '경제개발에 얼마쯤 공이 있었던 것은 인정하지만, 그의 영도력보다는 국민이 열심히 일한 결과'라고 말한 것은 북한동포가 열심히 일을 안해서 못산다는 주장과 같은 것이다.(박정희저, 고정일편집 2005.『한국 국민에게 고함』. 394~397)

고정일은 좌익에 대한 경고지만 유신 시절 재야그룹 좌익의 중심인물 백기완은 "박정희는 우리 같은 운동권들을 못살게 했지만, 당장 민주화를 부르짖는 정치꾼들은 국민 3천만 명을 못살게 했다."(고산고정일, 2012.『불굴혼 박정희1먼동』. 9~10)고 실토했다.

---

21) 김영삼 문민정부는 5.18광주 사태를 '민주화'로 만들고 김대중국민의 정부 들어서는 북한에 국정원을 시켜4억5000만 달러를 김정일에 보냈다.
(출처: 조선PUB, 2016. 11. 21글|조갑제(趙甲濟)조갑제닷컴)

22) 문정부 들어서 문재인 친구를 불법으로 울산 시장을 시킨 것과 정신대 할머니들 상대로 사기친 윤미향을 민주당비례대표로 국회의원으로 뽑았는데 친좌익 재판관들은 이런 재판을 모두 4년이나 끌고 간 것 등이 즐비하다. 그래서 국회의원의 임기를 만기 채웠다. 그리고 뇌물 받은 증거 없는 박근혜를 촛불이란 이름으로 삼성 이재용과 엮어 탄핵함이 민주화인가? 문재인은 탈북인은 안대씌워 판문점 북으로 보냈고 해수부 공무원을 북이 납치했는데 월북이라 거짓말했다.
한국은 혈세 1500억으로 들어간 GP를 파괴해도 그리고 문재인이 적 김정은에게 USB를 주어도 처벌하는 않는 나라이다! 유신 때만 못한 막막한 독재나라 아닌가? 유신은 '중화학공업이란 목표와 안보 그리고 '김대중의 대중경제'를 막아야 한다라는 급박한 목표와 상황이 있었으나 역대 대통령들은 대통령 마음대로 나라 망하는 독재를 행한다.
『반일 종족주의』에서 주익종은 윤미향 관련 정대협(이영훈외, 2019.『반일 종족주의』. 미래사 350~364)은 일본 정부의 사죄를 거부하며 위안부 할머니들을 통해 모금으로 잇속을 챙기고 있었고 위안부 소녀상도 잘못된 역사인식이라고 기술하고 있다.

조갑제는, 2014.『대한민국 교과서가 아니다』에서 교과서까지 타락함을 고발한다.

2014년 3월 5일 좌편향교과서 분석보고회가 있었고 아래의 표처럼 5종의 좌편향교과서가 역사를 계급투쟁 사관으로 썼다고 했다. 가장 안전한 교과서는 교학사이며 리베스쿨과 지학사는 교정이 가능하고 기타 금성, 두산, 미래엔, 비상, 천재는 부분 수정이 불가능하므로 회수해야 한다고 했다.(조갑제, 2015.『박정희』13권의 머리글. 16~18)

2020년도 초중등학교 학생들이 배워야 할 교과서에도 사회주의를 자본주의보다 우월한 체제라는 것을 인식시키며 공산주의를 미화하고 있다. 북핵 폐기가 확실한 듯 선전하고 위장 평화로 그친 아무런 성과도 없는 남북회담을 문재인 대통령의 치적으로 찬양하고 있다. 문 정권이 펴낸 역사교과서는 법치를 파괴하는 촛불 선동을 미화하고 10대 강국으로 발전한 대한민국의 자랑스러운 역사를 부끄러운 역사로 격하시키고 있다.(출처-기독교 일간지 신문 기독일보https://www.christiandaily.co.kr/news/) 초등 6학년 한국현대사에서 이승만 대통령의 부정선거가 큰 주제고 박정희 대통령의 산업화는 교과서에

좌편향 5개 교과서의 특징(검인정 통과時 기준)

	토지개혁 美化	주체사상 선전	유엔결의 왜곡	北도발 묵살	反韓反美
금성	○(×)	○(×)		○	○
두산	○(×)	○(*)	○	○(×)	○
미래엔	○		○	○	○
비상	○(×)	○		○	○
천재	○(×)	○(×)	⊖	○	○

*4대 도발은 ▲아웅산 테러 ▲대한항공기 폭파 ▲제2연평해전 ▲천안함 폭침

(×)는 교육부 수정권고 거부 (*)는 수정 미흡

없다. 교사가 전교조에 가입하면 민노총 단톡방 입장을 권하고 학생에게 세월호 계기교육을 한다. 또한 촛불 집회가 민주주의 집회라고 가르친다.(출처-유튜버 하세비의 '전교조 교사가 우파가 된 이유')

대한민국 역사교과서에서 대한민국 정통성은 부정하고 역사를 폄하하며 북한은 미화한다. 기타 초중등 교과서에 이름만 그럴 듯하게 포장한 차별금지교육, 포괄적 성교육이 시도되고 있어 많은 문제점을 안고 있다.

박정희는 인권 탄압자가 아니라 우리나라 역사상 가장 획기적으로 인권 신장에 기여한 사람이다.(GROUND C, 2021. 유튜브[현장강의] 박정희 시대 한큐에 끝내기) 인권 개념 가운데 적어도 50%는 빈곤으로부터의 해방일 것이고, 박정희는 이 문제를 해결함으로써 다음 단계인 정신적 인권 신장으로 갈 수 있는 길을 열었다. 그리고 박정희는 일제의 군사교육과 한국전쟁의 체험을 통해서 전쟁과 군대의 본질을 체험란 바탕에서 600년 만에 처음으로 우리 사회에 상무정신과 자주정신과 실용정치의 불씨를 되살렸다. 우리 사회는 이런 '탈군대화'를 반대하는 움직임이 있으니 자유통일과 일류국가의 꿈은 멀기만 하다.

김형아는 유신 때문에 다시는 안오리라고 했던 한국에 와 보고 10년을 넘게 긴 세월을 『박정희의 양날의 선택』 집필에 투자하니 이 책을 쓰고 또 쓰면서 많은 것을 배웠고, 그러면서 좌절했던 지난 날을 넘어 박정희 시대와 화해할 수 있었다(김형아, 2005. 『박정희의 양날의 선택』, 18)고 했다.

이춘근은 『10월 유신과 국제정치』에서 이 시대의 많은 학자가 특히 좌익들이 박정희라는 독재자가 오로지 '개인 영달'만을 위하여 전체 국민을 못살게 군 시대라고 본다. 민주주의 이상형이 한국에도 가능하다고 생각했고 유신시대를 암울한 시대라고 보았다. 당시 박정희의 유신을 영단이라고 말하는 사람을 보고 심히 경멸하며 무지몽매한 인간이라고 생각했었다. 이젠 그들이 본인보다 훨씬 뜨거운 애국자였을 것이라고 생각한다. 독재 반대 데모, 집회에서 대한민국 최고 부자는 이병철,정주영이 아니라 박정희라고 하던 상대 친구도 있었다. 세월이 지나보니 스위스 비밀계좌니 이런 것은 다 거짓으로 판명되었다. 박정희의 소유는 없던 것이다.

놀라운 일은 김일성 3대 세습의 독재에 입도 뻥끗 못하는 사람들이 박정희 독재에 대해서는 분노를 참지 못하고 있는 기이한 현상이다. 북한의 정치는 북한의 입장에서 봐 주어야 한다고 말하며 자신들의 비겁함을 감추려 한다.(이춘근, 2004.『10월 유신과 국제정치』도서출판 기파랑 5~7)

이 나라 보릿고개를 없애고 선진국으로 만들어 놓으려는데 뭐가 잘못이냐는 것에 시월유신만은 안된다는 것이 반 박정희의 저자들일 것이다. 나 아니면 안된다는 신앙도 문제일 수 있지만 필자 생각엔 역대 대통령이 대통령 때 한 것으로 보아서 친인척 관리 한 가지만 보아도 이승만,박정희 대통령처럼 그런 성과를 낼 사람이 없었다고 본다.

유신이 분명 권력욕심에서 나왔다고 해두자. 그러면 박대통령이 부귀영화를 움켜쥐고 지배욕을 충족시키기 위함이였나? 훌륭한 참모들과 직 · 간접으로 경험한 수많은 증언은 '아니다'이다. 이들 증언자들은 한결같이 개인 욕심을 넘어 국가 안보와 경제성장이다. 핵폭탄 완성을 앞두고 사퇴하려고 했잖은가?

그래서 부족한대로 유신을 평가해 보고 고문당한 분의 얼굴도 만나보자. 1982년 11월 14일 충남의 8대 의원 고문의 피해자였던 김한수씨는 가족과 함께 독재자 박정희의 영혼과 화해하기 위해서 국립묘지에 갔다. 그는 마음 속으로 이렇게 말하고 있었다.

"박정희씨, 당신은 얼마나 많은 사람들에게 기쁨을 주었고 얼마나 많은 사람들에게 아픔을 주었소. 나에게 당신은 연산군같은 폭군이었소, 당신 때문에 '내 인생의 허리'가 잘려나갔으니까.

하지만 나는 인간 박정희를 용서하기로 했소. 최소한 당신이 자기 배를 채우기 위해 독재한 건 아니니까…. 그러나 오해마시오. 그렇다고 유신이 면죄부를 받는 건 아니요.(김진, 1995.『청와대 비서실』중앙일보사. 186~)

이 분이 모든 피해자를 대변하는 것은 아니겠지만 반 박정희의 박정희 저자들이시여 '100년 전쟁' 만드신 특히 박헌영이 좋아 이름까지 임헌영으로 고친 민족문제연구소장님 등등! 필자가 아무리 미사여구를 늘어놓아도 종북좌파 분들은 어렵겠지만 외눈박이 종북좌파의 눈 말고 긍정의 눈으로 보면서 공과의 비율 9:1이 안될까? 8;2라도 어떤지 화해를 희망해 본다.

라. 박정희의 마음

박정희의 마음을 그대로 표현한 김제방의 '〈역사 서사시〉'를 음미하며 박정희의 속얼굴을 마감한다.

나는 여태까지 나의 중차대한 책임을 수행함에 있어

야당으로부터 어떠한 지지나 격려를 받아본 적이 없다.

한일 기본조약을 체결할 때 그들은 나를 보고 매국노라 했고

월남에 국군을 파견할 때 젊은이의 피를 판다고 했다.

예비군을 창설하니 정치적 목적을 위한 것이라 했다.

없는 나라에서 돈이라도 빌어 경제를 건설하겠다는 나의 노력을

차관망국이라 하더니

경부고속도록를 건설한다니까 건설 현장에 나와서

큰대(大)자로 누워버렸다.

야당의 반대를 무릅쓰고 국가와 민족을 위해 소신 껏 일하는

나를 가리켜 독재자로 말하고 있다.

나는 독재가가 될 것이다.(김제방, 2021. 『박정희 100년 시대』 15)

〈답시〉 필자

김제방 시인에게 답시를 써봅니다.

필자는 원래 시는 잘 쓰지 못하고 시랄 것도 없지만 그냥

생각나는대로 써보는데 김시인에게 시에 문외한인 저의 답시가

모독이 안되길 소망합니다.

김시인님! 나는 여태까지 이렇게 훌륭한 시를 본 적이 없소.

훌륭한 시의 기준은 잘 몰라도 '동감'때문이오.

박정희 대통령님! 님께선 건국대통령 괄시한다고 저는 오해했는데

이승만 대통령께 화분보내고

5.16땐 님께서 남산을 바라보며 쓰러진 동상을 생각할 때 '건국대통령

생각에 좌우합작 떨치고 건국함'에 훌쩍이시니 오해풀었어요

근데 계속 독재자가 되시겠다니 증말 방가워요.
지금 오셔서 독재 혁명 좀 해주세요.
님께선 한국에 득이 되는 독재혁명('책을 내면서' 7개 독재 참조)만
하셨잖아요.
지금 한국은 민주화란 가면의 얼굴을 쓰고 나라 망하는 독재를 해요.
윤대통령은 문과 이재명 처벌않고 부정선거 수사 안해서 실망했었는데
윤통령님은 부정선거 수사하기 위해 계엄을 했는데 참 어리숙해요
말인즉 중앙선관위 고발을 해도 선관위 겸직을 하는 법관이 기각시켜
버린대요.
근데 계엄 때 선관위 들어가서 부정선거용 써버를 안들고 왔나봐요.
복사를 해왔다는데 의구심??
중국까지 부정선거 개입, 공자학원 등으로 중국몽 실현을 꾀하고
중국인 못살게한 박대통령의 선견지명! 감사해요.
지금은 중국인에게 대학특례입학, 등록금지원까지 정착지원금과 선거권
부여 취업, 주택, 의료보험까지 공무원 전형등 등등.

야당과 민주당에선 부정선거 말은 안하고 윤통을 탄핵시켰는데
'내란죄'라서 체포해야한대요
근데 민주당이 내란죄를 유발하는 모양샙니다. 한덕수 총리가 권한대행
됐는데 그도 탄핵시겼어요.(감사원장을 포함한 탄핵 22건)

북쪽은 침묵? 한국은 불안해요.
거짓말, 사기꾼 김정일은 2000년 6·15남북공동선언 합의 후 말했대요
"남조선 5000만 인구 중 1000만 명은 보트피플, 2000만은 숙청, 남은
2000만 명과 새로운 공화국을 세울 것이다"라고.

근데 종북 단체들인 한국진보연대, 민주노총,
전교조, 민변, 전농, 민교협, 민가협,
천주교정의구현사제단, 언론인 · 문화예술인 · 종교인 · 노조지도자 등
각계각층 좌파 인사들은 숙청 1순위래요. 왜? 같은 좌익을 숙청하나요.

그리고 문재인 정부 때 북한의 김여정 한마디에 한국에선 대북전단 살포
단체 허가 취소했어요.
문은 리영희씨 책에 감동하고 사드배치 반대, 국가보안법 폐지, 주한미군
철수 주장하고
김명수와 딸랑이 우리법연구회 법관은
윤미향, 문의 친구 송철호 등을 거의 4년 이상 불법으로 재판지연!
2018년 "북한은 민주주의 국가" 공식 블로그 올렸다가 지운 전북
선관위.
국정원은 간첩수사권 뺏었고
세월호도 기획된 거? 무리한 출항, 위험한 수로코스로 운행, 왜??
문재인은 '얘들아 고맙다'고 서명??
그후 님의 따님은 촛불로 탄핵! 4년 후 감옥에서 나와 침묵? 지만씨도
침묵? 나라는 망해도 침묵!

님께서는 사범학교에서도 침묵 못하는 의리의 사나이였죠! '석광수
때려눕히기',
등교에 군 찝차 이용한 근혜에게 '이 차가 니꺼냐?',
장교 부패를 말하는 친구에게 '여기 '말짱한 사람 있어 걱정마'
봉투 가져온 부하에게 '너 어서 뇌물받았어. 고발 할거야' 그 외에도
많네요.

청렴? 누가 있어요. 황희정승은 박대통령에게 상대가 안돼, 최영장군?
님은 우리 민족 근대화 선구자!
산업화로 동반성장! 진정한 민주주의 성취

45만 전교조는 개정된 좌파 교과서로 '인민주권'을 가르치고.
김대중때 국정원 강제해직자 581명,
북으로 보낸 간첩명단을 북에 통보!! 탈원전 복구 예산도 모두 삭감하는
민주당은 주52시간만 일하라는 법 만들어
삼성전자도 대만 TSMC에 추월당했어요.
외국에선 '자살하는 나라 한국'이라.
야당 민주당은 원전 생태계 복원하는 예산 모두 삭감하고
윤대통령 한마디에 과학기술예산 깎였네요
북에 4.5억불 보내고 노벨상탄 대통령도 있어요.
5.18 폭동을 민주화로 만든 김영삼, 바로 못잡은 박근혜도 책임!
박근혜가 간신히 불법 노조 파면! 문재인은 모두 원위치!
광우병 촛불 거짓 사기꾼도 처벌않은 이명박은 벌벌 떨기만 해
탈북민을 안대씌워 판문점으로 보낸 문대통령!
서해안 피살 공무원을 월북했다고 거짓말 하고 사기치는 문재인을
수사않는 윤통령!
북에서 문을 삶은 소대가리라 해도 침묵! 서울 거리에선 김정은 만세!
보안법은 어디가고.
1960~80년대 북괴가 하는 것 반대로 생각하면 다 정의였는데
2019년부터 북한,남한의 정부 말이 같은 말로 일치가 되니???
국힘은 맹물단지에 한동훈이 대표되어 좌익들을 공천하니 민주당
2중대가 됐네!

님께서 중화학공업 발전 등 워낙 튼튼한 기초 물려주셨는데

님께서 이룬 부자나라의 물질로 지금까지 잘 버텼는데

2020년에 이재명은 성남시의 '대장동 사건'으로 갈취하고 북 송금하고

박원순시장은 국민 세금으로 '시민단체 운영'이란 명목으로 좌익들에게

인건비 지급 등

좌익들 부패의 온상이 됨은 아이러니하고 님께 죄송하네요.

이것 저것 정말 한심한게 끝이 없네요. 그만 하겠어요. 이게 나라입니까?

님께서 계시다면 이런 일이 있을 수 있겠습니까?

굶어죽는 북한에 가셔서 유신혁명 좀 해주세요.

북한의 엉터리 인민민주주의는 유신 독재의 10배? 100배는 될걸요!

반 박정희 책 저자분들 문재인 대통령과 똑같이

왜 북한을 비난하지 못하시나요?

民族中興
丁未元旦 大統領 朴正熙

제5장
맺는 말

1. 요 약

박정희는 구미면 상모리의 찢어지게 가난한 가정에서 태어나 가정형편으로 입학하기 어려운 보통학교를 거쳐 대구사범학교, 만주군관학교, 일본육사, 조선경비사관학교(한국육사 전신)를 졸업한 보기드문 인재였다. 입학의 고비마다 학교를 입학하지 못했다면 한국의 역사는 달라졌을 것이다.

1845년 해방을 거치며 이승만은 좌우합작의 소용돌이에서 자유민주주의의 나라만들기라는 건국의 길을 열었다. 이승만은 토지개혁과 교육혁명, 경제개발 등 최선을 다했지만 6 · 25 전쟁 이후 전후 복구와 경제회복은 역부족이었다. 더구나 3 · 15 부정선거로 인하여 4 · 19의거가 발생한 후 제2공화국의 장면이 정권을 잡았지만 부패와 무능으로 국내외의 환경으로 볼 때 5 · 16 쿠데타는 일어날 수 밖에 없었다. 그러면 왜 특히 아시아와 아프리카에서 이런 쿠데타가 계속 일어났는가? 쉽게 말해 제발 먹고 살 수 있게 밥 좀 달라는 것이다. 그 앞에는 우리 민족이 어떤 체제로 살아갈 것인가? 즉 공산주의와 민주주의의 선택의 문제가 있었다.

그것은 아무래도 좋은, 편한대로 선택하는 것이 아닌 운명을 건 선택이었다. 역사가 그것을 증명하듯이 공산주의를 택한 북한은 현재 굶어죽는 최빈국이 되었고 자유민주주의를 선택한 남한은 유례없는 번영의 길로 나아갔다.

즉 박정희는 5.16 이후 새로운 시장을 만들었고 일자리를 만들었다. 공산주의처럼 개인이 정부로부터 직업이나 이사 가는 일이나 일일이 허락을 맡아야 되는 그런 공산 독재와 멀어지는 것은 이승만 대통령이 이루었고, 일자리가 생기고 급격한 소득향상으로 민주화의 기초를 마련한 두 사람은 이승만, 박정희였다. 즉 산업화로 인해 개인들한테 물질적 힘과 권력이 생기면서 국민들은 "이제는 내가 세금을 내는 입장이니까 정부는 내말을 들어야 한다"는 것이 근대화일 수 있다. 그렇기 때문에 산업화가 안되면 그 어떤 나라도 민주화가 안되는 것이다. ,

좌익세력들은 착취라고 하나 애초에 박정희의 정책은 인건비 즉 사람값의 최저선에서 출발했다. 1964년 환률을 1달러에 130원에서 255원으로 인상하여 대만이나 필리핀보다 인건비가 저렴하여 국제경쟁력을 갖게 되었다. 거짓말이 습관인 소수 정치인들은 저임금으로 국민을 혹사시켰다고 말하나 일자리를 만듦으로 월급이 급상승한 것은 말하지 않는다.

박정희는 어떻든 5.16 이후 국가재건 최고회의 의장시 미국을 방문하였지만 문전박대를 당했다. 그 후 박정희는 1964년 대통령이 된 후 서독 방문 후 차관을 얻어 경제개발 5개년계획에 박차拍車(칠박, 수레차-말의 배를 차서 빨리 가게 하는 기구)를 가하는 듯 했으나 돈이 없었다. 마지막 희망은 일본 청구권이었다.

야당, 언론, 학생들의 엄청난 반대에 계엄을 선포하면서까지 한일협정으로 차관을 포함하여 청구권 8억을 받을 수 있었다. 이것은 경제발전의 종잣돈이 되어 산업의 쌀이라는 포항제철소를 건립하고 소양댐과 경부고속도로의 대역사를 이룰 수 있었다.

일본의 배상금의 쓰임새는 처음 농업 수산업 용도로 엄격하게 정한 것이어서 제철소 건설은 불가했다.

그러나 박태준은 만주군관학교의 인맥을 기초삼아 일본인들과의 6개월여 설득으로 제철소 건립과 기술까지 원조해주기로 계약을 맺었다.(제3부 6번 참조)

과거 식민 · 피식민 관계에서 독립 후 한 · 일처럼 발전적 관계를 맺은 경우는 거의 없다. 좌익정권은 이미 맺은 한일관계 조약도 계속 파괴했다.

하지만 좌익 분들은 외친다. 한 예로 서중석박사는『현대사이야기7』에서 문제투성이라면서 6 · 3협정에 분노했고 한일협정은 박정희와 일본 우익의 검은 커넥션(비밀스런 협력)이 있었다고 말한다.(반대의견–본책 제2부 2번 노무현 정부가 공개한 내용 참조)

그리고 한일협정에 이어 8 · 3조치와 3선개헌, 시월유신 등의 독재는 계속되었지만 대한민국에 경제에 활기가 넘치고 포항제철 건설로 조선업, 자동차, 반도체 등 중화학공업 발달과 함께 새마을 운동이 함께하면서 수출은 1964년 1억 불 돌파하면서 3억 불, 10억 불, 100억 불의 증가로 세계 유례가 없는 경제발전을 가져와 국민소득은 100불, 150불, 250불, 1000불로 급상승했다. 크고 작은 독재 중에 8 · 3조치가 없었다면 한국을 일으킨 중소기업과 대기업은 탄생할 수 없었고 시월유신이 없었다면 중화학 공업은 불가능했고 1977년 100억 불 수출 1인당 1000불 소득도 없다. 오원철은 『박정희는 어떻게 경제강국 만들었나』에서 이런 수출과 소득은 모든 사람이 반대했던 경부고속도로 건설과 100여 개국이 칭송하는 새마을운동의 '할 수 있다'로 무장된 정신혁명이 있었기 때문이라고 회고했다.

또한 박정희는 이승만 정부의 원자력 기반구축을 바탕으로 1970년대 초 정부예산의 1/4이 소요되는 고리원자력발전소를 시작하는 결단을 내렸다. 그리고, 20세기 대표적 녹화사업의 성공국가라고 UN에서 발표한 것이 한국의 산림녹화사업이고 식량 증산을 위해 10여년 이상의 투자로 벼 품종을 개량하여 오천년 역사 속의 보릿고개를 극복하였다. 여기에 박정희의 과학기술에 남다른 애정으로 KIST, 공고건립, 기능공 양성 등이 근대화를 촉진했다.

박정희 경제의 특징은 일 잘하는 기업에 더 많은 일을 부여했다는 점이다. 시장원리에 충실했으며 그것이 신상필벌이고 정부와 기업의 정경유착이 아니라 정경협력이었다. 욕구는 진화와 진보의 원동력이다. 조선의 주자학은 이 욕구의 원동력을 막았고 박정희는 욕망을 가지고 보리고개를 넘었다. 나아가 풍요를 추구하여 진정한 진보를 이루었다.(송복 외 9인, 2017. 『박정희 바로보기』. 221) 그러므로 우리나라 좌파를 표현하는 '진보'는 맞는 말이 아니다. '극좌익'이 맞지않을까? 좌익에서 만든 '극우'란 용어는 극단적이고 급격한 변화를 요구하는 형태로 폭력을 동반한 경우를 보통 말한다. 우파는 자유 시장 경제, 개인의 자유와 책임, 전통적인 가치, 국가의 역할 강화를 지지한다. 좌파는 개인의 자유보다는 공동체에 필요성을 더 느끼고 사회적 공정성을 주장하며 공산주의 사회주의에 가깝다.

박정희 대통령은 문화재 사랑도 유별났다. "문화재 보호는 정신문화와 국민정신을 계발하는데 효과적"이라고 하며 창조적 계발을 강조했고 많은 유적들이 모두 박 대통령의 관심과 애정으로 복원되고 성역화되었다.

성장과 분배의 동반성장도 이루었는데 조영래의 『전태일의 평전』에서 보는 바와 같이 일자리를 만듦으로 인해 소득이 늘어남으로 분배가 자연스럽게 이루어지는 것이었다. 그래서 전태일은 4년 만에 월급이 10배가 되고 당시 1인당 국민총생산(연봉)의 3.2배를 받았는데 좌익은 늘 착취당했다고 한다.

전태일 그는 좌익들에게 이용당했을 뿐이다. 그는 분신 당했고, 그를 교육시킨 사람은 이승종 목사이다.

오늘날 등장한 '노동귀족'의 배후에는 노동자를 착취하기는커녕 중산층으로 키워 낸 박정희가 존재한다. 그것도 가장 짧은 시간에 효율적으로 말이다. 공산주의 북한은 꿈도 꾸지 못할 일이다. 그렇다 박정희는 노동자를 결코 착취하지 않았다. 박정희는 이들을 '마이 홈, '마이 카', 그리고 휴가철에 해외여행을 누리는 중산층으로 끌어올리는 결정적 역할을 했다

국가 안보의 시급함을 따라 다양한 무기 국산화와 세계 7위의 미사일 발사의 성공을 이루었다. 핵무기 개발을 앞두고 "내 일생 조국을 위하여"를 외치며 핵개발까지 거의 성공했으나 1979년 부하의 배신으로 서거했다.

재임 18년간 년 평균 경제 성장률 9%, 국민 총생산 27배 증가, 1인당 국민소득 19배 증가, 수출량 275배 증가함은 인척관리에 엄격하고 정치자금을 최소화함과 신상필벌, 참모들의 청렴결백이 있었기에 높은 성장이 가능했다.

그런데 필자는 과문寡聞(적을 과, 들을 문–들은 것이 적음) 한 탓인지 한국 지식인들과 달리 외국인이 혹평酷評(독할 혹, 평할 평–혹독한 평가)하는 내용을 들어본 적이 없다. 물론 부정적으로 평가한 학자들은 김일성 독재에 관해서는 전혀 비판하지 않는다. 오히려 김정은을 계몽군주라고 일컫는 것에 관해서는 청소년들 기타 독자 각자의 판단에 맡긴다. 또한 한국인의 박정희 긍정평가는 소수이고 외국인 긍정평가의 숫자는 국내보다 뛰어나다. 박정희대통령의 과오라면 좌익 학자들은 독재라 하겠지만 큰 실책은 '민주화의 탈을 쓴 좌익을 발본색원拔本塞源(뽑을 발,근본 본,변방 새,근원 원–좋지 않은 일의 근본 원인이 되는 요소를 완전히 없애 버림)하지 못했다는 것이다.(송복 외 9인, 2017. 『박정희 바로보기』.161)

박 대통령에 대한 평가는 앞의 4장에서 박정희의 모든 것을 반대했던 사람들의 부정 의견을 참고하고 아래의 국내외 지도자 및 학자들의 긍정 의견으로 결론을 마감한다.

2. 치유를 통해 함께하는 시너지 효과

대통령 이야기로 수년 전 남아프리카공화국의 넬슨 만델라 대통령이 서거하자 우리나라를 포함하여 전 세계적인 추모 열풍이 휩쓸고 지나갔다. 만델라는 그렇게도 훌륭한 사람인가? 그는 인종차별 정책에 반대하여 흑백 평등을 이룩하고 민주적 선거를 통하여 대통령이 되었다. 27년 옥고를 치르고 풀려난 후 그 자신을 학대한 사람들을 용서하고 보복하지 않았다. 그래서 노벨 평화상도 받았다. 그러나 그는 남아공을 부유한 나라로 만들지는 못했다.

'흑인 노예 해방의 아버지' 링컨 대통령은 미국 역사상 가장 위대한 지도자로 칭송된다. 링컨 기념관에는 6m 넘는 좌상 조각을 보면서 그의 위대함을 생각한다. 누구든지 조각 동상 등으로 우상화 함은 바람직하지 않지만 그의 뜻을 잊지않고 기억하고자 하는 것을 반대 할 수는 없을 것이다. 이러한 링컨에게도 어두운 면이 있다. 남북 전쟁은 62만 명의 사망자를 포함해 총 97만 명의 사상자를 냈다. 전쟁 5년 동안 미국 국민을 공포와 고통 그리고 굶주림 속으로 몰아넣은 장본인이 링컨이었다. 1862년 흑인 청중 앞에서 당신들 고향으로 가라고 했다.

또한, 링컨은 재임 기간에 수차례나 아메리카 원주민인 인디언 땅의 강탈을 일삼았다. 미국 역사상 가장 큰 규모의 인디언 영토 강탈이었다. 이에 그들은 1862년 폭동을 일으켰는데 무력행사하여 인디언 38명을 동시에 처형시켜 버렸다. 게다가 그들 소유 영토를 몰수했다. 심지어 링컨 본인 소유의 노예는 끝까지 해방시켜 주지도 않았다.

그리고 연방 군대에 민주당 유권자들을 협박하게 함으로써 북부의 선거에 개입한 것, 민주당 대회에서 행정부의 소득세 안을 비판한 의원을 추방한 것, 사유재산을 몰수한 것 등을 보고 역사학자 로시터는 "링컨처럼 헌법을 완전히 무시하는 것을 합법적이라고 간주하는 사람은 전혀 없었다."라고 했다. 반대로 로시터는 링컨 대통령은 북부 시민 수천 명을 재판 없이 가두고 자신을 비방한 신문 발행인들을 체포하고 가두며 모든 전신電信(전할 전 믿을 신-소식을 전하여 보냄)을 검열한 것 등 독재를 했다고 말했다. 그렇지만 역사학자들은 오래전부터 '선량한 독재자', 심지어 '위대한 독재자'라고 불렀다.(남경태, 2003.『링컨의 진실』 사회평론 p140-141) 나아가 달러 화폐에도 링컨의 얼굴을 올리며 칭송하는데 우리는 '박정희 독재'만을 외치고 배척하며 그런 책이 넘친다. 또한 박정희 독재의 90% 이상이 '국민을 잘살게 하기 위한 독재'였다.

그러나 위와 같이 고통의 감내를 이끈 링컨과 같은 지도자가 없었다면 과연 오늘의 미합중국이 가능했는지 생각해봐야 한다. 그는 합중국을 위해 국회를 해산하고 남북 전쟁 발발 전 다수의 신문사를 문 닫게 했고, 남부에 우호적인 인사 수천 명을 재판 없이 연금하는 등 변호사 시절 수많은 노예를 고용하던 농장주를 변호하기도 하였다.

그러나 미국인들은 당시 시대성을 고려하여 링컨의 잘못은 땅에 묻은 채 노예 해방과 미국 연방의 분열을 막은 위대한 대통령으로 그를 추앙하고 있다.

박정희는 산업화로 보릿고개를 없애고 민주화 기초를 이루고 언론인과 학자들의 조언을 듣기에도 소홀히 하지 않았다. 일신의 욕심이 아닌 국민만을 생각한 독재자 박정희에게 돌을 던질 수 있는가?

역사적인 인물을 평가하는 데 있어서 그의 부정적인 면을 부각해 내세운다면 훌륭한 사람이나 위인은 탄생하기 어려울 것이다. 박정희에게 부정적인 시각이 있다면 독재가 큰 틀이다. 개인 영달을 위해서 혹은 장기집권이 목적이라면 지탄받아야 한다. 허나 박정희의 어떤 말과 행동에도 그런 뜻을 발견하지 못했다. 참모들도 박대통령한테서 개인이나 친척을 위한 것은 전혀 없었다고 입을 모은다. 그는 '잘살아보세'를 외치며 경제발전과 안보만을 생각했다. 1981년엔 핵폭탄이 완성되므로 국군의 날에 발표한 후 사퇴하겠다고 했기 때문이다. 그것도 한 두 번 말한 것이 아니다.

제2차세계대전 이후 탄생한 140개가 넘는 신흥 독립국 중 유일하게 민주화와 산업화를 동시에 이룬 나라가 대한민국이다. 그 중추적 역할을 한 것이 지도자다. 공은 제쳐놓고 이상한 잣대를 들이대어 깎아내리는 한국의 기이한 풍토는 다른 선진국에서 찾아보기 힘들다.

2차대전 전후 서구와 일본 정도를 제외하면 우리나라를 포함한 아시아, 아프리카, 중남미 등 거의 모든 나라가 식민지로 전락했었다. 2021년 유엔 무역개발회의가 한국을 선진국 그룹으로 지위를 변경한다고 공식 발표했다. 한국은 GDP규모 10위, 제조업 5위, 국방력 6위다. 세계 '30-50클럽'(1인당 국민소득 3만 달러, 인구 5000만 이상에 들어가는 나라를 말함)에 포함되었기 때문에 세계는 우리를 선진국 대우하고 있는데 우리만 그걸 인정하지 않고 있다.

해방 직후 좌우대립과 분단 때문에 문제가 많았다. 자유민주주의를 반대하고 공산주의를 좋아하는 좌익들에 의해 대한민국은 출발부터 잘못된 국가로 인식되었다.

한국의 탄생을 부정하는 좌익들이 너무 많다. 어떻게 화해할 것인가? 1980년대 편향된 역사관에 물든 586세대가 물러나기만을 기대해야 하나? 박 탄핵과 광우병처럼 없는 것도 만들어 흠을 내는 좌익들의 거짓과 위선은 끝이 없다. 흔히 좌익을 일컫는 '진보'

라는 단어의 탄생[1]도 그렇다. 구세대의 질서를 지키며 바람직한 방향으로 진보해 나아감이 보수이다. 그러므로 양 진영의 표현은 좌익(공산 · 사회주의) 우익(자유민주주의)이 타당할 것이다.

위선의 역사 왜곡을 들여다 보면 교과서조차 반 박정희의 정서인데 시장경제 그리고 산업화와 경제개발에 대한 부정적 평가 속에 문 정부의 교과서에서는 북한의 천리마 운동을 치켜세우는가 하면 새마을운동은 물론 심지어 이순신 장군의 현충사 사업도 박정희 정부가 장기집권을 정당화하기 위한 사업이라 평가한다. 지나친 근대화, 산업화 때문에 민주화의 가치가 훼손되었다는 궤변이다.

역사의 왜곡을 바로잡는 일부터 시작한다면 진정한 화해의 시작은 무엇일까?

지구상에서 실제 사용되는 미국 돈은 1달러, 2달러, 5달러, 10달러, 20달러, 50달러, 100달러 총 7종류이다. 대부분의 나라들이 그렇듯이 인물의 초상이 자리잡고 있다. 미국의 경우 초대대통령 워싱턴, 3대 제퍼슨, 링컨, 초대재무장관 해밀턴, 벤저민플랭클린 등이다. 미국 종이 화폐에 등장하는 인물 7명 가운데 5명이 대통령이고 5명 중 제퍼슨과 링컨을 제외한 3명은 군사령관 출신 대통령이다. 대통령이 아닌 해밀턴도 군사령관을 지낸 바 있다.

박정희 그는 대한민국호의 전투 사령관이었다. 우리도 이젠 대

---

1) '진보'는 공산주의 사회주의의 마르크스로부터 시작했다. 자본주의를 허물고 더 좋은 세상 공산주의로 진보하는 것이라 포장하는 궤변이다. 자유민주주의, 시장경제(자본주의 체제)를 지키려는 세력에게는 공산사회주의를 거부하니 반동분자, 적폐세력, 수구 꼴통으로 매도한다. 그러므로 진보는 타당치 않고 공산·사회주의 세력, 좌익, 반대한민국세력 등이 정확하다.(이희천, 2022.『2030 반反대한민국세력의 비밀이 드러나다』 도서출판 대추나무 34~44)

한민국 화폐에 대한민국이란 자유민주주의를 세운 국부 이승만과 근대화와 산업화를 이룬 청렴결백한 박정희를 올려야 하지 않을까?

외국인도 광화문에 와서 조선시대 인물만 있고 대한민국의 인물이 없음을 보고 기이하게 여긴다고 한다.

우리 나라의 반 박정희 국민 특히 학자, 박사님들은 부유한 나라보다는 깔끔한 민주주의를 원하고 있다. 8 · 3조치, 한 · 일 협정, 시월유신의 독재 없는 민주주의로는 산업화도, 근대화도, 100억 달러 수출도 성장과 분배의 동반성장도 없는 것이다. 경제발전이 민주화의 발전이 된다는 '루카스'나 '립' 등의 학자 이론을 다시 떠올릴 필요가 있을까?

60년대 초 '가자 북으로! 오라 남으로!' 그리고 현재 2021년 김정은을 칭송하고 국가보안법 철폐와 미군철수 외치며 탈북민에게 안대 씌워 강제 북송시키는 현재 상황에 분노하지 않는다면 화해는 희망 사항일 뿐이다. 이젠 박대통령 서거한지 반세기가 넘었는데 이젠 화해하고 치유하여 함께 손잡고 시너지 효과를 낼 때가 아닌가?

좌익들의 공산주의 분배 정신을 조금은 도입할 필요성이 있지만 포퓰리즘으로 망해가는 베네스웰라 등의 국가를 따라가고 있는 것 아닌가? 또 청년 수당을 나눠주고 병사에게 200만 원까지 주겠다는 대선 후보들이 청년들을 무력감과 절망으로 이끄는 것은 아닌가?

그래서 청소년(독자)들의 생각은 무엇입니까? 박정희와 화해와 치유는 위 질문에 답함으로 출발점이 될 것이다.

필자는 청년들이 포퓰리즘에 현혹되지 않고 분별력을 갖고 새로운 세계에 목표와 꿈을 가지고 도전하는 삶을 기대해 본다. 박정희 시대의 도전처럼!

3. 국내외 지도자와 학자들의 평가

| 국 내 |

○ 이철승(야당 신민당 소속 국회 부의장)은 박 대통령을 방문했다.
그는 지금이 긴급조치를 해제할 때라고 강조하며, "이젠 옷을 바꿔 입어야지요. 유신헌법 개헌을 해야죠"라며 권유했다.– 미리 써 간 공동 성명서를 본 박 대통령은 대변인을 불러서 한 자도 수정 없이 발표하라고 지시했다.
고속도로 개통식에 참석했던 이철승 부의장은 유진산 당수에게 경과를 보고하며 "선생님도 알다시피 박 대통령이 군에 있을 때부터 남달리 보았지만, 개통식에서 보니 행정의 치밀성과 원대한 안목, 그리고 실무적인 지식에 놀랐습니다. 그런데 우리는 어떻습니까? 호왈백만號曰百萬(실력이 없으면서 허세로 부르짖음)으로 어물쩍하고 신문플레이나 하고 흑백논리나 펴고 반대만 하면 야당 구실 하는 것으로 아는데 공부하지 않는 야당의 건달들 가지고는 정권 안겨줘도 감당하기 어려울 것입니다"라고 개탄한 일이 있다.
그리고 그는 말했다. "박 대통령과의 관계는 참으로 기구했다. 그는 나를 정치 못 하도록 묶었다. 그러나 나는 그에게 보복하지 않았다"
군사 쿠데타 주동자라는 비판을 받는 박정희 대통령이었지만 그의 안보관은 뚜렷했기에 "나는 벚꽃(여당을 편드는 야당 정치인을 낮추는 말)이라는 터무니없는 모략 중상을 받으면서도 공산 위협에 의연하게 대처하는 박 대통령의 입장을 옹호하였다."

○ 노무현 대통령(2003~2008)은 "외국에 돌아다녀 보니 외국 지도자들이 온통 박정희 대통령 얘기뿐이더라"

○ 김상기(충남대 역사학 교수) 박정희는 비록 민주화 운동을 억압하였으나 민주주의에 필요한 중산층을 만들어 한국민주주의 발전에 크게 이바지했다.

○ 고건(대한민국 총리) 회의마다 국토에 뜨거운 애정과 빈곤에 처절한 심정과 극복의 집념에 숙연해지곤 했다.

○ 좌승희(영남대 석좌교수) "살아있는 경제학"에서 기업을 앞세운 정경협력에 의한 부국전략이 박정희 산업화 전략의 성공을 가져왔다. 예를 들어 이승만 행정부는 정부 소유재산이 된 일본인 소유의 토지와 건물 등을 기업인들에게 매각하여 기업가를 도왔다. 이러한 것을 정치인 기업인 간의 정경 유착으로만 파악한다면 막 태어난 신생국 경제를 선진국의 잣대로 파악하는 것이 된다.

○ 노산 이은상 "세종은 내치 외치의 훌륭한 업적이나 재위 32년간 인구는 1천만 내외인데 극소수 양반층을 제외한 국민은 비참한 생활을 했다. 정치란 백성들이 등 따시고 배부르게 해주는 것이다. 이충무공은 성웅임이 분명하다. 자기 몸을 죽임으로 나라를 구했다.
박 대통령은 김일성과 전쟁하지 않고 북한을 이겼으며 국민을 배부르게 하는 경제와 문화의 기초를 닦아놓았다. 한국민족을 세계사 중심부에 우뚝 세워 놓았다. 그러므로 박정희는 세종과 이충무공을 합한 인물이다."

○ 경제학자 이정훈은 한국정부와 대기업 사이에 만들어진 산업 네트워크가 전 세계 어디의 경제성장에서도 찾을 수 없는 정부와 기업의 긴밀한 협력이자 '제도'라고 설명했다.

○ 이소연(여성 우주인)이 우주에서 한반도를 바라보는 행운을 잡았던 첫 한국인! 그녀는 "대한민국에서 태어난 것은 결코 작은 축복이 아니다"라고 외쳤다.

|국 외|

〈민주화〉

○ 앨빈 토플러(미국의 세계적인 미래학자) 누가 뭐라 해도 박정희 대통령은 세계가 본받아야 할 모델이고 놀라운 경제 기적을 이룬 그를 독재자라고 하는 것은 언어도단이며 한국 경제 기적의 영웅이라고 극찬했다. "민주화란 산업화가 끝나야 가능한 것이다. 자유라는 것은 그 나라의 수준에 맞게 제한 되어야 한다. 이를 가지고 박정희의 독재라고 매도하는 것은 말이 되지 않는다."

○ 알렉산드르 맨스로프(러시아 아시아태평양안보연구소 교수) 박정희 정부의 목표는 자립경제를 갖춘 현대국가 건설이다. 성공적인 경제발전은 동시에 도시화, 중산층의 확대, 교육의 폭발, 민주시민의식의 확산, 시민사회의 형성 등 엄청난 사회 변동을 초래했다. 1980년대 후반에 완전한 민주주의로 전환했다.

○ 에스 창(미 타임지 기자) 박정희는 비젼을 가진 지도자였다.

그의 철학도 부국 강병의 실용주의였다. 2000년전 철학자 관자는 의식이 충족된 뒤에야 예절도 지키게 된다.〈맹자에 나오는 말과 상통–무항산무항심 無恒産無恒心(일정한 생산 · 재산이 없으면 일정한 마음 · 도덕도 없다)〉 부국강병의 결정적 시기가 되면 비로서 인권과 민주주의에 대한 존중이 길이 순탄하게 열린다는 그의 철학이 자리잡게 된 것이다. 이것이 이른바 아시아식 민주주의이다.

○ 키신저(미 국무장관) "민주주의와 경제발전이 동시에 이루어지기란 사실상 어려웠다. 러시아가 이 두 가지를 동시에 추구하다가 어떤 결과를 초래했는지 다 알고 있지 않은가. 당시 박정희 대통령의 판단이 옳았다는 것을 알 수 있다."

〈안보국방〉

○ 리처드 스틸웰(전 유엔 사령관) 박정희대통령에 대한 인식은 탁월한 정치 경륜과 철학에 놀라고 훈훈한 인간성을 느낀다. 유비무환을 외치며 국방력을 다진 사람도 박대통령이며, 경제발전을 이룩한 공로자도 역시 박대통령이다. 군출신으로 경제문제에 그렇듯 권위있는 지식에 감탄한다.

○ 후쿠다 쓰네아리(일본의 정치문화 평론가) 대통령은 나에게 이런 말을 했다 "만일 북이 쳐내려오면 나는 한발자국도 서울에서 물러서지 않을 것이다. 선두에 서서 죽을 것이다"

물론 그것은 각오겠지. 박대통령이 전사하면 전군의 사기가 떨어질 걸 그런 유치한 질문의 틈도 주지않고 계속해서 이렇게 말했다. "내가 죽는 편이 국민의 전의를 더욱 강하게 해줄지 모른다"고 했다.

또 내가 땅굴 얘기를 했더니 그는 벌떡 일어나 휴전선 모형판으로 나를 안내하여 설명하고 "이런 상황에서 대포와 버터의 균형(군비와 복지 가운데 어느 것을 중시하느냐의 문제)이 얼마나 어려운 일인지 한 마디로 민주주의, 자유, 평등을 말하지만 미국 일본과 한국은 다르다."고 했다.

○ 와타나베 도시오(다쿠쇼쿠대 교수) 박정희는 민중중흥의 아버지라고 할만 하며 북한의 군사적 위협이라는 절박한 상황에서 무엇보다도 경제적으로 강력한 힘이 필요했다.

〈청렴결백〉

○ 리콴유(싱가포르 총리) 어떤 지도자들은 관심과 정력을 언론과 여론조사에 호의적 평가를 받는데 소모한다. 박정희는 자신의 정력을 오직 일하는 데만 집중시키고 평가는 역사의 심판에 맡긴다. 박정희 대통령이 눈앞의 현실에만 집착하였다면 오늘 우리가 보는 대한민국은 존재하지 않았을 것이다.

○ 뉴톤 귀마래즈(브라질 고등법원판사) 박대통령의 사명감은 『우리민족의 나아갈 길』에서 새 한국을 창조하고, 또 새 한국인 상을 정립하는 것이었다. 박대통령은 필자와의 면담에서 박정희가 "나는 조국의 통일을 위해 일생을 바칠 것이며, 외세의 도발에 무력을 행하겠다"고 했는데 그는 거짓없는 성실한 인품의 소유자였다. 박 대통령은 국민을 기만하거나 선동적인 태도를 취하지 않는다.

○ 에즈라 보겔(하버드대 교수)〈네 마리의 작은 용〉저자인 그는 말했다. "박정희가 없었다면 오늘의 한국은 없다. 박정희는 헌신적이었고 개인적으로 착복하지 않았으며 열심히 일했다. 그는 국가에 일신을 바친 리더였다."

○ 허만칸(미국 허드슨 연구소장)은 싱가폴을 놀랍게 발전시킨 이광요 총리에게 당신이야 말로 박정희 대통령을 만나야 할 것이라며 만나면 의기투합할을 것이라고 하여 싱가폴을 경이롭게 발전시킨 이광요 총리와 격을 같이하는 위대한 지도자로 말했다.

○ 피터 버거(사회학자)는 전 세계에서 정경협력이 부패로 변환되지 않

은 성공한 사례로 한국 경제성장에서의 정부와 기업의 협력 네트워크를 들었다.

〈지도력〉

○ 제임스 갤러핸(영국 수상) 박정희로 인해서 남한 공산통일의 기틀이 좌절되었다.
○ 아이젠하워(미국 대통령) 박정희가 없었으면 한국은 공산주의에 흡수되었을 것이다.
○ 잔라빈 차츠랄트(몽골 총리) 박정희 전대통령이 몽골의 엘리트들에게 자극과 용기를 주고 있다. 발전에 있어서 정치 안정은 필수지만 몽골은 강력한 리더쉽이 부재한다. 몽골에는 부정부패가 심각해서 박정희식 모델이 필요하다.
○ 독일 국정교과서(중학교 지리 109쪽) 대통령 박정희는 강력한 손으로 남한을 농업국가에서 산업능력을 가진 국가를 형성했다.
○ 마이클 브린(전 외신기자클럽 회장) 박정희는 혁명후 즉시 공무원 35,000명을 해고하고 4천명의 불량배와 2천명의 용공분자를 체포하고 재벌의 회장들을 탐욕스럽고 부패한 사람들로 간주하고 여러 기업인들의 부당이득을 반환하고 헌납하라는 압력을 가했다.
○ 마이클 기온(호주 언론인) 아시아 지도자들을 관찰해본 결과 가장 특출한 인물로 박정희를 보는데 근거는 첫째 어려운 여건 속에서 자신의 사명을 놀라울 정도로 성공했다. 둘째, 1963년 10월 방문 때 한국에 거의 기대를 걸지않았는데 2~3차 한국방문하며 생각이 바뀌었다. 박대통령은 스핑크스와 같은 수수께끼 인물로 보았지만 『우리민족의 나아갈 길』과 『국가 혁명과 나』를 읽고 방문하여 해결되었다. 역사는 그의 진가를 발견할 것이다.

○ 피터드러거(미 사회학자)는 제2차 세계대전 이후 인류가 이룩한 성과 가운데 가장 놀라운 기적은 바로 박정희의 위대한 지도력으로 탄생한 대한민국이다.

○ 미 RAND연구소 중국 덩샤오핑의 개혁은 박정희 모델 모방이다.

○ 아로요(필리핀 전대통령)는

- 1965년 필리핀 1인당 GNP274달러일 때 한국은 102달러
- 2005년 필리핀 1,030달러였을 때 한국은 16,500달러가 됐다.

"절대빈곤 국가를 산업화가 완성된 국가로 만든 박정희의 지도력이 부럽다"

○ 카리모프(1989년 6월 소련 방문한 우즈벡공화국 대통령)– 나는 박정희대통령이 롤모델이다.

○ 푸틴(러시아)은 박정희대통령에 관한 서적은 한국어든 영어든 모두 구해달라.

〈산업화 공업화〉

○ 브루스 커밍스(한 때 좌익 논리로 한국사를 도배질 했던 학자라서 좌익 지식인들이 좋아하는 미 시카고대 석좌교수이자 『한국전쟁의 기원』의 저자)

- "한국의 경제 발전은 위대한 성공이고, 한국의 독립 선언이었다"
- "박정희는 20세기의 산업지휘관이다"
- "박정희 대통령은 부패한 다른 지도자와는 달리 진정으로 국력을 키워 성공한 지도자다

○ 덩샤오핑(중국)은 "아시아 네 마리 용의 경제발전을 따라 붙어야 한다. 특히 박정희를 주목하라"

○ 엘리스 앰스덴(미 MIT대 정치학교 교수) 박정희의 큰 공적은 한국의 공업화를 이끌어 저개발 농업국가에서 고도의 공업국가로 변모했다.

○ 한스베이논(네델란드 드 풀크스크란트 주간) 세계적 석유파동으로 온나라가 경기 침체로 회복이 어려운 시기에도 한국경제는 전력으로 질주하고 있었다. 1세기 걸릴 일을 10년만에 이루며 경제발전은 문화적 부흥도 함께 불러오고 있다.

○ 로렌스 서머스(미 하버드대 총장) "한국은 불과 한 세대 안에 가난을 극복하고 세계 유수의 산업국가가 된 것으로, 20세기 통틀어 가장 충격적이고 놀라운 일이었다."

○ 우크라이나의 고용연합회 공익광고 "1960년대 한국의 정치는 절망적인 수준이었습니다. 한국의 주요수출품은 가발이었습니다. 한국인들은 자신들의 머리카락을 팔았습니다. 박정희 대통령 등장 이후 불과 10년 만에 수출은 정상궤도에 올라섰고 오늘날 대한민국은 강력한 경제대국이자 세계 6대 수출강국 그리고 진정한 아시아의 호랑이로 성장했습니다. 한국이 해냈듯이 우리도 해낼 수 있습니다."

○ 로버트 올리버(미국 펜실베니아대 교수) 장면 정권을 통해 더욱 악화된 경제난은 박정희 정권에게 경제개발의 동기를 부여했으며 일본과의 관계개선도 그러한 노력의 하나였다.

〈새마을 운동〉

○ K.W.리(미국, 새크라멘토 유니언 대기자) 한국 농민들의 협동심을 드높이다.

1971년 묵현리 주민들은 새마을운동의 녹색 깃발 아래 뭉쳐 목조다리를 철근시멘트 다리로 교체하고 농기구 이동 도로망을 건설, 바둑판 모양의 논, 마을회관에 여러시설, 보리밭을 딸기밭으로 바꾸기, 언덕에 과수나무와 뽕나무를 심으며 목축 등으로 수입증대를 해냈다. 즉 새마을 운동과 다수확 영농으로 인해 보릿고개는 옛이야기가 되었다.

○ 폴 케네디(예일대 교수)는 "세계 최빈국의 하나였던 한국이 박정희의 새마을 운동을 시작으로 불과 20년 만에 세계적인 무역국가가 되었음을 경이롭게 본다."

〈산림녹화〉

○ UN FAO(유엔식량농업기구)보고서(1982)에서 "한국은 제2차 세계대전 이후 산림녹화에 성공한 유일한 개발도상국이다"

○ 레스터 브라운(미국의 전 지구정책연구소장)은 한국은 산림록화에 성공한 대표적인 사례고 박정희 대통령이 큰 역할을 했다고 세계가 본받아야 한다고 했다.

○ 지구정책연구소 보고서(2006년 미국) "한국은 세계적인 산림녹화의 모델이며... 우리도 지구를 다시 푸르게 만들 수 있다."

우리는 어쨌든 반박정희 좌익분들과 우익은 함께 미래를 향해 힘껏 나아가자.

박정희 대통령관련 책을 탐독하면서 이렇게 많은 반 박정희 저자들이 지식인이란 이름으로 역사를 매도하고 '민주화'라는 허울좋은 그림을 그리는 모습에 경이로울 따름이다. 우리나라가 언제부터 서구의 민주주의보다도 더 고결함과 깔끔함에 젖어 자유를 누리며 살았는가?

필자는 민족문화연구소에서 만든 「100년 전쟁」이란 동영상이 좌편향적인 내용이라고 생각하긴 했지만 민족문화연구소 이사인 극좌의 함세웅 신부, 임헌영 제작자가 이 정도의 공산주의자인지도 몰랐다. 제작자 임헌영은 공산당 괴수 박헌영을 참으로 존경하여 이름까지 바꾼 사람이다. 나아가서 남한에서 사회주의 혁명이 성공할 경우 대비하여 남민전의 기를 북한기 비슷하게 제작하고 이승만을 악질 친일파, 박정희를 Snake Park'(뱀공원, 음흉한 뱀)'으로 표현했으니 그 내용은 말할 것도 없이 날조했다.

2006년 노무현 대통령은 이들을 민주화 투사로 인정하여 석방 및 피해보상금을 주었다. 나는 노무현 대통령이 좌익인 것은 알았지만 임헌영을 '민주화 투사'라 하니 민주화가 이런 것인 줄이야!

함세웅이 이사장인 민족문제연구소도 어떠한 곳인가를 알 수 있다. 임헌영 종북자는 조정래의 『태백산맥』을 칭찬하며 tv에 방영되어야 한다고 하니 태백산맥을 읽지않은 사람도 어떠한 소설인가를 알아차리게 한다.

민족일보기념사업회(이사장 원희복)는 "2023년 민족일보 조용수언론상 수상자로 임헌영 민족문제연구소장을 선정했다"고 발표했다.

민족이란 이름의 미사여구로 얼굴을 숨기는 그들의 명단[2]을 보고 종북임을 알게 한다. 이럴 때 떠올려지는 것은 북한의 '우리 민족끼리'라는 선전 선동 싸이트다.

이런 연구소 관련자들이 지은 반 박정희 책도 눈에 보인다. 대한민국에 민족이란 이름아래 종북 유명인사들이 얼마나 많은지 놀랄 따름이다. 임헌영 소장은 1968년 경향신문기자로 언론인의 길을 시작했는데 요즈음은 조.중.동 신문도 좌익이 된 듯하다. 북을 찬양하면서 박정희의 '통치결과물'인 '30-50클럽의 7번째 나라'에서 부를 누리고 사는 좌익 분들을 보면 아이러니하다.

유신의 세 원인 중 중화학공업과 안보도 성취되지 않은 상황에 유신 전에 후계자 문제인 김대중이 당시 대통령이 되어 대중경제까지 추진했더라면 지금 대한민국은 북한의 김정은 체제 하에 있을 것이다. 김대중은 10월유신 전후 1960~70년대가 아닌 1998년 대통령에 늦게나마 당선된 후 북에 돈을 퍼주어서 다행이다. '70년대에 퍼주었더라면' 대한민국을 상상하기가 두렵다.

반 박정희 학자들은 유신의 목적을 알면서 혹평하는가? 서울대 한상진과 강민은은 유신은 '폭력적 노동탄압이 목적'이라 하고 한국정치학회장 이정복과 최장집은 '장기 집권욕' 때문이란다. 전인권은 안보와 후계자가 문제이기에 유신을 택했다고 조금은 긍정적

---

2) 민족문제연구소이사장 함세웅 소장 임헌영 이사진은 윤경로(근현대사기념관 관장, 전 한성대 총장), 조세열(친일인명사전편찬위원회 부위원장), 한상권(친일인명사전편찬위원회 위원장), 함세웅(안중근의사기념사업회 이사장) 지도위원은 김삼웅(전 독립기념관장), 백낙청(서울대 명예교수), 서중석(성균관대 명예교수), 송기인(과거사정리위원회 위원장), 조정래(소설가)

이다. 필자가 유신에 관련 모든 책을 조사한 것은 아니나 대부분의 저자들이 유신의 원인을 정확히 파악하지 못한다. 진중권은 좌익 계열인 듯하나 박정희에 대하여 공정하게 서술하려고 노력한 듯하여 좀 인용하며 참고했다.

좌익 계열을 분별하는 법에 조갑제님의 의견을 들어보자. '대한민국의 정통성을 부인하는 사람, 미군철수를 주장하는 사람, 고려연방제 통일방안에 찬성하는 사람, 국가 보안법 철폐를 주장하는 사람, 북한인권은 침묵하며 친미, 친일을 비난하는 사람(조갑제, 2004. 『이제 우리도 무기를 들자』 238)이 좌익, 종북이다.'

그러면 박정희보다 더 큰 독재자 리콴유를 따라가 보자.

2015년 싱가포르 일제점령기 일본군 정보부에서 일했던 리콴유가 사망했을 때 많은 이들이 그를 싱가폴의 국부이자 아시아인의 거인이라고 칭송했다. 리콴유는 집권31년인데 그의 아들 리셴룽은 2004년 이후 10년간 싱가포르의 총리직을 맡았으며,

우리나라였다면 부자父子가 다해먹는다며 친일파 딱지에 민주화를 내세울 것이다. 또한 싱가포르엔 강성노조가 없다는 것도 부럽다. 지도자와 정치권이 노동자와 국민을 교육시킨 결과다. 리콴유는 1979년 강성노조를 해체한 뒤 새로운 합리적인 노총을 유도했다.

정말 부러운 것은 정신줄을 놓은 언론이 없다. 우리나라 국가보안법 비슷한 국가안전법으로 기본권을 박탈해도 말이 없다. 리콴유가 모든 면에 강조한 것은 최고의 성과다. 공산주의의 평등주의 철학 따위는 없다. (조우석, 2009. 『숨결이 혁명될 때』. 지우출판)

리 전 총리는 국내보안법을 제정해 정부에 대한 비판을 아예 금

지했다. 국내보안법은 공식적인 혐의나 기소 없이도 무기한 구금할 수 있다. 서방 각국이 독재를 비판하자 리 전 총리는 '아시아적 가치'를 주장하면서 자신의 통치 방식을 정당화했다. 박정희의 한국적 민주주의와 비교된다.

10월 유신이 자유를 억압한다 해서 학자들과 대학생들은 물론 언론도 박정희를 미워했다. 그러나 일반 국민으로부터는 경애를 받던 분이 박 대통령이다(김성진, 2006. 『박정희 시대 그것은 우리에게 무엇이었는가?』 321) 그래서 우리는 싱가폴의 리더십과 팔로우십의 조화을 부러워한다.

대한민국은 선교사에게 배워 기독교적 가치관의 나라를 건국한 이승만이 국부임을 거부한다. 그가 좌우합작을 거부하며 자유시장경제 체제의 민주국가를 건국하지 않았다면 대한민국은 지금 김정은 치하에서 고생할 것이다.

이승만대통령의 혜안과 국제 외교력으로 한미방위조약은 휴전협정일에 조인되었지만 조약의 세부내용이 부족했다. 그래서 벼랑끝 전술을 행하는 이승만의 전략으로 한반도 전쟁 발발시 '미군의 자동참전' 문구를 넣어서 1954년 10월 1일 늦게서야 조약이 공식 체결되었다.

이승만의 한미동맹에 기초하여 박정희는 근대화와 한강의 기적을 이루고 국민정신까지 깨웠다. 반 박정희 학자들이 증오하던 유신 때 산업화의 부국강병으로 민주화가 가능했던 것은 많은 외국인 학자들이 수차례 언급했기에 더 논할 필요는 없다. 세계은행은 '한국의 성장과 분배를 가장 양호한 나라에 속한다'는 연구 발표에 좌익학자 서중석은 『현대사 이야기』에서 세계은행의 연구결과는 잘못되었다고 했다. 그런 류의 논리가 수두룩한 좌익의 책들(4장 10번 17권 참조)에 어떠한 언어로 반박할까 할 말을 잊는다.

좌익 콘크리트층이 온 가족이 부패한 조국의 다큐영화에 31억, 노무현 영화에 145억, 문재인 영화는 열흘 만에 15억 모금을 했다고 한다. 이러한 종북의 행진을 보면 대한민국은 산소호흡기를 끼고 살아가는 느낌이다.

요즘 한국의 민주당은 국가를 위한 탈원전 회생을 위한 예산을 삭감하고 중국 등의 외국인 간첩법을 거부한다. 그들 스스로 종북임을 드러낸다. 민주당은 감사원장등 공직자 탄핵만 22건 이상이며 국민에게 25만원씩 나눠주자는 것이다. 공산주의의 목적은 국민을 못살게 만들어 국가에 의존케하니 국민은 국가에 의존하며 개인재산 소유욕을 잃는다. 그래서 외국에서는 한국을 '자살하려는 나라'라고 말한다. '국민의 힘' 여당조차 친중의원이 다수이고 똑같이 돈을 나눠주는 포퓰리즘에 대응 못하는 무력한 당이니 국민은 누구를 믿고 살아야 할지 아득한 현실이다. 다행히 미국의 트럼프가 취임하며 '공산주의의 원조격인 마르크스주의의 공산주의 성격의 법들 척결'을 내세우고 있다. 우방이 우리의 힘이기는 하지만 우리가 자유민주주의를 지킬 의지가 더 중요하다.

대통령제의 한국은 대통령의 의지가 가장 중요하다. 김대중대통령은 취임하면서 안기부(국가정보원)의 '유능한 간첩잡는 정보원'들을 400여명이나 파면시키는 것으로 시작했다. 그는 2002년 한미방위훈련 중 효순이 미선이 사건의 핵심인 '좁은길에서 여중생의 교통사고'를 반미로 내세운다. 민노총 전교조 등 500여개 단체의 조직적 참여로 '반미와 미군철수'로 몰고 간 단체들을 처벌하지 않았다.

2005년 노무현대통령은 이석기 주도 경기동부연합(북한 지원으로 2006 통진당 당권 장악)의 일진회 간첩사건을 수사 못하게 하고 수사하던 김승규원장을 경질했다. 또 맥아더 동상에 불지른자 등등을 처벌하지 않았다. 이명박대통령 때는 광우병 촛불시위에 1,800여개 단체가 참여하여 박근혜대통령 때는 불법탄핵까지 행했다. 촛불탄핵의 시작은 최순실의 태블릿 pc인데 그것의 결론은 본인 소유도 아니고 할 줄도 모르는 것이었다. 심지어 문재인대통령은 탈북인에게 안대씌워 북으로 다시 보내고 핵심정보인 usb를 적군에게 주는 일을 포함하여 위의 나열한 어느 것도 다음 정부에서 처벌하지 않는 나라가 대한민국이다.

그러나 우리 학생들을 포함한 독자들은 대통령의 의지와 관계없이 정신무장이 필요할 것이다. 유신 때 민혁당원 100명 중 25명가량이 전향했다는데 미전향자는 민노당, 통진당으로 들어갔고 기타 1980년대 주사파가 1990년을 지나며 입법, 사법, 행정의 공무원이 되고 문화계 각 분야별로 퍼졌다. 종북임을 드러내는 우리법연구회 등이 그 예가 될 것이다.

우리 나라 공산당 세력은 이승만대통령 때 전후부터 4.3사건을 일으키며 6.25 때는 12만여 명을 잔혹하게 학살했다. 공산주의 세력은 왜 그렇게 잔인하게 살해할까? 마르크스 이론 때문이다. 나열하면 끝이 없지만 제주4.3 때 만행이나 도끼로 미군을 살해한 미루나무 사건 등이 그렇다.

프롤레타리아혁명을 통해 '당신들을 착취하는 부르조아 부자들'을 없애 평등사회를 이루기 위해 '분노하라'며 죽이는 것을 부추긴다. 그래서 죄의식이 없다. 소련 작가 솔제니친은 "공산주의는 치료할 수 없는 미치광이 병"라고 규정했다.

좌익사상에서 벗어나 어떻게 자유민주주의를 지킬 것인가? 그것은 이승만.박정희 등 건국.발전사에 올바른 공부와 자유민주주의 사상, 기독교 사상 등이 도움이 될 것이다.(이희천, 2022, 『2030 반대한민국세력의 비밀이 드러나다』 151~233)

박정희대통령의 정치와 반대로 요즘에 증거가 늘어나고 우려되는 중국의 '한국 부정선거 개입'과 중국인에 대한 '의료보험과 각종 특혜'가 늘어나는데 필자는 그 사례와 분석을 제시하지 못함이 아쉬움으로 남는다. 이런 특혜는 믿기지 않겠지만 한국 정부와 국회의원들이 앞장서 한국인들 세금으로 충당한다는 것이다.

끝으로 박정희대통령의 1979년 10월 26일 서거 전 삽교천 방조제 준공식의 마지막 육성 연설을 음미해 본다.

"1983년부터는 홍수와 가뭄이 없는 농촌이 될 것입니다. 4대강이 한해 수해가 없게 변모될 것입니다."란 것이다.

박정희의 리더십을 상기하며 싱가폴 국민의 팔로우십도 본받기를 소망한다. 추가하여 좌우합작을 물리치고 태어난 자유민주주의 대한민국에 자부심을 갖고 모두 함께 손잡고 나아가자.

| 참고문헌 |

강만길 (2002). 『20세기 우리 역사』창작과 비평사
강만길 외(2002). 『역사는 이상의 현실화 과정이다』 창작과 비평사
강만길 외(2002). 『한국사 속 진실을 찾아가는 우리역사 속 왜』 서해문집
강준만(2004). 『한국 현대사 산책』 인물과 사상사
강준식(2017). 『대한민국의 대통령들』 김영사
공제욱(2013) 『국가와 일상 박정희시대』한울아카데미
고산고정일(2012). 『불굴혼 박정희1,7,8』 동서문화사
구미시(2018). 『박정희대통령 탄생 100돌 기념사업 백서』 ㈜휴먼컬처 아리랑
국가재건최고회의(2013). 『케네디도 반한 박정희』 코러스
권보드레 외3인(2015) 『박정희 모더니즘』천년의 상상
김삼웅(2017). 『박정희 개발독재자 평전』 앤길.
김성진(2006). 『박정희 시대 그것은 우리에게 무엇이었는가?』 조선일보사
김성진(2006). 『박정희를 말하다』 삶과 꿈.
김영섭외 14인(2010). 『과학대통령 박정희 리더쉽』 MSD미디어
김용삼.유튜브-민중항일 투쟁의 불편한 진실 (2014)
김용삼(2020) 『대한민국 근대화 대통령 박정희 혁명1』 백년동안
김용삼(2020) 『대한민국 근대화 대통령 박정희 혁명2』 백년동안
김용삼 외(2017). 『박정희 새로보기』 기파랑
김용삼(2020) 『세계사와 포개읽는 한국 100년 동안의 역사1』 지우출판
김원(2011). 『박정희 시대의 유령들』 현실문화연구
김윤근(2005). 『5.16군사혁명과 오늘의 한국』 삼일서적
김재홍(2011). 『박정희의 유산』 도서출판 푸른숲
김재홍(2012). 『누가 박정희를 용서했는가』 (주)책으로 보는 세상
김재홍(2012). 『박정희이 후예들』 (주)책으로 보는 세상
김정렴(1997). 『아, 박정희』 중앙M&B
김제방(2021). 『박정희 100년 시대』 문학공원
김진(1995). 『청와대 비서실』 중앙일보사.
김충남(2006). 『대통령과 국가경영』 서울대학교출판부
김태광(2022). 『박정희 리더쉽』 매경출판
김태우(2018).『북핵을 바라보며 박정희를 회상한다』 도서출판 기파랑
김형아(2005). 『박정희의 양날의 선택』 일조각
남경태. (2003) 『링컨의 진실』 사회평론
남재욱 외4인 (2019). 『대통령의 선물』 프리덤 앤 위즈덤
노병천(2008). 『박정희 마지막 신앙고백』 도서출판 대서
로버트 올리버저, 박일영역(2024) 『이승만 없었다면 대한민국 없다』 동서문화사
류석춘(2018). 『박정희는 노동자를 착취했는다?』 기파랑
민족문제연구소 · 백무현(2005) 『만화 박정희』 시대의 창
박계천(2013). 『박정희대통령이 후세에 전하는 국민대통합에 관한 메세지』태일
박근호(2017). 『박정희 경제 신화해부:정책없는 고도성장』회화나무
박영규(2023), 『조선왕들은 왜』 옥당부스
박형규(1999). 『우리도 할 수 있다』 도서출판 '은행나무'
박정희(2017). 『박정희 전집 09 민족중흥의 길』 기파랑
(2017). 『박정희 전집 01박정희 시집』 기파랑
(2017). 『박정희 전집 02 우리 민족의 나갈 길』 도서출판 기파랑
(2005). 『하면된다! 떨쳐 일어나자』 동서문화사
박정희저, 고정일편집 (2005). 『한국 국민에게 고함』 동서문화사
박정희 대통령 기념재단(2018) 『박정희 그리고 사람』 미래_H
박태균(2021).“1970년대 경제위기 다 박정희 때문이다.” 유튜버 '케네데스피치'(1970년대 소득향상은 누구때문인가?)
박현채(1994). 『청년을 위한 한국현대사1』 소나무
백석기(1998). 『웅진위인전기 8 최영』 웅진출판주식회사
변성희, 2005, 『대통령 박정희』 어린이 인물전기, 41~42)
서중석(2015). 『현대사이야기1』 오월의 봄.
서중석(2015). 『현대사이야기7』 오월의 봄.
서중석(2015). 『현대사이야기13』 오월의 봄.
송복 외 9인(2017). 『박정희 바로보기』 기파랑
송복 외 7인(2019). 『박정희 새로보기』 기파랑
송승종(2015) 『대통령 박정희』 북코리아
신용구(2000). 『박정희 정신분석 신화는 없다』 뜨인돌
안경환(2013). 『황용주 그와 박정희의 시대』 까치글방
안병훈(2004). 『혁명아 박정희대통령의 생애』 도서출판 기파랑

오원철(2006). 『박정희는 어떻게 경제강국 만들었나』. 동서문화사
유영익(2020) 『이승만의 건국과 비전』. 청미디어
유종일(2011). 『박정희의 맨얼굴』.(주)참언론시사IN북
윤서인(2022). 『당연하지만 함부로 얘기할 수 없는 얘기2 조이라이드』. 도서출판 기파랑
윤서인(2022). 『조이라이드 당연하지만 누구도 말하지 못했던 이야기들』. 도서출판 기파랑
이강호(2020). 『박정희가 옳았다』.기파랑
이강호(2020). 『다시 근대화를 생각한다.박정희가 옳았다2』.박정희대통령기념재단
이대희(2024). 『 박정희대통령 이력서-세상은 내가 바꾼다. 5.16군사혁명』. 도서출판
이상우(2012). 『박정희시대』. 도서출판 중원문화
이상철(2005). 『대통령 박정희』. 엠씨에스북
이선교(2023). 『제주4.3사건의 진상』. 현대사포럼
이영일(1997). 『미워할 수 없는 우리들의 대통령』. HANDA
이영훈 외(2019). 『1948』. 기파랑
이영훈(2016). 『대한민국 역사』. 기파랑
이영훈(2019). 『박정희 새로보기』. 기파랑
이영훈외(2019). 『반일 종족주의』. 미래사
이완범(2006). 『박정희와 한강의 기적』. 선인
이중근(2014). 『6.25전쟁1129』. 우정문고
이춘근(2022). 미국에 당당했던 대한민국의 대통령들. 글마당
(2004). 『10월 유신과 국제정치』. 도서출판 기파랑
이현표(2013). 『케네디도 반한 박정희』. 코러스
이장규(2014). 『대한민국 대통령들의 한국경제 이야기』. 살림
인보길(2020). 『이승만 현대사 위대한 3년1952-1954)』. 기파랑
이호(2020). 『이승만의 토지개혁과 교육혁명』. 백년동안
장성화(1997). 『박정희시대와 파독 한인들』. 선인
장영진(1998). 『청년 박정희 20야망』. 리브로
전대열(2014). 『박정희의 기업가적 국가경영과 위기관리 리더쉽』. 행복우물
전인권(2006). 『박정희 평전』. 이학사
전재호(2002). 『반동적 근대주의자 박정희』. 책세상.
전재호(2018). 『박정희대 박정희』. 이매진
정안기(2024). 『테러리스트 김구』.미래사
정운현(2004).『실록군인 박정희 』.개마고원
조갑제(1998). 『내 무덤에 침을 뱉어라1,2,3,6,13』 조선일보사
조갑제(2004). 『이제 우리도 무기를 들자』 조선일보사
(1998). 『내 무덤에 침을 뱉어라3』 조선일보사
(1998). 『박정희 1 불만과 불운의 세월』 도서출판 까치
(2006). 『박정희 7 격랑을 뚫고서』. 조갑제 닷컴
(2006). 『박정희 8 철부지 학생과 반동정객』. 조갑제 닷컴
(2006). 『박정희의 결정적 순간들』. 도서출판 기파랑
(1998). 『종북 백과사전』 조갑제닷컴
(2011). 『한강의 새벽 박정희 소장은 왜 일어났는가?』 조갑제닷컴
조상엽(2021) 『이승만, 박정희 대통령』. 봄봄스토리
(2021). 『박정희 대통령』. 봄봄 스토리
조우석(2009). 『박정희 한국의 탄생』. 살림
조우석(2009). 『숨결이 혁명될 때』. 지우출판
조희연(2007). 『박정희와 개발 독재 시대』. 역사문제연구소
(2010). 『동원된 근대화-박정희 개발동원체제의 정치 사회적 이중성) 한국이 탄생』
중앙일보 특별취재팀(1998). 『실록 박정희』. 중앙M&B
지만원(2022). 『전두환 리더쉽』 도서출판시스템
지만원(2023). 『5.18작전 북기 수행한 결정적 증거 42개』 도서출판시스템
최재형(2016). 『동국영웅 최영장군』.그린문화사
표학렬(2019). 『유신의 추억』. 앨피
한국정치연구회(1998) 『박정희를 넘어서』 도서출판 푸른숲
한상범(2001). 『박정희, 역사법정에 세우다』. 도서출판 푸른세상
한상범(2006). 『박정희와 친일파 유령들』. 도서출판 삼인
한수홍(2008). 『박정희 평전』. 효민디엔피
홍석률 외 4인(2002). 『박정희시대 연구』. 백산서당
홍성태(2007). 『개발주의를 비판한다』 도서출판 당대
홍하상(2005). 『주식회사 대한민국 CEO박정희』. 국일미디어
황인희(2022). 『감사합니다. 잊지않겠습니다』 양문
GROUND C (2021)유튜브[현장강의] 박정희 시대 한큐에 끝내기

| 연도별 업적 |

1961년 06월 10일 농어촌 고리채 정리법 공포
1961년 06월 11일 재건국민운동전개(국민의식개혁)
1961년 06월 14일 부정축재 처리법 공포
1961년 07월 03일 반공법 공포
1961년 06월 30일 능의선 개통
1961년 07월 14일 원자력개원
1961년 07월 22일 경제기획원신설
1961년 08월 03일 김포가도 포장 기공
1961년 08월 08일 황지지선 기공
(1961.6.13~1962.12.10)
1961년 08월 19일 섬진강 수력발전소 건설
1961년 09월 21일 춘천수력발전소 기공
1961년 09월 23일 대한 중선창연(蒼鉛)자가제련공장 준공
1961년 12월 22일 첫 학사자격 국가고시
1962년 01월 01일 연호를 서력으로 변경(연호에 관한 법률 제정)
1962년 01월 13일 제1차 경제개발5개년 계획 발표
1962년 01월 20일 상법제정 공포
1962년 02월 01일 국민은행 발족
1962년 02월 02일 기술진흥 5개년계획 발표
1962년 02월 03일 울산공업지구설정 및 기공
1962년 02월 10일 국토건설단 창단
1962년 03월 01일 공문서의 한글전용실시(70년 1월 1일 관계법 제정)
1962년 03월 19일 핵분열 연쇄반응 일으키는 원자로의 임계도달 시험-양주군 노해면
1962년 04월 02일 농촌진흥청 발족
1962년 04월 30일 해양경비대 창설
1962년 05월 12일 반공센터 창설
1962년 06월 01일 무역진흥공사 발족
1962년 06월 18일 건설부 신설
1962년 07월 13일 국민 의무교육 실시
1962년 07월 19일 국립소년직업훈련소 낙성
1962년 09월 10일 남양송신소 준공
1962년 10월 20일 해운센터 기공식
1962년 10월 23일 한국케이블공업주식회사 송배전신 및 케이블공장 기공
1962년 11월 04일 광주디젤발 전소 준공
1962년 11월 06일 동해북부선(옥계-경포대간)개통
1962년 11월 18일 과학자 우대정책 발표
1962년 11월 20일 제4시멘트공장 건설
1962년 11월 25일 부정거래단속법을 제정
1962년 11월 28일 난민정착사업장 제방 준공
1962년 12월 01일 마포아파트 준공
1962년 12월 15일 김포,강화간 대교건설~1970.1.26)
1962년 12월 24일 생활보호법제정
1962년 12월 28일 호남 비료 나주 공장 준공
1963년 01월 01일 교육자치제 실시
1963년 01월 10일 외자도입 강력추
1963년 01월 18일 원호센터 준공
1963년 01월 21일 중앙선거관리위원회 발족
1963년 02월 01일 장충체육관 건립
1963년 02월 04일 지방문화재육성
1963년 03월 15일 동진강지역 종합개발공사 기공, 김해, 진도(63~69)
1963년 03월 21일 감사원 개원
1963년 03월 30일 원자로 가동식
1963년 04월 02일 무제한송전실시
1963년 04월 10일 부녀회관 건립 기공
1963년 05월 14일 남대문중수공사 준공
1963년 07월 20일 제대군인 개간농장 입주
1963년 08월 08일 한국나이론 공장 건설(대구)
1963년 08월 08일 국사교육통일방안 확정
1963년 09월 01일 철도청 발족
1963년 09월 01일 노동청 발족
1963년 09월 06일 국토종합개발계획조사착수
1963년 09월 06일 동대문 개축준공
1963년 09월 10일 문화재 보수 5개년계획확정
1963년 09월 17일 가족계획사업추진
1963년 09월 25일 직업재활원 개원
1963년 09월 26일 PVC 제조공장 기공
1963년 10월 10일 가정법원 개원
1963년 12월 22일 서독광부 · 간호원파견
(1963.12.22~1966.1.30)
1964년 01월 01일 미터제 실시
1964년 05월 07일 울산 정유공장 건설
1964년 05월 07일 국립 중앙 의료원 설립
1964년 07월 01일 경주석굴암복원준공
1964년 08월 20일 감천화력발전소건설(부산)

1964년 11월 29일 울산 제3비료 공장 기공식–매암동, 충주비료와 미국 스위프트 투자단의 공동투자
1964년 12월 05일 제1회 수출의 날 제정, 1억불 달성/70년 10억불/77년 100억불/82년 200억불/85년 300억불/88년 500억불 달성
1964년 12월 06일 서독방문(유럽국가 첫 방문), 8일 뤼프케 대통령, 9일 에르하르트 수상과 정상회담
1965년 01월 25일 제2한강교 개통
1965년 02월 24일 한국원양어선단 결단(원양어업 추진)
1965년 03월 19일 방공 포병대대 창설
1965년 03월 23일 청소년 선도 국민 궐기 대회
1965년 04월 01일 치산녹화 10개년 계획 확정
1965년 06월 01일 김해간척공사 기공
1965년 06월 22일 한일협정 정식조인(동경), 8월14일 국회비준(야당불참),12월18일 비준서 교환(서울) 즉시 발효, 국교정상화
1965년 08월 31일 해인사 경판고 보수
1965년 09월 15일 제2 영월 화력발전소 준공
1965년 10월 15일 율곡사 및 율곡기념관 낙성
1965년 11월 13일 경호천 종합개발 준공식–칠곡군 북삼면
1965년 11월 23일 민방위법 제정(민방위대창설: 1975.9.22)
1965년 12월 02일 식량증산 5개년계획 확정
1965년 12월 03일 서울 · 춘천간 도로포장공사 준공
1965년 12월 07일 진삼선 개통(사천~삼천포)
1965년 12월 16일 국내(텔레스)개통
1966년 01월 19일 정선선 개통(예미, 증산, 고한 간)
1966년 01월 27일 경북선 개통(점촌~예천 간)
1966년 01월 27일 한국과학기술원 설립
1966년 02월 04일 한국과학기술 연구소(kist)발족
1966년 03월 03일 국세청 발족
1966년 03월 03일 수산청 발족
1966년 04월 09일 인천제철공장 기공
1966년 04월 29일 경인공업단지 건설
1966년 05월 03일 울릉도 추산 수력발전소 준공
1966년 06월 08일 충청남도 부여군 남면 지구 전천후 농업용 수원개발사업 준공
1966년 06월 09일 팔당수력발전소 기공
1966년 06월 22일 한군군장비현대화계획발표
1966년 08월 03일 산림청 신설
1966년 11월 09일 김삼선 기공
1966년 11월 09일 충남선 기공
1966년 11월 28일 서울 분묘 보수
1966년 11월 30일 밀양 영남루 보수
1966년 11월 30일 서울 종각 보수
1966년 12월 06일 부여 정림사지 정비
1966년 12월 17일 아시아 개발은행 건설
1966년 12월 18일 법주사 대웅전 보수
1967년 01월 24일 청평·의암·화천 수력발전소 건설
1967년 02월 10일 대도시 그린벨트설정(서울, 부산 등)
1967년 03월 04일 영남화력발전소 제2호기 기공
1967년 03월 30일 원자력청 발족
1967년 03월 30일 과학기술처 신설
1967년 04월 01일 구로동 수출 공업단지 준공
1967년 04월 13일 서해안 철도건설
1967년 04월 25일 종합민족문화센터 준공
1967년 04월 26일 안중근의사 동상 이안
1967년 04월 29일 천체과학관 준공
1967년 05월 01일 국립광업연구소 설립
1967년 09월 19일 구미전자공업단지건설
1967년 09월 23일 제1한강대교, 강변도로건설
1967년 10월 01일 국립묘지정화, 현충탑건립
1967년 10월 03일 포항종합제철공업단지기공(1973. 7. 3 완공)
1967년 11월 23일 한국수자원개발공사발족
1967년 12월 01일 농어촌개발공사발족
1967년 12월 20일 성산포 어업전진기지 준공
1968년 00월 00일 포항항 건설(~1973)
1968년 01월 22일 대간첩작전본부발족
1968년 02월 07일 경전선개통
1968년 02월 11일 병기공장(M16소총)건설착수
1968년 03월 22일 석유화학계열공업 기공
1968년 04월 01일 예비군 창설
1968년 04월 13일 서울대학교 이전 건설
1968년 06월 13일 「레이다」기지 준공
1968년 07월 05일 방위산업육성3개년계획확정
1968년 07월 22일 중앙선,태백선전철화 (~1974.6.20)
1968년 07월 23일 동해안공업도시개발착수(묵호,북평, 삼척)

1968년 07월 24일 해양주권선언발표(대륙붕 자원 확보 및 개발)
1968년 07월 29일 축산개발 4개년계획 확정
1968년 08월 30일 영남화력발전소(울산가스터빈)건설
1968년 09월 09일 제1회 한국 무역 박람회
1968년 02월 01일 경부고속도로(대구-부산간)기공식
1968년 11월 01일 제주도 포도당공장준공
1968년 11월 08일 동양화학공업주식회사 준공
1968년 12월 02일 소수서원 해체 복원
1968년 12월 05일 국민교육헌장 선포
1968년 12월 07일 지리산 등 9개지역국립공원 지정
1968년 12월 11일 광화문 복원
1968년 12월 16일 한국 투자개발공사 설립
1968년 12월 21일 경인 · 경수고속도로준공
1969년 00월 00일 교육제도개혁(중학교무시험, 고교평준화, 대학입시예비고사제)
1969년 02월 05일 농업진흥공사 발족
1969년 02월 15일 지하수개발공사발족
1969년 02월 15일 한국도로공사발족
1969년 02월 22일 농업기계화 8개년계획확정
1969년 03월 01일 국토통일원 개원
1969년 03월 01일 가정 의례 준칙 공포
1969년 04월 28일 현충사 중건 준공식
1969년 04월 28일 불국사 복원 정화작업(969~1973)
1969년 06월 04일 부산 화력발전소 준공(21만Kw)
1969년 06월 17일 마산수출자유지역공업단지조성
1969년 07월 03일 울산 알미늄 공장준공
1969년 07월 29일 서울신도시건설착수(한강이남.여의도.한강개발)
1969년 08월 19일 범어사 대웅전 보수1969년10월07일 남강「댐」준공
1969년 11월 01일 농어촌근대화촉진법발표
1969년 11월 29일 관악산 기상레이더 건설
1969년 12월 26일 제3한강대교 건설1970년02월29일 금산사대적광릉 해체 복원
1970년 03월 07일 비적성공산권에 문호개방
1970년 03월 22일 정부장기종합교육계획시안마련-86년까지 단계적으로 실시(의무교육9년으로 로연장, 교육제신설,교원에게병역
1970년 04월 15일 남해고속도로기공(~1973.11.14)
1970년 04월 22일 새마을운동 제창1970년05월16일 서울대교 건설
1970년 05월 29일 인천 화력발전소 준공
1970년 06월 02일 금산 위성통신지구국 개통
1970년 07월 01일 우편번호제 실시
1970년 07월 04일 배창 방직 기계 준공식 참석(충북 옥천군 옥천읍 양수리)
1970년 07월 05일 직기 공장 준공-유사시엔 총포생산도
1970년 07월 07일 경부고속도로 전면 개통
1970년 07월 25일 남산 어린이회관 건립
1970년 08월 02일 낙동, 영산강 종합개발안 영구수해방지 위해 다목적댐 건설 수운 개설
1970년 08월 15일 8.15기념식에서 북한이 무력포기하면 남북간의 인위적 장벽 단계적 제거 선언
1970년 09월 16일 공군 전천후 해상소형공격기 S2A배치
1970년 10월 22일 수도권(경인,경수,경원)고속전철화(~1974.8.15)
1970년 11월 10일 행주산성 복원 준공
1970년 11월 19일 세종대왕기념관 준공
1970년 12월 08일 도산 서원 보수 정화 공사 준공
1970년 12월 17일 4대강유역 종합개발계획 확정(한강,낙동강,금강,영산강)
1970년 12월 25일 화엄사 대웅전 보수
1970년 12월 31일 남원 광한루 보수
1971년 01월 31일 제주도 일주 도로 준공
1971년 03월 19일 원자력발전소 기공
1971년 03월 23일 금강 · 평택 지구 다목적 농업 개발 사업 기공
1971년 04월 08일 거제대교 건설
1971년 04월 12일 서울 지하철 기공
1971년 04월 13일 칠백의총 보수 정화 준공
1971년 06월 12일 비무장지대의 평화적 이용 제의, 북한측 거부
1971년 08월 12일 한국적십자연맹, 남북가족찾기회담을 북측에 제의
1971년 08월 30일 속리산 법주사의 사천왕문 복원
1971년 09월 08일 국토종합개발계획 확정
1971년 09월 10일 서울 북악 터널 개통
1971년 09월 25일 태릉 국제사격장 준공
1971년 09월 29일 여의도 5 · 16광장 준공

1971년 11월 14일 각종 무기 생산 개시
1972년 01월 04일 전국 10대 관광권 개발 확정
1972년 01월 05일 군산항 개발 착수
1972년 00월 00일 제주관광개발사업추진(~1977년)
1972년 02월 09일 녹색혁명추진(통일벼 개발)
1972년 03월 10일 경주 고도개발 10개년획확정
1972년 03월 23일 현대 울산 조선소 기공
1972년 04월 05일 산림보호, 육성, 산지개발(입산, 수렵금지)
1970년 05월 29일 인천 화력발전소 준공
1972년 04월 21일 새마을 운동 노래 작사, 작곡
1972년 06월 07일 교육용 한자1,781자 선정 발표
1972년 06월 26일 전국702개섬 개발계획확정
1972년 07월 04일 한국 개발연구원 설립